古典文獻研究輯刊

初　編

潘美月・杜潔祥　主編

第 **38** 冊

萬寶全書：

明清時期的民間生活實錄（下冊）

吳蕙芳　著

國家圖書館出版品預行編目資料

萬寶全書：明清時期的民間生活實錄（下）／吳蕙芳著 — 初
版 — 台北縣永和市：花木蘭文化工作坊，2005〔民 94〕

目 2 + 207 面；19×26 公分（古典文獻研究輯刊 初編：第 38 冊）

ISBN：986-7128-09-5（精裝）

1. 萬寶全書 – 研究與考訂 2. 中國 – 社會生活與風俗

046　　　　　　　　　　　　　　　　　　　94019227

ISBN 986-7128-09-5

古典文獻研究輯刊

初 編 第三八冊　　　　　　　ISBN：986-7128-09-5

萬寶全書：明清時期的民間生活實錄（下）

作　　者	吳蕙芳
主　　編	潘美月　杜潔祥
企劃出版	北京大學文化資源研究中心
出　　版	花木蘭文化工作坊
發 行 所	花木蘭文化工作坊
發 行 人	高小娟
聯絡地址	台北縣永和市中正路五九五號七樓之三
	電話：02-2923-1455／傳眞：02-2923-1452
電子信箱	sut81518@ms59.hinet.net
初　　版	2005 年 12 月
定　　價	初編 40 冊（精裝）新台幣 62,000 元

萬寶全書：
明清時期的民間生活實錄（下冊）

吳蕙芳　著

獻 給　戴玄之教授

（1922-1990）

上　冊

目　錄

下 冊

第五章　社交活動的歷鍊

　　社交活動乃人群團體中無可避免之往來，然此種交往非恣意而行，有其既定規範，須有一定的學習與經歷。本章擬就明清時期民間日用類書中相關內容，說明此時期民間社會生活的情況及其特點。

　　由於言行舉止的學習培養涉及教育，故有關社交活動的歷鍊應包括透過家庭教育而具備的日常禮儀與行為規範，以及實際進入社會與人接觸應有的經歷；因此，本章共分兩節，首論屬於家庭教育的童訓教養、四禮規範及屬於社會教育的勸諭，次論與人平時交往的束帖運用與涉及法律責任的關禁契約、呈結訴訟等部分。

第一節　日常禮儀與規範

一、童訓教養

　　童訓教養屬家庭教育之一環，古代家庭為培育優良成員以順利延續家族發展，對其子弟教育甚為重視，尤其是在貴族家庭中，往往有家約、家訓之著作傳承以為教育子弟遵循之原則。中國較有系統專門論述和總結教子治家經驗的家教著作，始於魏晉南北朝時，如王肅的《家誡》、杜恕的《家世戒》、嵇康的《家誡》、顏延之的《庭誥》，而顏之推的《顏世家訓》更被視為古今家教著作之鼻祖。此種重視家教風氣延續至宋代，因文化教育普遍，平民社會興起，亦普及到一般的民間家庭〔註1〕，影響所及，民間日用類書中亦不乏此一內容。

　　明清時期民間日用類書僅明代版本涉及童蒙教育的記載，其內容一開始即言

〔註 1〕閻愛民，《中國古代的家教》（北京：商務印書館國際有限公司，1997.3），頁 18。

古者生男，俟其稍有知識，則教之以恭敬尊長，禁其頑暴；六七歲時始習書寫，夙興夜寐，毋容其惰怠；衣服量其寒暖，勿使其失時，飲食必須樽節，毋使其過度；八歲始令入小學，教之以灑掃應對之節，令讀孝經四書，始爲講解，始知禮義，收其放心，養其情性；十歲出就外傳，居宿于外，乃讀經傳諸史，使知善惡之所由來，是非之別，利害之端，博視群書，當知古今行事以崇，學業日積月深，自然成就，故孔子曰，少成若天性，習慣如自然，此乃聖人之遺訓，教人之法也。今人少諳此理，習於常情，始見其子頗有聰明之資，便謂其必自能，遂荒其業；亦有見其子之資質魯鈍，謂其終不能成，遂廢其學。或者恃其富貴，倚其世祿，乃驕其子孫，以致嬉遊失業，習於下流；如此之類，是不愛其子，忝辱祖宗，是故，養子不可以不學，而教之不可以不嚴也，學之篤，教之嚴，未有不成器也。先儒有言，學則庶人之子爲公卿，不學則公卿之子爲庶人，可不慎哉〔註2〕！

此明白顯示明代童蒙教育的幾個特點，首先，童蒙教育是有階段性的，不同年齡層應有不同學習內容；其次，童蒙教育內容實包含品德教育、生活教育及知識教育三部分；最後，強調童蒙教育應自小開始，且教子須嚴，而後天學習結果實較先天資質、稟賦的影響力更大。

事實上，當時人們以爲，萬事萬物不論其先天質材若何，不經一定加工程序，實難以發揮功效，施展長才，而人亦不例外，故「學是無價之寶」〔註3〕；而童蒙教育乃個人學習之最初階段，影響日後發展甚大，實須加以重視。故民間日用類書往往列出前人之家訓、家則、世範內容供參考，並以爲童蒙教育值得歷代人們重視之明證〔註4〕。

明代童蒙教育首重品德修養〔註5〕，尤其是禮義道德，此實區隔人與禽獸之不同〔註6〕。故〈訓蒙八規〉中首列學禮項曰：

凡爲人要識道理，識禮數；在家庭事父母，入喜（書）院事先生，並要恭敬順從，遵依教，與之言則應，教之事則行；敬兄長，處朋友，毋得怠慢，自任己意〔註7〕。

〔註2〕《積玉全書》，崇禎年間刊本，卷30〈訓童門〉，頁1上～下，「教子指南」。
〔註3〕《萬寶全書》，崇禎元年刊本，卷33〈訓童門〉，頁11下～12下，「勸學篇」。
〔註4〕《萬書萃寶》，萬曆24年刊本，卷33〈訓童門〉，頁1上～6下，「先輩蒙養」。
〔註5〕《萬寶全書》，崇禎元年刊本，卷33〈訓童門〉，頁1上，「教子要語」曰：「教子之方，當以弟孝忠信禮義廉恥爲尊」。
〔註6〕《萬寶全書》，崇禎元年刊本，卷33〈訓童門〉，頁12下，「禮義篇」。
〔註7〕《萬寶全書》，崇禎元年刊本，卷33〈訓童門〉，頁2上～3上，「訓蒙八規」。

至於實際內容可分事親、事師、事兄、處友等不同，各部分均有歌訣指示，如事親是「父母深恩等昊天，兒當孝順保生全；早晨先起問安否，晚夕還來看坐眠。懷果便知思顧養，望雲心每在親邊；有時打罵并嗔怒，只是和顏與笑言」〔註8〕。事兄應是「兄友弟兮弟敬兄，天然倫序自分明；席間務讓兄居左，路上應該弟後行。酒食須先供長者，貨財切勿起爭心；諄諄悔汝無他意，原是同胞共乳人」〔註9〕。而處友則爲「朋友之交道若何，少年爲弟長爲哥；同行共席須謙讓，立志存心互切摩。終日群居談道義，青春可惜莫蹉跎；休論富貴與貧賤，同氣相求所益多」〔註10〕。

除對父母兄弟及老師朋友的孝悌尊敬外，品德教育還包括不得尚氣凌人、多言輕笑、胡亂罵人、愛人財物、打謊嗔人等〔註11〕。同時，逢人作揖以示禮貌，或更進一步行跪拜之禮，亦均有一定禮儀規範，須加以注意，故民間日用類書有專列學揖跪拜要領以爲參考，其內容爲：

> 凡叉手之法，以左手緊把右手大拇指，其左手小指則向右手腕，右手四指皆直，以左手大指向上，如以右手掩其胸，手不可太著胸，須令稍去胸二三寸許，方爲叉手之定法也。

> 凡作揖時，用稍闊其足立則穩，揖時須直其膝，曲其身，祇（低）其頭，眼看自己鞋頭爲準，威儀方美；使手只可至膝畔，不得入膝。尊長前作揖，手須過膝下。喏畢，則手隨時起而叉於胸前；揖時須全出手，不得只出一大拇指在袖外，謂之鮮禮，非見尊長之禮也〔註12〕。

生活教育則「始於衣服冠履，次及語言步趨，次及灑掃捐潔」乃至「雜細事宜皆所當知」〔註13〕，每一部分均有其含意及具體內容，如衣服冠履部分，其義爲：

> 大抵爲人先要身體端整，自冠巾衣服鞋襪皆須收拾愛護，常令潔淨整齊。我先人常訓子弟云，男子有三緊，謂頭緊、腰緊、腳緊；頭謂頭巾，未冠者總髻；腰謂以條或帶連腰，腳謂鞋襪。此三者要緊束，不可寬慢，寬慢則身體放肆，不端嚴，爲人所輕賤矣。

故在衣服冠履上應注意：

〔註 8〕《萬寶全書》，崇禎元年刊本，卷33〈訓童門〉，頁2下，「事親歌」。
〔註 9〕《萬寶全書》，崇禎元年刊本，卷33〈訓童門〉，頁2下～3上，「事兄歌」。
〔註10〕《萬寶全書》，崇禎元年刊本，卷33〈訓童門〉，頁3上，「處友歌」。
〔註11〕《萬寶全書》，崇禎元年刊本，卷33〈訓童門〉，頁5下，「訓立歌」。
〔註12〕《三台萬用正宗》，萬曆27年刊本，卷6〈師儒門〉，頁2上～下，「小兒學揖示訣」。又有學習歌訣，見《萬寶全書》，崇禎元年刊本，卷33〈訓童門〉，頁4下，「訓揖歌」。
〔註13〕《萬寶全書》，崇禎元年刊本，卷33〈訓童門〉，頁7下～8上，「童蒙須知」。

凡著衣服，必先提整襟，須結兩衽，紐帶不可令有闕落。飲食照管，勿令污壞。行路看顧，勿令泥漬。

凡脫衣服，必齊整摺疊箱篋中，勿散亂頓放，則不為塵埃雜穢所污，仍易於尋取，不致散失。著衣既久，則不免垢膩，須要勤勤洗澣，破綻則補綴之，儘補綴無害，只用完潔。

凡盥面，必以巾帕庶護衣領，捲束兩袖，勿令有所濕。

凡就勞役，必去上籠衣服，只著短便，愛護勿使損污。

凡日中所著衣服，夜臥必更，則不藏蚤虱，不即敝壞，苟能如此，則不但威儀可法，又且不廢衣服。晏子一狐裘，三十年雖猶在，以儉化裕，亦其愛惜有道也，此最飾身之要，毋忽〔註14〕。

行為舉止亦有一定，如坐應「雙手肅容儀，端拱安然似塑泥，莫把一身偏左右，謾將兩手弄東西；與人並坐休橫股，獨坐之時亦整衣」；立時「要端然，兩腳齊收似並蓮，莫一腳前一腳後，將身跛倚向人前」；而行動則需「無事莫匆匆，休與顛狂一樣同，怕有崎嶇須隱（穩）重，恐遭傾跌失儀容，但遇親鄰須作揖，若逢尊長後相從」〔註15〕。

至於細雜事宜，如「凡子弟須要早起晏眠，凡喧鬧爭鬥之處不可近，無益之事不可為」、「凡飲食則食之，無則不可思索，但粥飯充飢不可闕，食物勿爭較多少美惡」、「凡飲食於長上之前，必輕嚼緩嚥，不可聞飲食之聲」、「凡執器皿必端嚴，惟恐有失」、「凡向火勿迫近火傍，不惟舉止不住，且防焚爇衣服」、「凡如廁必去上衣，下必浣手」等〔註16〕，均須加以注意。

知識教育方面，則首先教導認字、寫字及學習常識的基礎教育。孩童六歲即令早晨上學，半日為限，以免其精神不濟。認字、寫字先習大字，長大後再習小字；若先習小字則拘其手腕，長大後不易習大字。練習時一日兩大字，兩字端正方可換字，初學者不可貪多，一日限兩字，每字每日令常見以識牢固；半載之後，下午亦上學〔註17〕。

學習常識時多以數字為綱，配合歷史、地理、天文、倫理道德、名物等內容以

〔註14〕《三台萬用正宗》，萬曆27年刊本，卷6〈師儒門〉，頁5上～下，「衣服冠履第一」。

〔註15〕《萬寶全書》，崇禎元年刊本，卷33〈訓童門〉，頁3下，「訓坐歌」；頁5上，「訓行歌」、「訓立歌」。

〔註16〕《萬寶全書》，崇禎元年刊本，卷33〈訓童門〉，頁10下～11下，「雜細事宜第五」。

〔註17〕《三台萬用正宗》，萬曆27年刊本，卷6〈師儒門〉，頁3上，「初入學法」、「小兒寫字法」。

爲學習教材，茲將其內容表列如下：

歷　　史　二相、二典、三代、三國、三皇、三王、三傑、三公、三司、三謨、
　　　　　三統、三傳、三史、四皓、五爵、五經、五帝、五霸、五代、五子、
　　　　　六部、六國、六官、七雄、七賢、八蠻、九御、九棘、十志、十台

地　　理　兩越、兩都、三神山、三邊、三島、三江、三山、四方、四瀆、四表、
　　　　　四夷、四關、五湖、五岳、六合、八方、九天、九州、九澤、九江、
　　　　　九河、九泉、巫山十二峰

倫　　理　二親、三才、三教、三德、三友、三牲、三清、三父、三族、三從、
　　　　　三省、三尊、三綱、三生、三場、三達、三禮、三事、三偷、四教、
　　　　　顏家四教、四維、四端、四箴、四器、四德、四奸、四事、四行、四
　　　　　知、四祭、四輕言、四侍、四重、五事、五德、五常、五仁、五紀、
　　　　　五服、五倫、五教、五戒、五不娶、六事、六禮、六親、六極、七出、
　　　　　八母、九族、九思、九疇、十義、十端、吾鄉四約、君子四時、立身
　　　　　四好、太宗三鑑、馬胤孫三不開、魏公四無益、康節四無望、孫昉四
　　　　　休、王伯大四留、萊公六悔

天　　文　一理、一紀、兩儀、二極、兩曜、二氣、三光、三月、三朝、三陽、
　　　　　三伏、三元、三餘、四象、五行、五氣、五星、五雷、六氣、七政、
　　　　　七星、七元明子、八卦、八風、九曜、十千、十將、十翼、十一曜、
　　　　　十二時、十二支

醫　　學　三部、四體、五臟、五竅、六臟、六根、六葳、七情、攝生四要、處
　　　　　方四味

其它名物　三台、三端、三略、三場、三元、三魁、三歸、三到、四妙、四書、
　　　　　四配、四詩、四民、四時生意、四窮民、四臣、四生、四靈、四馬頭、
　　　　　五音、五谷、五菜、五辛、五味、五色、五運、五牲、五果、五樂、
　　　　　六藝、六畜、六諂、六獸、八音、八刑、八體、九流〔註18〕

　　　　同時，佐以歷朝賢孝、德高之人爲楷模以供典範學習之本，這些模範可分爲生
知、學知、親愛、交友、會友、寬洪及清操七大類，如生知代表有人號曾子的張霸、
請面試文的曹植、字父不拜的常林、與客戲談的楊修、座稱顏回的謝尚、提戈取印
的曹彬；而學知代表則有閉戶讀書的孫敬、帶經而鋤的倪寬、鑿壁引光的匡衡、囊
螢讀書的車胤、映雪讀書的孫康、隨月讀書的江泌、藏火燃燈的祖瑩、承牛讀書的

〔註18〕　《萬寶全書》，崇禎元年刊本，卷33〈訓童門〉，頁1下～15下，「童蒙必用」。

李密等〔註19〕。

　　孩童讀書可分初學及長成兩階段。初學者可使其讀《蒙求》、《孝經》序，初授不必多讀，每次四句，兩兩學習，並配合所識之字；先句句讀，後則通讀，若遇難處，特讀數十遍；易則不必句句讀，通讀時一次讀即可。又讀書後還須時時複習，乃能溫故而知新〔註20〕。同時，讀書切戒好遊、好博、好飲、好鬥及好逸五種不良習性〔註21〕，否則難有成就。

　　長成後階段，除學習書籍內容本身，更要進一步了解經史由來、書籍本末、文章緣起、聲律類格等與讀書相關事物，以爲更高層的知識學習作準備；故民間日用類書有對河圖、洛書、八卦之圖文解釋〔註22〕，及各種經史子集重要著作之來源、內容、註解予以扼要說明；如《孝經》是由「唐明皇註。按書序魯共王好治宮室，壞孔子之宅以廣其居，壁中得所藏；古文孝經凡十有八章，共一千九百單三字」；而《論語》是由「何晏集解。孔子弟子記諸善言，凡二十篇；成於曾子、有子之門人，有齊論，又有魯論，又有古論。齊論有問王知道二篇，凡二十二篇；古論分堯曰，下章子張問爲一篇，有兩子張，凡二十一篇；孔子魯人故謂之魯論，魯語又謂之論語，語共一萬五千九百一十六字」〔註23〕。其它還有史部類的《史記》、《西漢史》、《東漢史》、《三國志》、《東西晉史》、《南北史》、《隋史》；子部類的《老子》、《莊子》、《荀子》、《楊子》、《抱朴子》、《韓非子》、《淮南子》、《公孫龍子》等書之介紹〔註24〕；以及各式文章體例，如詩、策、啓、奏、牋、篇、圖、約、文、訓、辭、誡、弔、狀、頌、誌、詞、令、論、議、薦、銘、箴、序、引、碣、誥、誓、檄等之應用說明〔註25〕。

　　又讀書必備的工具，不論是筆、墨、紙、硯的認識與選擇，及其它相關了解，如洗硯、修破硯、洗筆、收筆、製墨、脩壞墨、藏墨；乃至用印、收書、封書、造油紙糊書窗、辟蚊蟲防書蛀、點燈、燃燭等方法，亦須充分掌握，以發揮「工善其

〔註19〕《文林聚寶萬卷星羅》，萬曆28年序刊本，卷32〈奇策門〉，頁1上～4下，「歷朝賢孝」。
〔註20〕《三台萬用正宗》，萬曆27年刊本，卷6〈師儒門〉，頁3下～4上，「小兒讀書法」、「小兒讀書法」。
〔註21〕《萬書萃寶》，萬曆24年刊本，卷33〈訓童門〉，頁7下～8下，「讀書五戒」。
〔註22〕《三台萬用正宗》，萬曆27年刊本，卷6〈師儒門〉，頁1上～3下，「經史述作」。
〔註23〕《三台萬用正宗》，萬曆27年刊本，卷6〈師儒門〉，頁4上，「文籍本末」。
〔註24〕《三台萬用正宗》，萬曆27年刊本，卷6〈師儒門〉，頁6上～7下，「文籍本末」。
〔註25〕《三台萬用正宗》，萬曆27年刊本，卷6〈師儒門〉，頁9下～10上，「辭章類」；頁11上～下，「聲律類格」。

事必利其器」之效〔註26〕。

不論是品德教育、生活教育或知識教育，由於童蒙教育自幼即始，爲免孩童對學習起反感，或因童稚不勝負荷壓力，在教學方法上往往強調誘導方式、適性原則，因爲「大抵童子之情，樂嬉遊而憚拘檢，如草木之始，萌芽舒暢之則□達，推撓之則衰瘁」，故「教童子必使其趨向，鼓舞中心喜悅，則其進自不能已，譬之時雨春風沾被草木，莫不萌動發越，自然日長月化，若冰霜剝落則生蕭索，日就枯槁矣」〔註27〕！

此外，童蒙教育內容亦強調男女之別的教育目標，故有云：

> 男女之別，內則內（曰），凡生子擇於諸母，與可者，必求其寬裕慈惠，溫良恭敬，慎而寡言者，使爲子師；凡子能食，食必教之以右手，能言，男則教其應聲必高而速，女則教其應聲必柔而長，此乃男剛女柔之道也；是以男帶則用革，取其強健也，女帶必用絲，取其柔軟也。……男女七歲，坐不同席，食不共几，八歲出入門戶，及即席飲食先後，長者教之以謙讓之禮，使識廉恥之節。女子十年不出，擇女師教之，使其語柔順，容貌溫恭，及執麻桑治絲蘭（繭），縫紉組訓學女工，以供衣服；觀於祭祀，納酒漿籩豆俎醢禮，相助奠，皆使知之。既能知之，則男女有別，而人倫之序明矣者〔註28〕。

綜觀明代童蒙教育內容可知此時教育實以品德教育爲重，而以生活教育爲學習基礎；又知識教育雖亦爲童蒙教育之重要內容，卻不是特別被強調，且知識教育非僅書本內容之單純學習而已，實須涵蓋其它與讀書相關之各種事物的了解與掌握。在實際教學上，此時已主張採用誘導、啓發而非強迫、硬性之教學法；同時，男女有別的教育目標亦明顯可見。

大致而言，有關童蒙教育內容的刊載，僅見於明版民間日用類書中，至清代前期三十卷版本及清代後期二十卷版本已無此一門類的設立。

二、四禮規範

四禮指得是冠、婚、喪、祭四項與家庭生活密切相關的禮儀。古代家庭對其成員除以童蒙教養陶冶其品德心性、教導其言行舉止外，亦以冠、婚、喪、祭四禮維持其家風、規範其秩序，而兩者目的均爲家庭人際關係之和諧與家族的穩定發展。

〔註26〕《三台萬用正宗》，萬曆27年刊本，卷6〈師儒門〉，頁11下～19上，「文房備用」；頁17下，「辟蚊蠹諸蟲方」。
〔註27〕《萬寶全書》，崇禎元年刊本，卷33〈訓童門〉，頁6下，「蒙養旨規」。
〔註28〕《萬寶全書》，崇禎元年刊本，卷33〈訓童門〉，頁7上～下，「教子成規」。

－215－

　　冠禮屬古代五禮中之嘉禮〔註29〕，源於氏族社會中的成人禮，其施行意義除標誌身體上的發育成熟，從此可婚配外，亦表明日後開始享有並承擔成人的權利與義務；此禮在貴族社會中甚受重視，因其涉及政治與經濟利益的分配，然宋代以後隨著門閥勢力沒落，冠禮逐漸平民化並簡化〔註30〕。而民間日用類書亦有冠禮記載，以供參考使用。

　　明清時期男子年十五至二十，無居喪期者，皆可由主人為之行冠禮〔註31〕。行禮前三日，主人率眾，盛服盥洗，男左女右列於祠堂，請出神主，主人斟酒，主婦點茶，以祝文祭告祖先。接著，擇親朋友好中閑於禮者任贊者及執事者，請德高望重者任賓者，並備妥衣服冠巾鞋履等物候用。

　　行禮當日，儀式分初加冠、再加冠、三加冠、醮禮、加字、禮賓等階段。初加冠、再加冠及三加冠是分別冠以頭巾、帽子及襆頭三種不同頭飾，象徵冠者之成長；醮禮則是祭神上告冠者已成人之事；加字是冠者正式由長者為之取字號，亦代表其已成長，日後須以字號稱之而諱呼其名；禮賓則是以酒宴客，使分享主家喜悅。冠禮行完後，主人仍須率眾於祠堂祭告祖先，如此全部的儀節才算正式完成。

　　在整套冠禮儀式中，每一階段均須配合一定行為規範進行，不可違反。如第一階段的加冠儀式為：由通贊唱開始，眾人序立，賓者自門外入告主人；賓至，引贊唱，請迎賓，主人出門外迎賓，賓主相見，主東賓西互揖，主人再揖賓請行，而主人舉手揖遜，贊者隨行；主由東階賓由西階進，三讓而升階，通贊唱，賓主就位，主拜賓再拜，冠拜贊者亦拜；贊者盥洗，賓者依禮行布席，贊者奠櫛，即以筒盛梳子幅巾置於席，立於將冠者之左；將冠者出房南向立，賓揖將冠者，互相就席，將冠者西向跪，贊者解冠者髮梳之再合紒。

　　接著，正式開始加禮，賓降階盥洗，主人從之，主揖賓後，雙方復位，執事者進始加服加冠，以盤盛巾進至於階，賓降階詣冠者前，冠者跪受，賓者祝畢加巾於冠者首，冠者起與賓者揖，再回房易服；待冠者出房，賓者再祝加帽子，畢後冠者再易服；再出，行三加禮。

〔註29〕 中國古禮分吉、嘉、軍、賓、凶五種，其中，冠禮、婚禮屬嘉禮，喪禮屬凶禮，祭禮屬吉禮，參見胡平生，〈中國古代的禮儀制度〉，收入陰法魯、許樹安主編，《中國古代文化史》（北京：北京大學出版社，1996.11，5次印刷），冊2，頁2、29、67。

〔註30〕 王玉波，《中國古代的家》（北京：商務印書館國際有限公司，1995.6），頁134～135、138。

〔註31〕《新刻鄴架新裁萬寶全書》，萬曆42年序刊本，卷7〈四禮門〉，頁1下，「初加冠」。又主人謂冠者之祖宗、家長，而禮制中，母亦為家長；見《三台萬用正宗》，萬曆27年刊本，卷16〈四禮門〉，頁1上。

　　三加冠後行醮禮，設醮席，賓揖冠者即席，立席右南向，贊者自房中酌酒捧至於賓；賓受酒詣醮席，北向祝神，祝畢冠拜賓不答；冠者入席受酒南向立，賓復位東向答，冠者前拜；贊者以梶盛脯醢自房中出，冠者進席前跪，左手執盞右手執脯醢祭之，退就席末跪啐酒少許，贊者撤脯醢復位，冠者拜賓，賓答拜，再拜贊者，贊者立於賓左東答拜。

　　醮禮後行加字禮，賓主俱降階，主東賓西，冠者亦自西階降東南向立，賓者字冠者並祝告之，冠者對辭曰：「某不敏，敢不夙夜，祗奉」拜，再拜賓者賓不答。禮畢，賓揖主人曰：「盛禮既成，請退」；主人揖賓曰：「某有薄酒，敢禮從者」；賓辭曰：「某不敢當」；主人請曰：「姑少留」；賓曰：「敢不從命」；主人乃揖賓，客次，贊者從之，後賓主對揖，主人命執事治具，招待賓客與至親好友。最後，主人拱手向賓前，致辭曰：「某子加冠，賴吾子教之，敢謝」；主人拜賓，賓答拜，主人拜謝贊者；主人獻酒並行酒一遍，賓酢酒，冠者及執事者亦行酒，或三行或五行；執事以盤奉幣進之，主人受以獻，賓受以授，賓謝主人再拜，平身送賓至大門，揖，俟賓上馬，冠者遂出見於鄉先生及父之執友〔註32〕。

　　其中，每一階段均有相應祝文，如初加祝文曰：「吉月令日，始加元服，棄爾幼志，順爾成德，壽考維祺，以介景福」，再加祝曰：「吉月令辰，乃申爾服，敬爾威儀，淑慎爾德，眉壽萬年，永壽胡福」，三加祝曰：「以歲之正，以月之令，咸加爾服，兄弟具在，以成厥德，黃考無姜，受天之慶」。醮禮祝辭為：「旨酒既清，嘉荐令芳，拜受祭之，以定爾祥，承天之休，壽考不忘」。加字禮祝辭則為：「禮儀既備，令月吉日，昭告爾字，爰字孔嘉，爾士攸宜，宜之于嘏，永壽保之」〔註33〕。

　　同時，禮儀進行中各個人、事、物位置的設立亦有一定，如冠者房應設於東北隅，冠席置於階東，冠所位於東階下，三加冠席則在西階下，而醮席位置在西北隅〔註34〕；又長子冠禮與其它諸子冠禮之位置佈置亦有差別，民間日用類書均以圖示供人應用〔註35〕。

　　至於其它為行冠禮而產生之種種人際交往，如主家邀請賓者、贊者及親友參加冠禮，賀人家有子、有孫行冠禮，或賀人家有女行笄禮等，均有各種不同帖式及回

〔註32〕《三台萬用正宗》，萬曆 27 年刊本，卷 16〈四禮門〉，頁 3 上～5 上，「儀節」。
〔註33〕《新刻鄴架新裁萬寶全書》，萬曆 42 年序刊本，卷 7〈四禮門〉，頁 1 下～2 下，「初加冠」、「再加帽子」、「三加幞頭」、「醮禮」、「賓字冠者」。
〔註34〕《新刻鄴架新裁萬寶全書》，萬曆 42 年序刊本，卷 7〈四禮門〉，頁 1 下，「加冠摠說」。
〔註35〕《三台萬用正宗》，萬曆 27 年刊本，卷 16〈四禮門〉，頁 5 上～下，「長子冠圖」、「眾子冠圖」。

函，如主家請人爲賓者札爲：

> 緬惟冠者，禮之始也，加禮之重者，古者尊□，故行之於廟，冠之於賓，　先生道高望重，齒德俱優，士民景仰，敬修寸楮，敢迓　上賓，櫛髮合紒，冠服三加，醮詞三致，冠而字之，頑兒加元服棄（膺）爾志順成德，先生其終教之矣，敬掃蝸廬顒竢　驥從〔註36〕。

其答受式爲：

> 僕聞古者二十而冠，所以責成人之禮，蓋將責爲人子、爲人臣、爲人少者，之行於其人，故其禮至重也。今古禮久廢，執事復而行之，愧僕涼德，敢承賓禮，　令子岐嶷，不凡芝蘭，玉樹生際庭除，今加元服，成人有德矣。預賀預賀，　尊命敬承，對使拜復〔註37〕。

而賀人加冠則曰：

> 恭惟執事天成美質，爭誇冠玉之姿，首服榮加，遂喜成人之道，某謹當趨賀，偶以冗羈，茲陳微意，聊表慶忱，幸不以輕瀆見罪也〔註38〕。

亦有女子二十行笄禮者，故有請女賓啓，內容爲：

> 嘗聞內則云，女子二十而笄，今此禮久廢。茲有女年適可笄，欲舉行之，伏聞孺人禮度凤閑，故屈惠臨以教之，俾小女淂聆閫訓，少諳四德三從之旨，不勝幸甚〔註39〕。

而賀人女笄曰：

> 恭諗令愛笄服榮加，凤有閨中之秀德容茂著，乃多林下之風，欲採寸芹，而效獻第，慚四壁之荒涼，貢以菲儀，莞入爲幸〔註40〕。

其餘還有新冠請人、子冠請人、孫冠請人、新笄請人、賀子冠、賀孫冠，及各相應之答受式等〔註41〕。大致而言，不論是祝文或帖式內容主要均爲表達祝賀、祝福及厚望之意，祝被加冠者吉祥如意，長壽大福，並勉勵其從此化解童心，具備成年人應有之風範行止。

　　綜觀明版民間日用類書中對冠禮之刊載，不論是儀節程序或相關帖式範例介紹均頗爲詳細，然從上述民間日用類書刊載之冠禮帖式內容中，可得知此種禮儀在明

〔註36〕《新刻鄴架新裁萬寶全書》，萬曆42年序刊本，卷7〈四禮門〉，頁2下～3上，「請冠賓札」。

〔註37〕《新刻鄴架新裁萬寶全書》，萬曆42年序刊本，卷7〈四禮門〉，頁3上，「答札」。

〔註38〕《萬寶全書》，崇禎元年刊本，卷5〈體式門〉，頁8上～下，「賀人加冠」。

〔註39〕《萬寶全書》，崇禎元年刊本，卷5〈體式門〉，頁8上，「請女賓啓」。

〔註40〕《萬寶全書》，崇禎元年刊本，卷5〈體式門〉，頁9上，「賀女笄」。

〔註41〕《萬寶全書》，崇禎元年刊本，卷5〈體式門〉，頁8下～10上。

代即已不受重視。事實上,有關冠禮內容較豐富而完整地刊載,也只限於明版民間日用類書;至清代前期三十二卷版本中已無專門門類介紹,僅有部分儀節及祝文式見之於農桑門;再至清代後期二十卷版本,則內容更縮減爲僅餘賀人子冠帖式一則於書柬運用的介紹說明中;此一發展趨勢似顯示冠禮之不受重視與沒落。而研究亦指出:清人爲免繁瑣,多不行冠禮,女子的笄禮亦與婚禮合併之,僅在髮飾上有所變化而已〔註42〕。

　　婚禮與冠禮同屬吉禮之一,由於此禮之實施須具備成年之條件,故與冠禮密切相關,平民之家有爲經濟因素而將冠禮併於婚禮中行之〔註43〕。中國古代婚禮禮制定型於周,漢代進一步完備,宋以後雜有民俗,但大體仍以六禮爲本,直到清代〔註44〕。

　　明清時期男子年十六至三十,女子年十四至二十,無居喪期者,可由家長或族長爲之行婚禮〔註45〕。婚禮整個過程主要分爲三階段,即議婚階段的納采、問名,訂婚階段的納幣,及結婚階段的請期、親迎。

　　納采意爲「納其采,擇之禮,即今世俗言定也」;納采前,必先使媒氏往來通言,俟女方應許,乃行納采之禮〔註46〕。納采前須先擇良辰吉日並告之女方,問其意見,故有〈請納采日期啓〉曰:

　　　　伏承親慈以　令愛眖下聘小兒,無任欣感,茲以某月某日爲定盟之期,敢用

　　　　豫告者,伏以道亨于吉禮,謹于成惟時月合天地之禎,故男女順陰陽之美,

　　　　兩家合慶,萬嗣蕃昌,伏惟　親仁俯鑒炤納不宣〔註47〕。

俟女方同意日期,男方則正式納采,納采書中列有男方籍貫及三代年庚命名,並求女方鄉籍家譜命名。男方的納采書式似過聘式,爲討吉祥,每行俱要成雙,行數亦要成對。如:

　　　　　　　　　　　　　　　忝眷生某里某姓名端肅拜啓

　　大徵君某號尊某翁老大人臺下

　　　　伏承媒議,不棄寒微,許以

　　令(郎、姪)某號尊姻家大人門下

〔註42〕 胡平生,〈中國古代的禮儀制度〉,頁 30～31。
〔註43〕 王玉波,《中國古代的家》,頁 138～139。
〔註44〕 王玉波,《中國古代的家》,頁 139～140;另有關中國古代婚禮之發展可參見劉增貴,
　　　　〈琴瑟和鳴──歷代的婚禮〉,收入劉岱總主編,藍吉富、劉增貴主編,《中國文化
　　　　新論(宗教禮俗篇)》(臺北:聯經出版事業公司,1982.8),頁 411～472。
〔註45〕 《三台萬用正宗》,萬曆 27 年刊本,卷 16〈四禮門〉,頁 5 下,「婚禮」。
〔註46〕 《三台萬用正宗》,萬曆 27 年刊本,卷 16〈四禮門〉,頁 5 下～6 上,「婚禮」。
〔註47〕 《萬寶全書》,萬曆 42 年序刊本,卷 7〈四禮門〉,頁 3 下～4 上,「請納采日期啓」。

長（次、幼）令愛與舍（弟、長、姪、幼）男爲百年鸞鳳友者，敢將籍貫三
代年庚命名開具于左

一籍貫　隸某府某邑某都某里

一三代　曾大父某，大父某，父某，母某

一年庚　某年某月某日某時

一命名　某字某

　　　　謹具聘儀

　　　　寅寫別狀

　　右締姻盟

皇明某年歲次某月某日吉旦

　　　　　　　　　　　　　　　　忝眷某名頓首再拜聘書〔註48〕

女方回書式則效來書格式曰：

　　　　　　　　　　　　　忝眷某里某姓名端肅啓伏

朝聘某姓某堂弟幾位尊（伯、叔）翁大人翰相玆辱不鄙，蒙允以

令（弟、姪）某堂弟幾位尊姻家大人翰學，賢國器與舍姪女爲百年佳偶者，
適承禮聘，寅具鄉籍家譜庚名以獻

一世居　某郡某邑某都某里

一世系　曾大父某，大父某，父某，外族母某氏

一天賦　某年某月某日某時

一定名　某

　　　　姻盟具復于前

　　　　回貢別陳于楮

　　　　　　　　　　　　　　皇明○○御極某年月日某頓首寅伏〔註49〕

據此，男女雙方說定，故各行祭禮上告祖先〔註50〕。接著，男方行納幣禮，即下聘，
又名過衣式；男方備禮並附上帖式至女家，帖式內容如下：

　　　　　　　　　　　　　　忝眷生某姓名端肅狀　　上

某號某姓先生尊姻家大人　　翰相閣下

一聘儀

〔註48〕《萬寶全書》，崇禎年間刊本，卷7〈冠婚門〉，頁184～185，「納采書式」。

〔註49〕《萬寶全書》，崇禎年間刊本，卷7〈冠婚門〉，頁185，「回聘書式」。

〔註50〕《三台萬用正宗》，萬曆27年刊本，卷16〈四禮門〉，頁1上，「男家納采告文」、「納
　　　　采女家告廟祝文」。

鸞書一緘　壽帕一幅　鵝黃表裏　鴉青緞匹　戒指幾對　耳環一雙

先春茶封　團酥餅事　玉塵麵帖　時果幾品　家鴈幾翼　剛鬣幾圈

柔毛幾□　司晨幾翼　司箴啓篚

右不愧輕微，專人馳貢，萬冀

親慈　俯垂　鑒格

大明○○某年月日　　眷生某再拜謹狀〔註51〕

女方收禮後亦須具回聘書式以致意曰：

忝眷某姓名端莊狀進

某號某姓尊姻家大人臺下

　　　一回儀

鸞鳳婚書　鴛鴦壽帕　鵝黃表裡　鴉青緞匹　先春幾封　玉屑四筐

赤金頭袋　赤金條環　白銀絲條　松江青煙　銀花雁爪　象牙兔穎

剛鬃柔毛　家鴈幾翼　團酥幾篚

　　　右不揣菲薄，即使馳狀，幸乞

　　　親仁　俯賜　鑒納

龍飛○○某年月日某頓首再拜狀復〔註52〕

如此即算正式聘定〔註53〕。也有男入女方家之入贅定聘及回聘式以便需要者利用，
內容如下：

歌維鵲之有巢，既謀則就喜，登龍之潯地，奚贅之爲。蓋由絃斷則膠投，抑
亦斧克而薪析，求鳳奏曲，古有嗜音，致鯉傳書，今時納好，貲以身而爲贄，
居就爾以爰居，匪人之能，實天之合，出如秦子，豈爲身體之贅，庇戒匪越，
人或判形骸于肌膚。

答曰：

痴年向晚，方爲佚老之謀，息女未笄，遂有致夫之願。偶承媒妁，求締姻婭，
念壯而出贅，從古而然，而老有所依，于吾何幸。一時莫雁，既堅金石之盟，
異日承龍，當溢門闌之喜〔註54〕。

婚禮過程中最隆重部分是親迎，親迎前先擇吉日並以帖請示女方之意曰：

〔註51〕《五車拔錦》，萬曆25年序刊本，卷9〈婚娶門〉，頁2上，「聘儀狀式」。
〔註52〕《萬寶全書》，崇禎年間刊本，卷7〈冠婚門〉，頁186～187，「回儀書式」。
〔註53〕《萬寶全書》，崇禎年間刊本，卷7〈冠婚門〉，頁161～162，「聘定啓」。
〔註54〕《新刻鄴架新裁萬寶全書》，萬曆42年序刊本，卷7〈四禮門〉，頁7上～下，「入贅
　　　定聘啓」、「答啓」。

茲憑媒議，敬預昏訂，謹據陰陽術家曆，按三元正經，詳具于後：
一愛玉華庚某甲子，一愚頑年造某甲子某月某日大吉，某月某日小吉，今涓
選某年月日某甲子，有不將星周堂大利，某時利宅某刻入門。一維時某時，
令喜天道之協吉，緣俗禮之是循，謹貢　芹意，用侑魚書，　仰冀
眷慈　俯垂　鑒納　不宣

忝眷生某　薰林拜啓〔註55〕

而迎娶當日，配合不同儀式部分還附上各式吉祥祝文或詩詞語句，如迎新郎時曰：

花燭迎郎出洞前，潭潭華府豔神仙；裝航穩步藍橋路，此去方諧月老緣。

拜天地時曰：

福德香火在堂中，資謝神祇福壽隆；來歲即生麟鳳子，管教隨步玉堂中〔註56〕。

夫妻交拜時曰：

男才女貌兩堂堂，銀燭高燒徹夜光；百歲夫妻齊下拜，匆匆喜氣入蘭房。

飲交盃酒時曰：

玉女朱唇飲數分，盞邊惟見有盃痕；仙郎故意留殘酒，為惜馨香不忍吞〔註57〕。

而當新郎新娘對坐撒帳時，更有以當時流行的游戲骨牌名串成之致語者，如：

伏以古來周禮定人倫，洪範九疇意更深，春夏秋冬分日序，人和天地按君臣。
四八三十二扇，扇扇按河圖，十五二百二十七點，點點敘三綱五常，你看繡
屏前才子佳人，渾如金菊對芙蓉，畫堂中嬌賓賀客，恰似龍虎風雲會，賀新
郎的似群鴉噪鳳，弄冰人的如寒鵲爭梅，進洞房二龍入海，戀繡嫦雙蝶戲梅，
亂荒荒楚漢爭鋒，忙迫迫賓鴻中彈，喜孜孜新郎要平么十七點，羞答答新人
只斜么八不就，費多少二十四氣，纔能勾天員地方，如獨龍戲珠，進九溪十
八洞，進一進雪消春水來，退一退落花紅滿地，禿爪龍似蜻蜓忙點水，雙腳
撇如螻蟈急撐波，惟願生下小不同，觀燈十五就扳龍，蘇秦背劍為卿相，將
軍掛印滿堂紅〔註58〕。

其它還有攔門致語、攔門請花紅詩、開籌詩、喫田蠶飯詩、下籌詩、索花紅詩〔註59〕、
過聘聯句、回聘聯句、新婚聯句、合卺詩等〔註60〕。

至於因婚禮而來的人際交往書帖種類更多，如托媒札、托媒求年庚札、許親啓、

〔註55〕《三台萬用正宗》，萬曆27年刊本，卷16〈四禮門〉，頁11上，「星期俗啓」。
〔註56〕《萬寶全書》，崇禎年間刊本，卷7〈冠婚門〉，頁182，「迎新郎詩」、「拜天地詩」。
〔註57〕《萬寶全書》，崇禎年間刊本，卷7〈冠婚門〉，頁183～184，「詩」、「飲交盃詩」。
〔註58〕《學海群玉》，萬曆35年序刊本，卷5〈婚禮門〉，頁3上～下，「撒帳致語」。
〔註59〕《萬寶全書》，崇禎年間刊本，卷7〈冠婚門〉，頁180～181、184。
〔註60〕《三台萬用正宗》，萬曆27年刊本，卷16〈四禮門〉，頁1上～3上、5下。

謝媒啓、托議聘札、托媒定聘札、嫁女送花紅、嫁女請人、賀人子娶、子娶請人、女婿拜門請親用式、賀人再娶式〔註61〕、再娶請人、賀客中新娶、客中新娶請人等〔註62〕。

　　綜觀民間日用類書中有關婚禮的刊載，可知此時婚禮並非完全依照完整的六禮形式進行，而是將納吉與納徵禮合併成納幣一項，且擇良辰吉日以進行各階段儀式亦不限於親迎部分而已，納采前亦須擇良辰吉日爲之，並徵詢女方意見；又當時除女嫁入男家外，亦有男入女家之入贅式。而書中內容不管是屬於議婚階段的納采、問名，訂婚階段的納幣，結婚階段的請期、親迎部分，無論是婚娶前的下聘回聘帖式、請人喜柬，婚禮當時使用的吉祥語句、祝福賀詞等，均有詳細完整說明，然此只限於明版民間日用類書中；至清代前期三十二卷版本時已無此一門類刊載，有關婚禮內容主要見於農桑門，且其僅有親迎部分的各式吉祥語句、祝福賀詞，及聘禮書式與回聘式範例各一；再發展至清代後期二十卷版本只臏賀人新娶帖式一則於書柬運用的介紹說明中。

　　喪禮屬五禮中之凶禮，具孝悌人倫含義，故古人甚爲重視，尤其是父母之喪〔註63〕。明清時期有關喪禮內容分爲臨終與死後兩階段。臨終時，先將病者遷居正廳，若度病勢不可起，則設床於正庭中，惟此舉限於家長，餘人則各遷於所居之室中；內外保持安靜戒喧擾，令人坐病者傍視之，並問病者有無遺言，若有，則代書之；接著，爲病者撤去舊衣換新衣，若家貧可免；置新綿於口鼻間，鋪薦褥於地；當病者口鼻間之新綿不動，則斷定氣絕，將尸扶居薦褥之上，以被蓋之，再以一筯橫口中使不合可以含；男女始哀哭左右，親者則以酒奠於尸前以爲送別，再訃告親戚僚友。

　　病人死後須設靈座，即於尸前設衣架，上覆以被；架前置椅，椅上置座褥，褥上置衣服，衣服上置魂帛；魂帛係以白絹二丈爲之，上出其首，旁出兩耳下垂，其餘爲兩足之狀；椅前設桌，桌上設香爐、香盒、燭臺、酒注、酒盞、茶瓶、果盤、菜楪，侍者朝夕設櫛，奉養一如生時。再以絳帛爲銘旌，凡三品官以上者長九尺，五品以下者八尺，六品以下者七尺；以粉筆大書曰，故某官某公之柩，無官者則隨生時所稱，曰某公某府君之柩；銘旌以竹爲柱，此旌長一尺，以木架於靈座之右〔註64〕。

　　有些喪家還置木主，即用向東栗樹高一尺二寸，以象十二月；大四寸，以象四

〔註61〕《萬寶全書》，崇禎年間刊本，卷7〈冠婚門〉，頁187～190；《五車拔錦》，萬曆25年序刊本，卷9〈婚娶門〉，頁1上～下；《龍頭一覽學海不求人》，明刊本，卷16〈喪服門〉，頁31上。

〔註62〕《學海群玉》，萬曆35年序刊本，卷5〈婚禮門〉，頁6上～下。

〔註63〕王玉波，《中國古代的家》，頁143。

〔註64〕《三台萬用正宗》，萬曆27年刊本，卷16〈四禮門〉，頁11下～12上，「喪禮」。

季；厚一寸二分，以象十二時；頂圓以象天，座方以象地〔註65〕。或置杖，父喪用
竹杖，取其節列者也；母喪用桐杖，取其節內存也；上半圓以象天，下半方以象地
〔註66〕。再行提主禮，即將木主置柩上，燃香祭祝，此後「形歸灶窗，神還室堂」，
以此爲憑〔註67〕。祭拜死者後〔註68〕，並依本宗九族五服正服、妻爲夫族服、妾爲
家長服、夫爲妻親服、外親服、三父八母服、出嫁女爲本宗降服等類別而服斬衰、
齊衰、大功、小功、緦麻五種不同喪服及喪期。而爲方便人們參照使用，民間日用
類書除以文字說明外，亦往往以圖表顯示上述各種人際關係網絡，並列出不同喪服
式之內容；如三父八母服之喪服式爲：

> 三父八母圖，同居繼父先，兩有功三月，兩無功三年，期年不，同居繼父先，
> 同，今不完服制，齊三月，不同無服官。從繼母嫁父，齊衰杖期先，前列三公
> 制，後續八母編，嫡繼慈養母，斬衰皆三年，嫁出庶杖期，乳母緦麻全〔註69〕。

接著，發布訃書告知親友，而親友得訊則慰問喪家。訃書亦稱孝書，書中凡父
死曰孤子，母亡稱哀子；孤哀及泣血字是百日內用，百日外則稱制生，稽顙孝服將
滿稱禫制生〔註70〕。民間日用類書列有各式訃書、慰問函文樣供參用；訃書有以子
身分發布者，如：

孤哀子某姓某泣血稽顙拜

> 某親某號某姓老先生大人　幾下
> 某罪逆不孝，禍患所鍾，不幸延及老父（母），於某月某日辭世，攀慕號絕，
> 赴愬無門，仰恃親誼，謹敢訃報，路遙屈重，罪逆益增，毋勞玉趾，伏乞照
> 察

某月某日謹狀〔註71〕

也有簡單的通知親友移靈某地之報奠式，如：

> 孤哀子姓某名某，已卜某月某日安厝先親于某所，忝在　親眷，不敢不以申
> 聞，伏乞臺鑒

〔註65〕《新刻鄴架新裁萬寶全書》，萬曆42年序刊本，卷7〈四禮門〉，頁1上，「置木主」
曰：「此古禮也，今人多不用」。
〔註66〕《萬事不求人博考全編》，萬曆年間刊本，卷5〈禮柬彙編〉，頁2上，「置杖」。
〔註67〕《新刻鄴架新裁萬寶全書》，萬曆42年序刊本，卷7〈四禮門〉，頁2下，「提主
禮」、「提主」。
〔註68〕《三台萬用正宗》，萬曆27年刊本，卷16〈四禮門〉，頁12上，「祭文式」。
〔註69〕《龍頭一覽學海不求人》，明刊本，卷16〈喪服門〉，頁3上，「三父八母服之歌」；
頁1上～下，「三父八母之圖」。
〔註70〕《萬事不求人博考全編》，萬曆年間刊本，卷5〈禮柬彙編〉，頁2上，「報孝書」。
〔註71〕《萬寶全書》，崇禎年間刊本，卷6〈文翰門〉，頁163，「又式」。

年月日孤哀子某狀〔註72〕

慰問函則視不同對象而有不同內容及答覆式，如慰喪父是：

> 仰間忽聞尊甫先生大人遽違色養，令人不覺心惕神驚，若有所失者久之，痛甚痛甚。諒執事天性懿親，孝心純至，此時此情，追慕必不能堪，但生寄死歸，數莫能逃，又況尊甫年高德邁，行立名成，全而歸之，夫復何恨。惟執事節哀順變，善繼善述，毋貽逝者之憂，則事死如生，孝莫大矣。禮當趨吊，承命未敢，謹具香燭上荐，聊表永訣終天之情，兼致拜慰之意也，臨風長吁，無任悵憶之至。

答覆曰：

> 某深恨自叢罪逆，天不殞滅，以致禍延先君，百結痛心，萬死莫贖。奈何奈何，辱蒙吊慰，甚感愛腆，但天親至情，自有難于強釋，彼蒼之恨，恐與吾身相終始也，謹此奉謝，淚筆不端，原宥是幸〔註73〕。

慰喪母是：

> 太夫人奄棄榮養，不覺驚傷之至者久之，諒惟執事孝心純至，哀慕過情，其痛必有不可言者。但生死天也，非人能為，仰惟為國養身，以大顯揚之蹟，節哀順變，弗至毀滅之傷，則執事之孝有餘思矣。謹具香燭，聊效一束生蒭之意，伏乞上薦靈右，幸甚幸甚。

答覆則曰：

> 某自恨罪戾逆天，禍貽老母棄世，扳號莫愬，擗踊無追，此身不容于兩間矣，荷蒙賜慰，深感教愛至情，但痛心之傷，難以自解，而顯親之孝，恐非所能，稽顙拜加，哀感無任，淚言不次，謝意莫伸，照宥是幸〔註74〕。

其它還包括慰喪兄弟、慰喪妻、慰喪妾、慰喪子、慰喪女、慰喪孫等式〔註75〕，及通用之唁書式等〔註76〕。

同時，民間日用類書還有親友資助喪家食物後，喪家致謝的賻奠狀式，如：

> 草具某物若干，右謹專人上
> 某官某公美筵，聊備賻儀（香茶酒食則云奠儀），伏惟歆納，謹狀

〔註72〕《學海群玉》，萬曆35年序刊本，卷6〈喪祭門〉，頁2上，「報奠式」。
〔註73〕《學海群玉》，萬曆35年序刊本，卷6〈喪祭門〉，頁2下～3上，「慰喪父」、「答復」。
〔註74〕《學海群玉》，萬曆35年序刊本，卷6〈喪祭門〉，頁3上～下，「慰喪母」、「答復」。
〔註75〕《學海群玉》，萬曆35年序刊本，卷6〈喪祭門〉，頁3下～5下。
〔註76〕《萬寶全書》，崇禎年間刊本，卷6〈文翰門〉，頁165，「唁書式」。

忝眷某哭踊再拜〔註77〕

以及建墓用的墓誌狀式以供需要者之參考使用〔註78〕。

綜觀民間日用類書中有關喪禮內容的記載，不論是喪禮儀節、喪服式、訃書式、慰問書式及其答復式，均有詳細說明及種種適用於不同情況之範例參考，並配合圖示供人方便了解及選用。然此種內容刊載只見於明版民間日用類書，至清代前期三十卷版本及清代後期二十卷版本中，不但無此一門類刊載，亦不見相關說明記載於其它門類中。

祭禮屬五禮中之吉禮，是古代禮制中最重要的一種，禮書上曾言：「禮有五經，莫重於祭」〔註79〕。明清時期的祭禮包括祭遠祖、祭親友及祭神三種，各不同情況均有其適用之祭文。

遠祖祭文可因祭祀地點的不同分為在家祭祀用與至墳上掃墓用，前者如：

　　維

皇明崇禎某年月日某朔，越祭之日，堂下嗣孫某人等，敢昭告于

高祖考（妣）某號府君（氏孺人），曾祖考（妣）某號府君（氏孺人），顯祖考（妣）某號府君（氏孺人），顯考（妣）某號府君（氏孺人），尊靈前而言曰，氣序流易，時維清明（中元），追感昔時，不勝永慕，謹以牲醴庶饌之儀，祗薦歲事，尚享〔註80〕！

後者如：

　　維

皇明崇禎某年月日某朔，越祭之日，慕下嗣孫某某等，敢昭告于

一人某號府君（之墓某氏孺人）墓前而言曰，氣序流易，霜露既降（秋祭則稱霜露既降），瞻掃先塋，不勝感慕，謹以牲醴清酌之儀，祗荐歲事，尚享〔註81〕！

亦可因祭祀時間差異分為平時祭祀用及特殊節日祭祀用兩種；其中，特殊節日祭祀用還可再分為歲除時〔註82〕、元旦時〔註83〕、春秋二時〔註84〕、清明時等不同時節

〔註77〕《學海群玉》，萬曆35年序刊本，卷6〈喪祭門〉，頁2上，「賻奠狀式」。
〔註78〕《學海群玉》，萬曆35年序刊本，卷6〈喪祭門〉，頁7上～8上，「墓誌狀式」。
〔註79〕《禮記》，〈祭統〉，引自王玉波，《中國古代的家》，頁147。
〔註80〕《萬寶全書》，崇禎年間刊本，卷7〈冠婚門〉，頁192～193，「時祭祖先祝文」。
〔註81〕《萬寶全書》，崇禎年間刊本，卷7〈冠婚門〉，頁193，「墓祭祝文」。
〔註82〕《三台萬用正宗》，萬曆27年刊本，卷16〈四禮門〉，頁16上，「祭禮」。
〔註83〕《萬錦全書》，萬曆年間刊本，卷9〈民用門〉，頁3下，「新年拜祖先香火祝文」；《萬寶全書》，萬曆42年序刊本，卷7〈四禮門〉，頁7下，「元旦祭祖文」。
〔註84〕《三台萬用正宗》，萬曆27年刊本，卷16〈四禮門〉，頁18下，「春秋二祭」；其中，立春祭先祖，季秋祭禰。

用的祭文；而數者之中，又以清明時祭墓祝文最重要，其內容如下：

> 嗚呼！惟水有源，惟木有根，願我曰人，可忘其親，孤死丘首，鳥哺義深，報本反始，人道大經，茲惟次序，清明甫臨，雨露滯兮，愀愴裁心，丘隴登兮，感傷斷魂，青山助哭，綠水呻吟，嗚呼痛哉，何以追尋，豆肉一几，卮酒一鐏，掃松剪荊，祗薦哀忱，神其不昧，來格來歆〔註85〕！

而祭親友則因不同血緣關係及人際交往有不同祝文內容，如子祭父文是：

> 嗚呼哀哀我父，公恩極昊天，胡不憖兮，命不少延，使我兒輩兮，空期百年，趨庭仰企兮，詩禮無傳，陟屺瞻望兮，風木淒然，音容何適兮，館舍棄捐，我身無倚兮，空淚如泉，靈輀既駕兮，即彼九泉，父其此往兮，窀窆長眠，使我傍徨兮，如強如顛，撫膺呼號兮，欲見無緣，生死永訣兮，千萬斯年，猿驚鶴怨兮，芳草芊芊，天長地久兮，抱恨綿綿，父有靈兮，鑒此芳筵，嗚呼哀哉，伏惟尚饗〔註86〕！

子祭母文則爲：

> 嗚呼痛哉！百年華屋，千載丘山，慟哭辭堂，母也不留，音容杳邈，永訣千秋，嗚呼痛哉！遙瞻衡宇，粗蔽風雨，憶昔吾母，行笑坐語，今辭而去，誰爲何處，嗚呼痛哉！我遊中庭，天香有堂，憶昔吾母，痛書焚香，今辭而去，九泉茫茫，嗚呼痛哉！俄登重鷰，依光有閣，憶昔吾母，憑欄笑樂，今辭而去，原野寂寞，嗚呼痛哉！人皆有子，此獨抱恨以終身者，我幼亡父，母恩甚厚，居爲三遷，爲我擇鄰，孰爲剪髮，爲我延賓，教我誨我，命我成人，今我三釜，不能及親，嗚呼痛哉〔註87〕！

其它還有女祭父文、女祭母文、妻祭夫文、夫祭妻文、弟祭兄文、兄祭弟文、祭表兄弟文、侄祭叔文、孫祭祖父文、孫祭祖母文、祭叔祖文、祭嫂文、祭姊文、祭姊夫文、祭妹文、祭妹夫文、祭外翁文、祭外婆文、父祭子文、父祭女文、祭外父文、祭妻父文、祭妻女文、祭女婿文、祭舅文、祭母舅文、祭親家文、祭親家母文、祭親友文、祭姻親內眷文，以及祭友人文、祭弟子文、祭官宦文等〔註88〕。

〔註85〕《五車拔錦》，萬曆25年序刊本，卷10〈喪祭門〉，頁1下～2上，「清明祭墓文」。

〔註86〕《萬寶全書》，崇禎年間刊本，卷6〈文翰門〉，頁166，「子祭父文」。

〔註87〕《萬寶全書》，崇禎年間刊本，卷6〈文翰門〉，頁166～167，「祭母文」。

〔註88〕《三台萬用正宗》，萬曆27年刊本，卷16〈四禮門〉，頁6下～17下；《學海群玉》，萬曆35年序刊本，卷6〈喪祭門〉，頁1上～7上；《萬寶全書》，崇禎元年刊本，卷4〈文翰門〉，頁9上～下；《萬錦全書》，萬曆年間刊本，卷7〈四禮門〉，頁2上～3下。

祭神則有祭墓時的祝后土文或謝土祭文〔註89〕，如：

> 維某年歲月日，某官姓名，敢昭告于后土之神某，恭修歲事于某親某官府君之墓，惟時保佑實賴神休，敢以酒饌敬伸奠獻，尚享〔註90〕！

也有一般乞福用的代人作十保福投狀式〔註91〕、賽願請神祝語〔註92〕、沿江祭神祝語等；其中，沿江祭神祝語是：

> 伏以神通浩浩，聖德昭昭，凡有叩祈，立彰感應。謹具清香，處誠拜請天地水府，四界神祇，船居侍奉儒釋道三教，香火有感，福神十方，三保諸佛，如來大慈大悲觀世音菩薩，天地水府三元三品三官大帝，北極鎮天真武玄天仁威上帝，龍虎玄壇關趙二大元帥，五通五顯靈官大帝，水府扶桑丹霖大帝，蓬萊水國浪死仙官，水府沿江廟貌五湖四海龍王，洞庭尊王，順濟王侯，洪山浮道，八位公主，水府顯化，斬龍楊四將軍，宗一宗二宗三舍人，蕭公晏公李公真人，本身隨行香火，盧空過往神祇，此間城隍主者土地之神，上至源頭，下至水尾，一切有感神明，普降香筵，今據大明國某某鄉人在于某處，寫到某人船隻，裝載某貨，前往某處發賣，今在某處經過，未敢擅便處，備牲儀敬伸奉祭，請祈神福，諒沐伸明，府（俯）垂鑒納〔註93〕！

也有為保新居平安的木匠上梁致語〔註94〕、新居上梁文；如新居上梁文是：

> 伏以仲蔚園居，睹蓬蒿之三徑，淵明栗里，紀歲月於再遷，豈為士而懷居，抑從吾之勝好，石蓮主人，才難適用，分甘退藏，塵網三十年，幸迷途之初覺，玉楷方寸地，笑春夢以何憑，從者如歸。卜之日吉，正維今日，舉大木架梁棟，試聽同聲：
>
> 拋梁東，巽館橙溪一徑通，分付溪邊舊桃李，春風原在滿懷中。
>
> 拋梁西，樓頭騁望眾山齊，欲知主人憑幾意，浮雲更比曲欄低。
>
> 拋梁南，天畔晴峰染碧嵐，莫訝虹橋接霄壤，十年早已謝朝替。
>
> 拋梁北，紅塵滿騎來京國，偃武修文當是時，直須擊壤躬耕食。
>
> 拋梁上，明月清風任豪放，縱著羊裘把鉤竿，江湖誰解干星象。

〔註89〕《萬錦全書》，萬曆年間刊本，卷7〈四禮門〉，頁4下～6上，「謝土祭文」。

〔註90〕《五車拔錦》，萬曆25年序刊本，卷10〈喪祭門〉，頁1下，「祭墓告祝后土文」。

〔註91〕《萬書萃寶》，萬曆24年刊本，卷12〈民用門〉，頁7上～下，「代人作十保福投狀式」。

〔註92〕《萬書萃寶》，萬曆24年刊本，卷12〈民用門〉，頁9上～10上，「賽願請神祝語」。

〔註93〕《學海群玉》，萬曆35年序刊本，卷9〈狀式門〉，頁21上～下，「附沿江祭祀神福祝語」。

〔註94〕《萬寶全書》，崇禎年間刊本，卷6〈文翰門〉，頁177，「木匠上梁致語」。

拋梁下，牙籤萬軸插高架，終歲如今學閉關，攜琴載酒姑回駕。

　　伏願上梁之後，豐年報國，多福宜家。群居者，暗室無欺，外至者，得門而入，戶開亦開，戶闔亦闔，善言無千里之違，道隆而隆，道汙而汙，正氣塞西門之內，讓耕讓畔，里有仁風，學詩學禮，庭多暇日，空中樓閣，堯夫何意于品題，壁內詩書，安國可傳，其刪述永爲美緒，益顯文明〔註95〕。

還有爲節日祭祀用的新年（元旦）拜天地祝文〔註96〕、七夕祭文〔註97〕，以及有所求於神的囑神祝文等〔註98〕。

　　行祖先祭祀禮時，不論是在祠堂內或在墓塚前，必先一月由主人預告祭期，前三日並齋戒。祭祀當日主人主婦於祠堂前，盥洗、啓櫝、跪拜、焚香後，主人奉考主，主婦奉姙主，子弟奉附食就位序立，引贊唱降神酹酒，由子弟二人，一進盤，一執酒，斟酒跪進於主人，主人受之盡傾茅沙上；引贊再唱進饌，主人主婦逐位自進，子弟進附位。接著，初獻禮詣高祖考姙神位前，祭酒、奠酒、讀祝文、奉饌；亞獻禮詣高祖考姙神位前、詣曾高祖考姙神位前、詣祖考姙神位前、詣考姙神位前，皆如初獻儀；終獻禮自進先詣高祖考姙神位前，以下至奉饌皆如亞獻儀。三獻禮畢則侑食，主人執注遍斟諸位前俱滿，主婦遍插匙飯中，俱退，分立香案前。闔門，使男左女右少休，若無門則垂簾模；再啓門，主人以下各復位，主人主婦獻茶於四代考姙前，子弟婦女分進附位；再受酒、祭酒（以酒傾少許於地）、啐酒（略嚐少許酒），並辭祝、跪拜、受胙（受飯）、啐飯，最後辭神、焚祝文、送主（奉主入櫝）、撤饌，而結束整個祭儀〔註99〕。

　　儀式進行時須用長一尺高五寸祝版，以紙書祝文粘於其上，讀畢置香火之左，祭畢則揭而焚之。此外，祭祀時的神主亦有定式，即用栗木方剡，上五分爲員，廣三十分，厚十二分，中陷六寸，陷內闊一寸，書官爵名植於木身，出木一尺八分，並木共高一尺二寸〔註100〕。而神主位、人員位置及相關儀式皆有一定規範，在民間日用類書中均有清楚說明，並以圖示之〔註101〕。

　　綜觀民間日用類書有關祭禮內容的刊載，可知明清時期民間的祭禮頗爲愼重，

〔註95〕　《萬寶全書》，崇禎年間刊本，卷6〈文翰門〉，頁174～177，「新居上梁文」。
〔註96〕　《萬錦全書》，萬曆年間刊本，卷9〈民用門〉，頁3上～下，「新年拜天地祝文」。
〔註97〕　《三台萬用正宗》，萬曆27年刊本，卷17〈民用門〉，頁16下～17上，「七夕祭文」。
〔註98〕　《萬錦全書》，萬曆年間刊本，卷9〈民用門〉，頁1上～3上，「請囑神祝文」。
〔註99〕　《三台萬用正宗》，萬曆27年刊本，卷16〈四禮門〉，頁16上～17下，「祭祀」。
〔註100〕　《三台萬用正宗》，萬曆27年刊本，卷16〈四禮門〉，頁17下，「祝版式」、「神主式」。
〔註101〕　《三台萬用正宗》，萬曆27年刊本，卷16〈四禮門〉，頁18上。

祭祀神衹已不分儒道釋派別，而是各家各派的混合信奉，只要其能帶給人們平安與幸福。民間日用類書為配合人們需要，不論是祭祀儀式，或各種適用於不同情況的祭文範例，均有清楚解說與刊載。然此種內容僅見之於明版民間日用類書中；至清代前期三十二卷版本已無專門門類刊載，而是在文翰門及農桑門中列有若干祭文，如清明祭墓祝文、沿江祭神祝語、木匠上梁致語，然無祭祀儀式說明；再發展至清代後期二十卷版本則僅在書柬運用中保留清明祭祖及沿江祭神兩種祭文而已。

　　總之，明清時期民間日用類書中僅明代版本有專門的四禮門、冠婚門或喪祭門等介紹冠婚喪祭四禮之事，其內容主要包括四禮的施行要件、儀式程序及相關的帖式運用，以利民間選取；其內容不僅以文字形式說明，包括散文及韻語、解說文及祝賀辭等，更配以圖例顯示，使民眾易於了解內容。發展至清代前期三十二卷或三十卷版本已無此一門類的專載，僅將之附屬於文翰門或農桑門，內容自然大幅縮減；其中，婚禮部分保留較多，冠禮、祭禮只有少部分，而喪禮則不見；又內容全為文字呈現，不見圖示；且僅為帖式運用範例，而非禮制解說。再至清代後期二十卷版本則僅賸冠禮部分的賀人子冠帖、婚禮部分的賀人新婚帖，及祭禮部分的祭遠祖文、祭神祝文於書柬運用的介紹中而已。所以如此，除因避免繁瑣，將某些禮制實施加以合併，如併冠禮於婚禮中外，應與傳統禮制的不若以往受重視而沒落有關；又對某些重視古禮者而言，其早已將禮制中的要件掌握，亦無需再參考民間日用類書之介紹；故民間日用類書發展到後來，實無需再以專門門類，再用大量篇幅刊載這些禮制之詳細內容。

三、勸　諭

　　勸諭屬社會教育性質，主要是透過格言、訓詞、陰騭文等內容，使人言行舉止有一定限制，不恣意作為，其功能類似勸善書，而目的則是維持社會秩序之和諧與穩定。

　　明清時期流行的勸諭內容，可分個人品性修養、家庭倫理、社會倫理及宗教倫理部分。其中，內容最豐富的是個人品性修養及宗教倫理者。

　　屬於個人品性修養者，最重要的是勸人遇事容忍，此乃「百行之本」，凡

　　　天子忍之國無害，諸侯忍之成其大，官吏忍之進其位，夫妻忍之終其世，兄
　　　弟忍之家必富，朋友忍之全其義，自身忍之無患累。……天子不忍國空虛，
　　　諸侯不忍喪其軀，官吏不忍刑法誅，夫妻不忍令孤身，兄弟不忍必分居，朋

友不忍情意疏，自身不忍禍難除〔註102〕。

而最難忍者爲辱之一事，古今豪傑多因此震怒，終致失敗。事實上，「辱之來也，察其人如何，彼爲小人耶，則直在我，何怒之有；彼爲君子耶，則直在彼，何怒之有」〔註103〕。除忍事外，亦要容人，蓋忍可耐事，容能恕人〔註104〕；恕人則可大量而得人，蓄鏡以待，此實君子作風，非小人行徑〔註105〕。又切莫與人鬥氣，凡鬥氣「多因些小口頭言」，卻惹出「老大事」，實不值得，故不必逞一時之勇，亦無需強出頭〔註106〕。

待人應以禮、以仁、以寬，設若人以薄待己，必己之對人不夠寬厚，而該自省〔註107〕。亦勿恃勢欺人〔註108〕，或妄自菲薄，凡處世「不可有輕人之心，亦不可有上人之心；懷輕人之心者，類乎薄挾，上人之心者，類乎往何」，「有輕人上人之心，則客氣常在，而心無頃刻之樂」，故心貴乎平〔註109〕。

又應養無欲之心，因禍多出於人欲，蓋「欲心勝則徇物，徇物則身輕而物重矣，物重則□然無窮，不喪其身不止矣」〔註110〕；且欲心難饜，即使擁有豐富，仍感不足〔註111〕；故絕欲窒念乃可心清氣暢，神志安定，且無求於人〔註112〕，無論身處逆境順境，均怡然自得〔註113〕。

同時，還要謹言愼行；謹言則不以言譏人〔註114〕、莫大言不慚〔註115〕；特別是當眾勿論人短己長〔註116〕，凡好言己長者，即未能養其所長，而終將失此長處〔註

〔註102〕《文林聚寶萬卷星羅》，萬曆28年序刊本，卷39〈雜覽門〉，頁6上～下，「勸世百忍曰」。
〔註103〕《三台萬用正宗》，萬曆27年刊本，卷42〈閑中記〉，頁1下～2上，「其二」。
〔註104〕《三台萬用正宗》，萬曆27年刊本，卷42〈閑中記〉，頁1下，「其一」。
〔註105〕《三台萬用正宗》，萬曆27年刊本，卷42〈閑中記〉，頁5下，「其十四」；頁9下，「其二十九」；頁10上～下，「其三十一」。
〔註106〕《文林聚寶萬卷星羅》，萬曆28年序刊本，卷39〈雜覽門〉，頁4下，「勸莫鬥氣」。
〔註107〕《三台萬用正宗》，萬曆27年刊本，卷42〈閑中記〉，頁4下，「其十一」；頁2上，「其三」。
〔註108〕《三台萬用正宗》，萬曆27年刊本，卷42〈閑中記〉，頁2上～下，「其四」。
〔註109〕《三台萬用正宗》，萬曆27年刊本，卷42〈閑中記〉，頁6上，「其十六」。
〔註110〕《三台萬用正宗》，萬曆27年刊本，卷42〈閑中記〉，頁5上，「其十三」。
〔註111〕《三台萬用正宗》，萬曆27年刊本，卷42〈閑中記〉，頁7上～下，「其二十」。
〔註112〕《三台萬用正宗》，萬曆27年刊本，卷42〈閑中記〉，頁9上，「其二十六」、「其二十七」。
〔註113〕《三台萬用正宗》，萬曆27年刊本，卷42〈閑中記〉，頁10上，「其三十」。
〔註114〕《三台萬用正宗》，萬曆27年刊本，卷42〈閑中記〉，頁3上～下，「其七」。
〔註115〕《三台萬用正宗》，萬曆27年刊本，卷42〈閑中記〉，頁8下～9上，「其二十五」。
〔註116〕《三台萬用正宗》，萬曆27年刊本，卷42〈閑中記〉，頁3下～4上，「其八」、「其九」。
〔註117〕《三台萬用正宗》，萬曆27年刊本，卷42〈閑中記〉，頁4上～下，「其十」。

117〕。又在奸險之人面前尤當注意言語，蓋

> 險人之前不可語人之陰私，奸人之前不可論人之機巧，我一時言之，彼一時
> 聽之，言之者固不爲難，彼聽之者蓄之於心而不忘矣；險者資其陰私以爲奸
> 本，奸者用其機巧以爲利基，豈不損物害理之甚哉；吾雖不曾損物害理，亦
> 猶抱薪資火，陪水資潮，謀人之宅，沒人之田者矣〔註118〕。

實不可不小心警惕。

慎行則切忌炫耀寶物，以遭人貪〔註119〕；尤其要戒男女飲食嗜慾之行，以其
易累人心節而生惡行〔註120〕；故民間日用類書亦刊有〈酒色財氣〉圖以提醒人，圖
上畫酒色財氣四字於一船上，上書「酒釀千家味」、「船行萬里程」兩句，左右又有
「逢橋須下馬」、「有路莫登船」兩對句，旁附以解釋文曰：「色作船頭氣作稍，中間
財酒兩相交；勸君休在船頭坐，四面皆是殺命刀。酒若除之性不狂，更將色戒濟生
方，財能義取天相祐，忍氣興家少禍殃」〔註121〕。（圖5-1-1）

總之，人應嚴以律己，寬以待人，則無所畏懼；如〈我箴〉中所云：

> 誠實以啓人之信我，樂易以使人之親我，虛己以聽人之教我，恭己以取人之
> 敬我，自檢以度人之議我，自反以息人之罪我，容忍以受人之欺我，勤儉以
> 補人之侵我，徹悟以脫人之陷我，奮發以破人之量我，遜言以免人之罵我，
> 危行以消人之鄙我，靜定以處人之擾我，游藝以備人之棄我，屬操以止人之
> 污我，直道以伸人之屈我，洞徹以解人之疑我，量力以濟人之求我，盡忠以
> 報人之任我，弊端戒須勿始于我，凡事無所知私于我，聖賢每存心于無我，
> 天下之事盡其在我〔註122〕。

屬於宗教倫理者，則有命定觀，即認爲一切事物均命中註定，機運促成；若無
此命，難以成功，時機未至，亦不可得；故人當知命、認命，如〈世情論〉中所云：

> 嘆人生否泰之中，皆在陰陽之內。……文章冠世英，夫子尚困於陳邦；武略
> 超群，太公曾釣於渭水；顏回命短，豈爲兇暴之徒；盜跖年長，未是賢良之
> 輩；堯帝雖聖，卻養不肖之男；瞽瞍頑嚚，反生大賢之子；甘羅十二爲丞相，
> 買臣五十淂公卿；晏嬰身長三尺，封爲齊國賢臣；韓信力無縛雞，立爲漢朝
> 將帥；未遇之時，無一日之食；及至亨通，身受三齊一印；嚇燕收趙，統百

〔註118〕《三台萬用正宗》，萬曆27年刊本，卷42〈閒中記〉，頁8上～下，「其二十三」。

〔註119〕《三台萬用正宗》，萬曆27年刊本，卷42〈閒中記〉，頁4下～5上，「其十二」。

〔註120〕《三台萬用正宗》，萬曆27年刊本，卷42〈閒中記〉，頁10下，「其三十二」。

〔註121〕《萬寶全書》，崇禎元年刊本，卷18〈勸諭門〉，頁1下，「酒色財氣」。

〔註122〕《文林聚寶萬卷星羅》，萬曆28年序刊本，卷39〈雜覽門〉，頁8上，「我箴」。

萬之雄兵；一旦時休，卻死陰人之手；向李廣有射虎之威，到老無封；馮唐
有安邦之志，一生未遇；上古賢聖，不掌陰陽之數；今時儒士，豈離否泰之
中；腰金衣紫，多生貧賤之家；草履麻鞋，卻長侯門之首；有先貧賤而後富
貴，老壯而後少衰；……青春美女反招愚濁之夫，俊秀才郎卻配醜粗之婦；
五男二女，老萊子全無；萬貫千金，死後離鄉別井；才疏學淺，少年及第登
科；滿腹文章，到老終身不中；先貧賤而後富貴，皆因命裡時乖；若天不得
時，則日月無光；地不得時，則草木不生；水不得時，則波浪不清；人不得
時，則命運不通；若無八字根基，個個爲卿爲相；一生皆是命，半點不由人；
功名富貴，賢愚壽夭，皆是時也，命也，運也〔註123〕。

圖 5-1-1《萬寶全書》，崇禎元年刊本，卷 18〈勸諭門〉，頁 1 下～2 上。

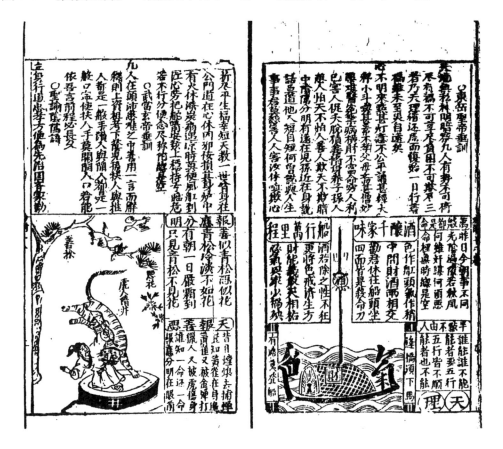

〔註123〕《文林聚寶萬卷星羅》，萬曆 28 年序刊本，卷 39〈雜覽門〉，頁 1 上～2 上，「世情
論」。

民間日用類書爲使人們易於了解，還配合刊有〈都是命〉一圓形圖，旁附以「萬般都是命，半點不由人」之對句，及詩訣：「誰能誰不能，能者要五行，五行若不順，能者也不能」、「湛湛青天不可欺，未曾眾意早先知；勸君莫作虧心事，古往今來放過誰。昨日今朝事不同，光陰過隙若秋風；何須奸謀何須惡，命裏無時摠是空」〔註124〕。

　　唯個人之時運、機會可有變化，其方法爲多作善行，因「積善久，有餘慶」〔註125〕。即時運、機會亦與人之作爲相關，如〈呂狀元勸世文〉所言：

> 天地有常運，日月有常明，四時有常序，鬼神有常靈，君子有常德，小人有常情；天有寶日月星，地有寶五穀金銀，國有寶正直忠臣，家有寶孝子賢孫；合天道則天府鑒臨，合地道則地府消怨，合人道則民用和睦，三道既合，禍去福頃；天道和而萬物生，地道和而萬物亨，父子和而家有齊，兄弟和而義不分；時勢不可盡倚，貧窮不可盡欺〔註126〕。

故遇事切莫「愁腸千萬結」，應「放心寬莫膽窄」〔註127〕。

　　又有福禍論，即相信世間財產的大多並非好事，蓋「子孫錢多膽也大，天來大事也不怕」，必致「不喪身家不肯罷」；而財少禍少，後來子孫反有福，因「子孫無錢膽也小，些小財產自知保險，便儉用也過了」〔註128〕。

　　還有因果報應說，凡「作善者爲慶澤，作惡終有禍殃」〔註129〕，善惡終有所報，如〈勸善文〉云：

> 善報
> 祖也善，孫也善，該有善報全不見，諸君莫與天打箅，此翁記浔只性緩，積善之家終長遠。
> 善事當行天報君，善人積德蔭兒孫，善心耿耿存忠直，善果綿綿福祿臻，善能本分行公道，善果安居效五倫，善全鄉里人欽仰，善繼芝蘭萬萬春。
> 惡報
> 祖也惡，孫也惡，該有惡報全不覺，諸君莫與天激昲，此翁尚慢不會錯，積

〔註124〕《文林聚寶萬卷星羅》，萬曆28年序刊本，卷39〈雜覽門〉，頁8上，「都是命」。
〔註125〕《文林聚寶萬卷星羅》，萬曆28年序刊本，卷39〈雜覽門〉，頁1下，「世情論」。
〔註126〕《文林聚寶萬卷星羅》，萬曆28年序刊本，卷39〈雜覽門〉，頁8下～9上，「呂狀元勸世文」。
〔註127〕《文林聚寶萬卷星羅》，萬曆28年序刊本，卷39〈雜覽門〉，頁9上～下，「邵堯夫養心歌」。
〔註128〕《文林聚寶萬卷星羅》，萬曆28年序刊本，卷39〈雜覽門〉，頁3下～4上，「財產不消大」、「財產莫嫌少」。
〔註129〕《文林聚寶萬卷星羅》，萬曆28年序刊本，卷39〈雜覽門〉，頁6上，「夏桂洲勸諭西江月四關」，（則三）。

惡之家終滅沒。

　　惡人自有惡人磨，惡作原來受惡多，惡言出口惡聲入，惡意害人惡業過，惡人幾見餐刀劍，惡者曾聞下鼎鍋，惡事勸人都莫作，惡人自有惡人磨〔註130〕。又有云：「天地無私，神明暗察，凡人有勢不可倚盡，有福不可享盡，貧困不可欺盡，三者乃天理循環，周而復始，一日行善，福雖未至，災自遠矣」〔註131〕。故人當心存善念，多作善行。而爲闡釋因果報應說，民間日用類書亦配上繪有善松、惡花、虎人墜井之圖解說，並有相應詩訣曰：「莫道惡人無奈何，惡人□□惡人磨；莫道善人無奈何，善人自有善週全。昔日螳螂去捕蟬，豈知黃雀在身邊；黃雀卻被金彈打，虎咬獵人並黃泉；誰知一命還一命，報應分明在眼前。古人善惡應無差，善似青松惡似花；時人莫道花如寶，休笑青松不及花；有朝一日嚴霜到，只見青松不見花」〔註132〕。

　　此外，惜福知足亦爲宗教倫理所重視。「粗衣淡飯足矣，村居陋巷何妨」，只要「身安飽煖足家常」，富貴自然從天而降〔註133〕。

　　屬於家庭倫理者，如強調家庭中最重要的是孝順父母、友愛兄弟，此乃一家和樂興盛之基礎，如〈節康邵先生訓世孝弟詩〉所云：

　　　子養親兮弟敬哥，休殘骨肉起風波；劬勞恩重須當報，手足情深要取和；公藝同居今古罕，田眞共處子孫多；如斯遐邇皆稱美，子養親兮弟敬哥。

　　　子養親兮弟敬哥，怡聲下氣與謙和；難兄難弟名偏重，賢子賢孫貴自多；負米尚能爲薄養，讀書中不擢高科；仲由陳紀皆如此，子養親兮弟敬哥。

　　　子養親兮弟敬哥，天時地利與人和；莫言世事常如此，堪嘆人生有幾何；滿眼繁華何足貴，一家安樂值錢多；奇哉讓梨并懷橘，子養親兮弟敬哥。

　　　子養親兮弟敬哥，晨昏定省莫蹉跎；一門孝友眞難得，百歲光陰最易過；和樂且耽宜自勗，尋倫攸敘在謙和；斑衣舞罷塡箎奏，子養親兮弟敬哥〔註134〕。

而兄弟和則妯娌和，公婆亦得事奉；

　　　子養親兮弟敬哥，光陰擲過疾如梭；庭幃樂處兒孫樂，兄弟和時妯娌和；孝

〔註130〕　《萬寶全書》，崇禎元年刊本，卷18〈勸諭門〉，頁2下～3上，「勸善文」。

〔註131〕　《萬寶全書》，崇禎年間刊本，卷19〈勸諭門〉，頁423，「東岳聖帝垂訓」。

〔註132〕　《文林聚寶萬卷星羅》，萬曆28年序刊本，卷39〈雜覽門〉，頁9上～下，「報應分明之圖」。

〔註133〕　《文林聚寶萬卷星羅》，萬曆28年序刊本，卷39〈雜覽門〉，頁5下～6上，「夏貴洲勸諭西江月四闋」，（則一、則四）。

〔註134〕　《文林聚寶萬卷星羅》，萬曆28年序刊本，卷39〈雜覽門〉，頁2上～3上，「節康邵先生訓世孝弟詩十首」，（則一、則二、則五、則六）。

義傳家名不朽，金銀滿櫃富如何；要知美譽傳今古，子養親分弟敬哥。

子養親分弟敬哥，訓賢妯娌事翁婆；好遵孟母三遷教，須讀張公百忍歌；孝友睦嫻兼任恤，智仁聖義與中和；當時曾子同楊貨，子養親分弟敬哥〔註135〕。

家中若有不孝不和，則爭端百出，

子養親分弟敬哥，休傷和氣忿爭多；偏生妬心偏艱窘，暗積私房暗折磨；不孝自然生忤逆，無仁實是出妖魔；但聞孝弟傳千古，子養親分弟敬哥。

子養親分弟敬哥，莫因微和處傷和；黃金櫃內休嫌少，陰德冥中要積多；私曲豈知公直好，剛強無奈善柔何；古今簡籍多名譽，子養親分弟敬哥〔註136〕。

屬於社會倫理者，又可分社會公德及職業道德二種。在社會公德方面，如欠人債不可不還，蓋欠債多因縱情物質享受，好爭比虛名所致，實不可不戒之〔註137〕。亦要和睦鄰人、尊敬老者，因

鄰里既和睦，等閒事不起；老者須敬讓，老者須尊禮，若還見父執，敬與叔伯比；看來老年人，莫是天所喜，紀多長歲月，小可豈到此；你若能敬老，老來人敬你，老者見事歲，凡事識浮透，事有可疑處，好去與窮究，窮究理自明，行事無差謬；莫笑老龍鍾，當初也清俊，莫料無多時，世事料不盡，多少美少年，老人爲送殯，老人不可欺，只好去親近〔註138〕。

職業道德係指個人應就其職責善盡本分，如此「前程管取久長」〔註139〕；如國君爲治國而晚眠，臣爲隨朝而早起，僧者剔燈而誦經，道者秉燭而演教，經商爲利而辛勤，農者耕鋤而待雨。漁蓄居於綠水，非力而豈浮自在之食；地土隆寬，非勤安能有充饑之粟；春時不耕，夏無所望，秋若不收，冬無所用。世者經商藝術一體之人，每日清晨早起，幹辦本等生理，此爲成家之本〔註140〕。

而平民百姓的第一要務乃完糧納稅，否則與官府糾葛不斷；如〈先了官〉中所言：

好鄉里我勸你，先了錢糧第一美；八月谷熟莫拋撒，飯米中間趲好米；官府

〔註135〕《文林聚寶萬卷星羅》，萬曆28年序刊本，卷39〈雜覽門〉，頁2下，「節康邵先生訓世孝弟詩十首」，（則四、則三）。

〔註136〕《文林聚寶萬卷星羅》，萬曆28年序刊本，卷39〈雜覽門〉，頁3上～下，「節康邵先生訓世孝弟詩十首」，（則八、則九）。

〔註137〕《文林聚寶萬卷星羅》，萬曆28年序刊本，卷39〈雜覽門〉，頁4下～5上，「勸莫愛債」。

〔註138〕《文林聚寶萬卷星羅》，萬曆28年序刊本，卷39〈雜覽門〉，頁5上～下，「和鄰敬老」。

〔註139〕《文林聚寶萬卷星羅》，萬曆28年序刊本，卷39〈雜覽門〉，頁5下，「夏貴洲勸諭西江月四闋」，（則二）。

〔註140〕《萬寶全書》，崇禎年間刊本，卷19〈勸諭門〉，頁422，「太祖高皇帝御製」。

開倉便納糧，人說申災也不悔；糧多納些不是癡，朝廷福大折災否；我了官，人美計，及至駝枷我無事；雖然無吃也寬懷，別作生涯來接濟；自在從容寬復寬，試想此言是不是；耕冬田修舊堰，漏屋缺墙都整遍；出入優游任所爲，更無一事來掛欠；若要寬，先了官，牢記古人好語（言）〔註141〕。

　　而對於不奉神祇、不敬天地、不重君王、不孝父母、夫婦無情、不忠不信、不仁不義、不慈不孝、不廉不恥、不認親疏、忘人大恩、計人小過、使心用心、利己害人者，均被視爲患有品性道德不正之疾，已非爲人而實是狼，故民間日用類書也列出解病良藥以便治療，其藥方爲：「老實頭一個，好心腸一條，慈悲心一片，信行半斤，道理三分，本分三錢，忠直一片，忍耐三分，陰騭全用，溫柔十分，孝順八兩，方便不拘多少」；再配上特製的四物湯，即孝順父母順氣湯、兄友弟恭和氣湯、父慈子孝消毒湯、夫婦和諧化氣湯；將上述各物件「惠刀如切，寬心鍋裡炒，不要焦爆，去火性三分，三思籮裡篩過，上和下睦以波羅蜜爲丸，如菩提子大，每日三服，不拘時候，用和氣湯送下，所忌六般毒藥：暗裡箭、腹裡刀、草裡井、心頭火、兩頭蛇、平地起風波」〔註142〕。

　　綜觀明清時期民間日用類書有關勸諭內容，可知其主要是透過個人品性修養及宗教倫理來約束人們行爲，再輔以家庭倫理與社會倫理的規範。同時，這些勸諭內容除用散文及韻文呈現以便閱讀、了解或記憶，亦配合不少圖示加深人們印象，強化觀念。

　　大致而言，自明版至清版民間日用類書中均有專門的勸諭門設立，顯現人們對此一門類的重視，然其內容有所變化。明代版本中不論個人品性道德、宗教倫理、家庭倫理、社會倫理均有詳細說明介紹。但發展至清代前期三十卷版本及清代後期二十卷版本內容則有減少趨勢；刪減的主要是有關個人品性修養部分，保留的部分多爲宗教倫理、家庭倫理及社會倫理方面內容；其中，強調命定觀的萬般皆是命半點不由人圖、因果報應說的虎人墜井圖，及勸人戒男女飲食嗜慾之行的酒色財氣圖三者，自明代至清代各版本中均有刊載，此種圖示配以簡單文字的勸諭方式實爲明清時期最普遍而通俗的勸諭內容。

　　綜觀明清時期民間日用類書有關日常禮儀與規範的內容，有屬家庭教育性質的童訓教養與四禮規範，以及屬社會教育性質的勸諭兩部分。然童訓教養及四禮規範

〔註141〕　《文林聚寶萬卷星羅》，萬曆28年序刊本，卷39〈雜覽門〉，頁4上～下，「先了官」。
〔註142〕　《文林聚寶萬卷星羅》，萬曆28年序刊本，卷39〈雜覽門〉，頁6下～7下，「解狼良方」。

僅見之於明版民間日用類書中有專門門類和豐富內容；發展至清版民間日用類書，不論是前期的三十二卷、三十卷版本或後期的二十卷版本中均無專門門類介紹；其中，童訓教養內容完全不見，四禮規範則在清代前期版本中還有婚禮、冠禮、祭禮部分內容刊於農桑門或文翰門，清代後期版本則更縮減內容到僅留一、二則帖式於柬帖運用範圍中；而勸諭門則自明版到清版民間日用類書中始終保有專門門類，其內容雖亦有刪除，但與前兩者相較，變化幅度並不太大。所以如此，應是童訓教養內容層次過高，實超越庶民大眾之家的使用範圍，較偏士人家庭的普遍採用；尤其是童訓教養內容中的知識教育部分，已涉及四書五經等士子儒業的學習及其它讀書相關事項的進一步了解，非一般百姓所能接受。同時，童訓教養的其它內容亦有足資替代部分，如品德教育可為勸諭門的個人品性修養內容取代，而生活教育部分則可藉勸諭門的家庭倫理及社會倫理內容要求達到目標；且勸諭內容的表達方式更簡單而通俗，庶民大眾更易接受且認同。因此，勸諭門可自明代版本持續到清代版本始終存在，童訓門則終遭刪除命運。至於四禮規範門類的刪除及內容縮減幾至消失殆盡，主要是禮制過於繁瑣、複雜，非平民百姓知識能力與經濟能力所能承擔，因此禮制終不受重視而沒落，其內容最後亦無法繼續在民間日用類書中以專門門類、大量篇幅刊載之。

第二節　人際交往與應世規矩

一、柬帖運用

　　柬帖屬不見面的文字交談，廣泛應用於各式人際關係及不同情況交往間，就其形式而言可分兩種，一是一般往來用書柬，一是特殊情況用帖式。

　　明清時期一份完整書柬，內容格式共有十八項，包括一具禮、二稱呼、三間闊、四瞻仰、五即日、六時令、七伏惟、八頌德、九神相、十起居、十一欣喜、十二自敘、十三少稟、十四入事、十五臨書、十六保重、十七祈亮、十八結尾；而回復式則有十六部分，包括一具禮、二稱呼、三間闊、四辱書、五伏惟、六頌德、七神相、八起居、九欣喜、十自敘、十一入事，十二問安、十三即日、十四時令、十五保重、十六結尾〔註143〕。其中，最重要部分是具禮與稱呼。

〔註143〕《萬錦全書》，萬曆年間刊本，卷10〈啓札門〉，頁1下，「奉書先後」；頁13上～下，「答書先後」。

　　具禮乃書束開端發信者之具名，以使收信者知書束來源。此部分因輩分、族屬、性別、職業，乃至特別時期等差別而有不同規範；如卑幼對尊長用的格式是：

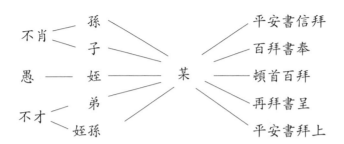

尊長對卑幼則為：

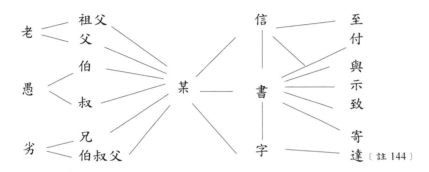

同一宗族內成員的通用式為：

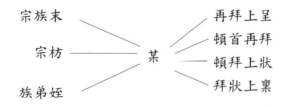

〔註144〕《學海群玉》，萬曆35年序刊本，卷12〈雲箋門〉，頁8下，「卑幼呈尊長」；8上，「尊長與卑幼」。

婦人則採：

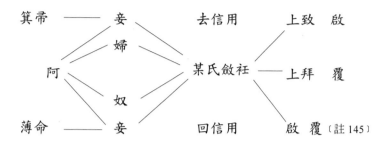

爲人師表者用的格式是：

學生則採：

出家人中，僧人用：

道士則採：

〔註145〕《學海群玉》，萬曆35年序刊本，卷12〈雲箋門〉，頁9上，「宗族通用」、「婦人用」。

〔註146〕《學海群玉》，萬曆35年序刊本，卷12〈雲箋門〉，頁9下，「先生用」、「學生用」、「僧用」、「道用」。

而居喪期間的格式更異於平時，如百日內用：

百日外則採：

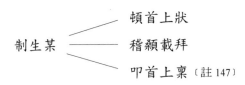

其它還有人子用、親眷通用、婿甥用、岳舅用、平交一應通用、朋友一應通用、服孫用等；大致而言，其基本原則爲「凡尊長與卑幼者不言拜，奉家眷與同姓者不書姓氏」〔註148〕。

　　稱呼則是指書柬上的稱人及自稱，此部分古帖或置末或置首無定式，今帖則首尾並舉〔註149〕。而此稱呼亦因長幼尊卑、職業類別及社會地位的差異有不同，可分爲稱家屬、親戚、師長、朋友、同年、文職、武職，乃至稱人品、有子、商賈、特常等；如稱父母用嚴君老大人座前，自稱不肖男某百拜；稱妻父母用泰山岳父老大人門下，自稱愚婿某頓首；稱師傅用大教鐸某號某姓尊師老大人函丈、文席，自稱門生、門弟，頓首、百拜；稱朋友以賢友、親友、同志、同袍、寅兄、至契、尊契、仁契、賢契等；稱同年以年兄、庚兄、年契、庚契、庚弟等〔註150〕。大抵家屬親戚類是凡奉尊者不稱姓名，同宗不書姓，若爲卑幼者宜稱名或稱排行，亦不書姓氏；若爲外姓遠親，則宜書姓，尊於己者不可道名，卑於己者則道名無妨〔註151〕。

　　稱呼除稱人及自稱外，亦包括稱行文中所提及之各類事物，此部分通常須以較文雅之遣詞用句呈現。以衣服飾物類爲例，如稱衣服曰尊袍、稱裘曰狐腋、稱巾曰

〔註147〕《學海群玉》，萬曆35年序刊本，卷12〈雲箋門〉，頁10下，「喪服用」、「百日外用」。

〔註148〕《學海群玉》，萬曆35年序刊本，卷12〈雲箋門〉，頁8上，「具禮類」。

〔註149〕《三台萬用正宗》，萬曆27年刊本，卷15〈文翰門〉，頁5上，「稱呼套語」。

〔註150〕《三台萬用正宗》，萬曆27年刊本，卷15〈文翰門〉，頁5上，「稱父母」；頁6上，「稱妻父母」；頁6下，「稱師傅」；頁11上，「稱朋友」、「稱同年」。

〔註151〕《三台萬用正宗》，萬曆27年刊本，卷15〈文翰門〉，頁5上，「稱呼套語」；頁5下、6下～7上。

白縜烏角、稱帽曰首服頂戴、稱帶爲紫金蒼玉、稱帳曰流蘇、稱被曰吳綾、稱履曰飛雲躡珠、稱襪曰凌波、稱褲子曰花褐、稱釧曰臂鐶、稱氈曰毛席等等〔註152〕；其它還有果品、飲食、花木、飛禽、走獸、鱗介、器用等類的不同稱呼〔註153〕。

又這些稱呼，不論是稱人、名物或言事，除因適用情況與長幼尊卑之輩分區別而採不同用法外，亦有因謙虛、客氣而產生之差異。以稱人爲例：稱人內眷曰寶眷，稱己則用賤累；稱人子曰令郎令嗣，稱己則用小兒蠢頑；稱人女曰令愛閨秀，稱己則用小女；稱人孫曰令孫，稱己則用小孫。再以名物爲例：稱人宅舍曰盛宅潭府，稱己則用寒家敝舍；稱人文章曰雅文大才，稱己則用拙作鄙作；稱人寫字曰妙筆妙札，稱己則用拙字。而言事方面，稱人丁父憂爲外艱，丁母憂爲內艱；問人出服曰何日發引；問人館地曰設帳何處；與人久別曰恝久；間闊不期而會曰邂逅；欲與人同行曰願附驥等等〔註154〕。

至於間闊、瞻仰、即日、時令、伏惟、頌德乃至保重、祈亮、結尾等部分，爲書信中涉及時間、思慕、稱頌、敘事、問候等內容的陳述。此因各不同情況及身分有不同，故民間日用類書中亦往往以各式活套方便人們選擇適當者採用。如間闊可分近別或久別兩種情況，前者可用睽違未久、暮春握別便迫歲殘、奉違德教罔記其時等句；後者則採久違德教、久別丰姿、不瞻風采歲曆幾新等語。又對尊長應用違侍尊顏候蹢旬朔、拜違尊侍又復幾時、久違教範時切懷企之言；對婦女則採不瞻懿範動蹢寒暑、自別閨儀屢更蓂莢、睽違閫範候爾旬時之語；而對僧人及道士又有不同，僧用不瞻法相又復許久、不聽空言忽復月餘，道採阻奉仙風罔記其時、不聆玄論荏苒逾年等辭〔註155〕。

又如瞻仰的使用短套是晨夕瞻仰、曷勝仰慕、懷仰愈深；常套是春樹暮雲惟切瞻仰、懷賢此心與日眞積、此心馳仰朝夕不忘；也可採用對句，如翹首既深馳神彌切、趨拜無由翹瞻益切、久疏問候益切懷賢等。而對尊長用仰尊之忱未嘗少替、山高斗明惟極尊仰、傾心企慕何日少忘；對客旅採白雲悠悠常在心目、企仰光儀何由假翼、塞鴈江魚徒增感嘆；對婦女用仰止門屏用深馳切、每談懿德惟用馳懷、德音在耳昕夕不忘；僧道則爲慕德之心徒增慷慨、煙霞縹緲徒切瞻依等句〔註156〕。而時令更可因春夏秋冬四季，一年的十二個月份，立春、春分、清明等二十四節氣，乃

〔註152〕《龍頭一覽學海不求人》，明刊本，卷16〈喪服門〉，頁10上～下，「衣服稱呼」。

〔註153〕《龍頭一覽學海不求人》，明刊本，卷16〈喪服門〉，頁11下～14上。

〔註154〕《學海群玉》，萬曆35年序刊本，卷12〈雲箋門〉，頁6上～7下，「稱呼類（常用活套）」。

〔註155〕《萬錦全書》，萬曆年間刊本，卷10〈啓扎門〉，頁1下～2下，「三間闊」。

〔註156〕《萬錦全書》，萬曆年間刊本，卷10〈啓扎門〉，頁2下～3上，「四瞻仰」。

至特殊時日，如元日、上元、社日、寒食、上巳、端午、伏日、七夕、中元、中秋等日的不同而使用不同詞句〔註157〕。

至於書柬結尾後的時間、附空套以及書外的封緘套等亦有不同說明及活套供參考。如初一日稱朔日、初二日稱既朔、初八日以上稱上弦、初十日內稱朔越幾日之類、十四日稱幾望、十六日稱既望、三十日稱幾朔、厥明即明日等。而書尾附空套，可用慎餘、存敬、左沖、左地、後素、空白、餘地、某又言、某又頓首等詞。封緘套部分則是已封之書用拜緘、固封、恪封、謹封、敬緘、拜封、固完、恪緘等句；未封之信採露封、恕封、越緘、乏蠟等語〔註158〕。

茲將當時一完整書柬各部分撰寫的實際範例表列如下：

　　　　　　　　　　　　　　　　一具禮套串來
　　　　　　　　　　　　如侍教生某頓首再拜奉　　書

　　　一稱呼套串來
　　　大方伯某號先生大人　　　鈞座前

　　　　串三間闊套　串四瞻仰套　串五即日套　串六時令套
　　　　奉違山斗晨夕瞻仰即辰鳳曆春回鴻鈞氣

　　　　串七伏惟套　　　串八頌德套　　　串九神相套
　　　　轉伏惟股肱王室鎮撫華夷神明所相鈞侯

　　　串十起居套　串十一欣喜套　串十二自敘套
　　　動止多福無任欣慰生自愧駑庸何勞齒及

　　　串十三少稟套
　　　僭有稟懇上干

　　　　串十四人事套　　　串十五臨書套　　　串十六保重套
　　　尊聽茲者某事某某臨書悚慄之至仰祈為國

　　　　串十七祈亮套　　　串十八結尾套
　　　為民自重萬惟　台照不宣〔註159〕

而民間日用類書除以各部分解說配合一實際範例為民眾顯示如何撰寫書柬外，由於各不同情況下的書柬撰寫亦往往有其不同呈現，故書中還以大量篇幅刊載各種不同的書柬範例，以為參考應用。這些書柬範例若以書寫對象分，有親屬間的父寄子書、子奉父書、兄與弟書、弟奉兄書、姪寄伯書、伯寄姪書、夫與妻書、妻與夫書、岳與婿書、婿奉岳書、與母舅書、與外兄書、外弟與姊夫書、奉姨夫書等

〔註157〕《萬錦全書》，萬曆年間刊本，卷10〈啟扎門〉，頁3下～6下，「六時令」。
〔註158〕《三台萬用正宗》，萬曆27年刊本，卷15〈文翰門〉，頁25上～下，「書尾旬朔套」、「書尾附空套」、「封緘套」。
〔註159〕《萬錦全書》，萬曆年間刊本，卷10〈啟扎門〉，頁13上。

式；有師友間的師與弟子書、弟子奉師書、與業師書札、請師書、邀友同請師書札式、與契友書、與朋友論文等式。若以交往情況分，則有近未通信的近別書札式、久未聯絡的久別書札式與久未與師通問札式，或兩種情形均可用的久近通用書札式；有拜訪未遇的未接見書札式、久別失候書札式、拜訪不遇書札式、途中未接見書札式；有拜訪得見的得接見書札式、拜訪承接書札式；也有拜訪失禮的承訪失款式、承訪失迎式。還有爲不同目的而撰寫的書柬，包括父寄子勉讀書、父寄子爲商書、寄情婦書、奉情郎書等等〔註 160〕，可謂琳瑯滿目，實將人事間各種人情往來狀況蒐羅殆盡。

書柬撰寫各部分規範及應用活套種類甚多，帖式亦不例外。除前述因冠婚喪祭四禮而來的各帖式種類外，（參見第五章第一節）明清時期普遍使用的帖式主要分爲請客、餽送、干求、薦拔及假借五類。每一類各部分均因不同結構而有不同的詞彙運用，亦因對象及事由不同而有不同的遣詞用句。如請客類帖式，其內文結構部分的詞彙運用即有即日套、陳設套、酒觴套、奉扳套、高軒套、過敘套、伏冀套、惠然套、臨降套、卻拒套、榮幸套等活套〔註 161〕。即日套如：

即日　即時　即辰　即旦　翼午　即敘　明午　來午　即晚　明晚　晚刻
詰早（詰明）明早　來早　早刻　即刻

陳設套如：

聊陳　敬陳　謹陳　寅陳　聊具　敬具　謹具　寅具　敬設　聊設　謹備
寅備　聊備　敬潔　薄具　輒具　薄陳　敬備　特備　特陳〔註 162〕

又因不同對象、事由及時間可分請官長、請尊長、客歸請人、客中請鄉里小飲、客中請送程、請人餞行、請人洗塵、定親請人、新娶請人、子娶請人、生子請人、生孫請人、子冠請人、父壽請人、母壽請人、建居請人、葬墳請人、商歸請人、新正請人、元旦請人、元宵請人、清明請人、端午請人、七夕請人、中秋請人、重陽請人、冬至請人、除夕請人、新春請人、社日請人、花朝請人〔註 163〕，或請人觀燈、

〔註 160〕《三台萬用正宗》，萬曆 27 年刊本，卷 15〈文翰門〉，頁 1 上～20 下；《萬用正宗分類學府全編》，萬曆 35 年刊本，卷 6〈書啓門〉，頁 1 下～12 下；《新刻鄴架新裁萬寶全書》，萬曆 42 年序刊本，卷 9〈民用門〉，頁 6 下～10 下。

〔註 161〕《三台萬用正宗》，萬曆 27 年刊本，卷 15〈文翰門〉，頁 14 下～16 下，「時常請召小柬活套」。

〔註 162〕《三台萬用正宗》，萬曆 27 年刊本，卷 15〈文翰門〉，頁 14 下～15 上，「即日套」、「陳設套」。

〔註 163〕《三台萬用正宗》，萬曆 27 年刊本，卷 15〈文翰門〉，頁 17 上～19 下；《萬用正宗分類學府全編》，萬曆 35 年刊本，卷 6〈書啓門〉，頁 14 上～下，「時節請召」、「答時節請召」；頁 14 上～15 下。

遊園、划船、避暑、賞雪、遊岩、遊寺、遊觀等〔註164〕。

再以餽送類爲例，其內文結構用詞活套有陳奉類、禮儀類、伸酬類、引敬類、伏冀類、留納類、勿卻類、榮幸類〔註165〕、禮儀套、專人套、馳貢套、再上套、不受套、歲時套、伊人套、回敬套、惠遺套、受納套、旌使套等〔註166〕；而因不同對象及事由又可分元旦、元宵、花朝、春秋社、清明、端午、七夕、中秋、重陽、冬至、除夕等時令慶賀餽送；三十、四十、五十、六十、七十、八十、父壽、母壽、祖壽、妻壽等賀壽餽送；新娶、生子、子娶、生孫、中舉、及第、造屋、遷居、遠回、病愈、生女、螟子、雙生子、雙生甥、雙生女、老生子、寵生子、生女孫、庶生子、得甥、子彌月、子冠、男綴、子試周、女笄、女綴、遣聘、嫁女、孫娶、受聘、再娶、晚娶、納寵、入贅、出繼、納婿、贅婦、歸宗、縣補、中解元、兄弟同科、郡補、父子同科、武及第、受襲、赴任、藝試、京回、受官、官歸、受差、商回、歸隱、開舖、藥店、訟勝、遠行、分居、酒店、問病等慶賀餽送；被盜、被火、詞訟、疾病、死喪、法帖、紙、筆、墨、硯等勞問餽送；以及扇、古畫、琴、音、棋、紙、筆、墨、硯、古劍、牡丹、芍藥、蘭、菊、楊梅、桃子、梅子、李子、葡萄、西瓜、梨、石榴、棗、蓮子、橘、雞等器用餽送〔註167〕。更有婦人專用的餽送式，包括送絹穀段子、緯織梅羅、冠梳等物〔註168〕。

其它尚包括干求類的干人薦舉、干助葬事、干助旅況、干書見人、干求囑託、干書謁貴、托人議事、托人帶信、托取銀、托作文、浼買賣貨物；薦舉類的薦未達士、薦醫士、薦星士、薦相士；假借類的借書、借畫、借轎、借服飾、借戲服、借銀、借米穀、借酒器、借酒等〔註169〕。可見明清時期民間的請客、餽送、請託、推薦、假借等事是頗爲普遍而公開的。

除一般社會大眾外，對於非世俗領域的出家人，其應對進退，亦有專用的各式

〔註164〕《萬用正宗分類學府全編》，萬曆35年刊本，卷6〈書啓門〉，頁14下～16上。
〔註165〕《萬寶全書》，崇禎年間刊本，卷6〈文翰門〉，頁173～174，「餽送小柬活套」。
〔註166〕《三台萬用正宗》，萬曆27年刊本，卷15〈文翰門〉，頁21上～22下。
〔註167〕《萬用正宗分類學府全編》，萬曆35年刊本，卷6〈書啓門〉，頁13上～14上，「時令慶賀餽送」、「答時令餽送」；頁16上～17上，「賀壽餽送」、「答賀壽餽送」；頁17下～22上，「慶賀餽送」、「答慶賀餽送」；頁22上～下，「勞問餽送」；頁22下～23上，「器用餽送」。《新刻鄴架新裁萬寶全書》，萬曆42年序刊本，卷8〈華翰門〉，頁1上～6下，「餽送類」。
〔註168〕《三台萬用正宗》，萬曆27年刊本，卷15〈文翰門〉，頁24上～25上，「婦女餽送小柬」。
〔註169〕《萬用正宗分類學府全編》，萬曆35年刊本，卷6〈書啓門〉，頁17上～20下，「干求式」、「薦舉式」、「假借式」。《新刻鄴架新裁萬寶全書》，萬曆42年序刊本，卷8〈華翰門〉，頁6上～下，「浼托」；頁7上，「求借類」。

書柬，如賀人作僧官書曰：

> 恭喜光膺宸綍，榮授冠裳，自此崇階之擢，叢林之風振矣，敬羡敬羡，薄物馳賀，聊旌鄙誠，笑留幸甚。

答覆則曰：

> 厠身緇服，辱被冠裳，榮出望外矣，名實不稱，益重慚惶，何勞賆禮之勤，賀爾感謝〔註170〕。

又賀建道觀書曰：

> 琳宮落成，羽士環集，扇道風於不朽，振法席於長驪，薄禮奉賀，聊表寸忱。

答覆則曰：

> 妄興小觀，實藉洪庥，方圖修謝札之先，辱貽慶緘之重，益增愧赧，尚俟摳衣〔註171〕。

其它屬慶賀類書柬還有賀新住持、新披剃、慶小師、受師號、僧建鐘樓、新披戴、新住觀、作道官、追道藏、僧生日、道士生日等。而請客類則分披剃、往院、賜紫、謹齋、建藏、議事、遠歸、住觀、罷醮、建觀、作道官、新住持、餞移住持、餞赴商請等情況時請人；請邀赴聖節、同受戒、同參請、同遊山、赴緣士、同課誦等事。假借類則有借還法器、借功德、送經德、送還經文等。甚至有委託類書柬如委置度牒、法器、齋料、藏經，及委人題化、委呼塑匠、委呼畫士等〔註172〕。可見此時出家人的社交活動與世俗之人實無太大差別，亦即，此時的出家人是頗為世俗化的。

綜觀明清時期民間日用類書中，為因應各不同情況人際交往而來之各式書柬帖式說明與範例，及相應之各部分活套與大量尊人卑己、謙虛客套的遣詞用句，特別是在稱呼一項上的規範，可知此時民間柬帖運用甚重禮數，不論是對一般的世俗之流或特殊的出家之人，均需謹守一定禮節規矩，不可疏忽。又各書柬帖式種類所以繁多的理由，除為因應各別實際情況需要外，更要注意交往雙方的血緣親疏關係及尊卑差異，此乃民間人際交往禮數區隔之主要基礎，與上層社會之重視官位高低大小，以之作為禮數待遇依據的情形頗不相同。

〔註170〕《三台萬用正宗》，萬曆27年刊本，卷39〈僧道門〉，頁4上～下，「賀作僧官」、「答」。

〔註171〕《三台萬用正宗》，萬曆27年刊本，卷39〈僧道門〉，頁3上，「賀建道觀」、「答」。

〔註172〕《三台萬用正宗》，萬曆27年刊本，卷39〈僧道門〉，頁4上～5下，「慶賀書柬」；頁5下～6下，「請召書柬」；頁6下～7下，「邀約小柬」；頁7下～8下，「假借小柬」；頁2上～3下，「慶賀書柬」；頁3下～5上，「請召書柬」；頁5上～6上，「委託書柬」。《新刻鄴架新裁萬寶全書》，萬曆42年序刊本，卷8〈華翰門〉，頁4下，「退齡類」。

　　大致而言，明清時期民間日用類書中有關束帖運用的內容，自明代至清代始終有專門門類刊載，尤其是明版民間日用類書還有專為適用於出家者之內容說明，可知此種人際交往方式之受重視程度及其持續性，然其發展在不同時期卻有變化。在明版民間日用類書除有許多各式束帖範例提供外，亦以大量篇幅說明束帖的構成部分及相關要領，並將各種情況及各類遣詞用句以活套呈現，供民間依各別需要選擇適當活套以巧妙運用。而發展至清代前期三十卷版本及清代後期二十卷版本，除各式束帖範例提供外，已無束帖構成部分的解說；活套部分保留較多的是書束用的具禮活套與部分稱呼活套，而帖式用的主要是請客活套與假借活套，惟內容均大幅縮減。以往各種稱人、名物、言事的尊人卑己、謙虛客套之遣詞用句活套均不得見；而各式束帖範例種類亦不如以往多，且涉及範圍僅親屬間之聯絡而已。

二、關禁契約

　　關禁契約指得是關書、禁文、契書等文書〔註173〕，古代社會不乏涉及法定權利義務之事，故民間日用類書亦有專門門類提供相關知識以利人們參考使用。

　　明清時期民間社會有關之契約條文可分鄉約體式、學關體式、分關體式及文契式等類。其中，鄉約體式涉及鄉村眾人的公領域事務，而學關體式、分關體式及文契式則較屬私人事務範圍。

　　鄉約體式是地方人民為維護鄉里秩序或利益而有的公約規範，此種公約規範係由鄉里民眾以聚集議會方式共同訂定〔註174〕；其方法往往是在鄉里「糾集眾家，分為幾區，區各幾人，每月朔望，置酒交會，喚醒眾心，以下接上，周而復始」〔註175〕。

　　此種鄉約種類甚多，如賭博乃不良風俗，為免此風在地方鄉里橫行擴散，而有〈禁賭博約〉云：

> 為禁約賭博事，切惟業農務本者，固無博戲之為，遊手好閒者，乃有賭博之病，傷風敗俗，蕩產傾家，皆基於此。奈本鄉生齒日眾，禮義之教不明，遊逸之風愈熾；中間有等無籍之輩，生理不務，惟圖招群結黨，專為賭博之事，或投錢

〔註173〕有關此四字的解釋，參見王爾敏，〈《酬世錦囊》之內涵及其適用之人際網絡〉，頁99；王爾敏，《明清時代庶民文化生活》，頁99。

〔註174〕寺田浩明曾將鄉約細分為鄉約與鄉禁約兩種類型，而民間日用類書中出現的範例較貼近於鄉禁約模式，然其亦指出，某些鄉約與鄉禁約頗有相通之處；見寺田浩明，〈明清時期法秩序中"約"的性質〉，收入〔日〕滋賀秀三等著，王亞新、梁治平等譯，《明清時期的民事審判與民間契約》，頁147～154。而本文中統以鄉約之名稱之，此實就民間日用類書內所用之名稱而概稱之。

〔註175〕《萬錦全書》，萬曆年間刊本，卷9〈民用門〉，頁5下，「鄉方禁約」。

鋪牌以競輸贏，或擲色局戲以爭勝負，終日忘餐，徹夜失寐，仰事父母之無賴，俯育妻子之無依，盜心從此而漸生，奸謀由是而輒起；小則穿穴愉牆，無所不至，大則鳴火持刀，靡所不爲，若不禁革，深爲未便，爲此會議禁革，今後務要洗心滌慮，痛改前非，守義存仁，各遵本業。如有長惡不遵者，定行懲治，輕則會眾加禁，重則送官發落，爲此俱陳，的不虛示〔註176〕。

又有爲免草木禾苗及農作物等爲不肖人士或禽獸牲口踐踏破壞而有〈禁田禾約〉〔註177〕。而〈禁六畜作踐田禾約〉更言明：若有人仍縱放禽獸牲口踐踏禾苗，「巡視遇見，登時斃死，不必賠償，亦無爭競；倘有無籍之徒，恃強之輩，出首言爭，即投申明亭，上從公斷，治罰依鄉例，庶使人知所警」〔註178〕。

也有不准任意砍伐墳地樹木以壞祖先風水的〈墳山禁約〉，內容爲：

蓋墳山之有樹木，猶祖宗之有神靈，墳山之樹木榮，則祖宗之神靈安，祖宗之神靈安，則子孫之福祥應。奈有等不肖子孫，鼠目寸光，僅見小利，斧斤戕伐，不暇旦夕，而弗思山林既衰，祖靈亦散，祖靈既散，則吾心之精神命脈，原與祖考相通而無間者，必然危殆不安，災害百出，豈得以獨存哉。由此觀之，戕山木即所以戕祖宗，戕祖宗而即所以戕（戕）吾身矣，利害既然如此，人曷不知重乎。予輩目擊此弊，痛心此等之人，教之不諭，戒之不敗，只得嚴設一禁。凡繫公眾墳山，如某處等各處不一，再有仍前盜砍者，捉獲不拘內外人等，通聞糾首，會集族眾拘究，輕則罰銀醮謝，重則送官懲治，如是則物得所養，墳得所安，而福祥自至，子孫不亦才乎，民俗不亦厚乎。咨爾同盟之人，守此禁令，堅如金石，信若四時，毋隱毋縱，毋怠毋畏，斯不負於所舉者〔註179〕。

其它還有禁止盜取他人家禽家畜的〈禁盜雞犬約〉〔註180〕、禁止偷竊他田收成的〈禁盜田園瓜果菜蔬約〉及〈禁盜偷筍竹約〉等〔註181〕。

學關體式是請師教子盟約，冀由興學傳道以安定鄉里，如盟約云：

〔註176〕《萬用正宗分類學府全編》，萬曆35年刊本，卷5〈體式門〉，頁3上～下，「禁賭博約」。
〔註177〕《學海群玉》，萬曆35年序刊本，卷9〈狀式門〉，頁5上～下，「禁田禾約」。
〔註178〕《學海群玉》，萬曆35年序刊本，卷9〈狀式門〉，頁6下，「禁六畜作踐田禾約」。
〔註179〕《萬用正宗分類學府全編》，萬曆35年刊本，卷5〈體式門〉，頁3下～4上，「墳山禁約」。
〔註180〕《學海群玉》，萬曆35年序刊本，卷9〈狀式門〉，頁7上～下，「禁盜雞犬約」。
〔註181〕《學海群玉》，萬曆35年序刊本，卷9〈狀式門〉，頁7下～8下，「禁盜田園瓜果菜蔬約」、「禁盜偷筍竹約」。

北象經綸，雖聞壯行之用，蒙泉養正，實先幼學之功，然必博習以親師，方可藏備而游息，某學慚儋，俾任愧皋，比簡編曠弛於寒窗，不與時髦之選子弟，群聯於家塾，奚堪後輩之模，弟情義之相孚，久而益篤，況予心之自揣，嚴則必勤，先於甲後乎，庚振山風之蠱，慎厥終惟其始末，堅金石之盟〔註182〕。

分關體式是分家書，爲免兄弟爭產，家長往往於數子均已成家狀況下先予分家。如有分家書云：

昔者堯舜敦九族，九族既親，平章協和，俾四海樂雍熙之治，其始未有不本於親親也。世降日趨淳粹不同，求張公九世同居之義，蓋亦鮮矣。某郡某氏有偉人傳，及其公資業田廬之盛，厥嗣某人長曰某，次曰某，俱各婚娶以畢，及各養育諸物產畜之繁，雖有田郎之友愛，而姜公共被之仁恭，則於世代先後風雅不恒，一旦聚於族眾，咨於家長，將先人蓄積之業，立簿二扇，號曰恭敬。二房長曰恭，幼曰敬，即於屋舍田畝，器物資畜之類，對眾拈鬮，永爲定額，吁易不云乎。山下水泉蒙之謂也，地中生木昇之謂也，惟積少以成多，迺居下而親上，因先人之舊業，增百堵之家聲。兄弟怡怡，塤箎迭奏，使某處之人，咸稱爲仁人長者，則恭敬不磨，重光奕葉也，遂援筆而道其實云〔註183〕。

此種分家書屬私人家庭或家族中文件，無涉官府，然一旦子孫發生爭執，則分家書可爲官府定罪判案之重要依據，而分家書中亦明言，若後代有不孝違反倫理者，亦可以之告官府解決事端。如有事先立遺囑方式之分關書云：

嘗爲二家之親，父子兄弟而已矣。父子者，天性之恩也；兄弟者，同氣連枝之愛也。以古人同衾同被之義，及炙艾分痛之情觀之，則友于之愛，雖百世之遠，亦不可得而分也。但今人多不知其義，有一世之長成，必有一世之分異，是以今之不如古，從可知矣。雖然樹大則枝分，流長則派別，物無一致之理，氣有閫閾之殊，茲勢然也，理亦然也，吾何獨不然乎。吾昔承先君遺命，勤儉治家，充拓基業，僅能立門戶，娶室生幾子，男曰某，次曰某，矧各娶婦，咸亦以藝自樹，雖曰衣食頗有餘饒，竊恐人口繁庶，則用度亦不能支忍，吾亦年邁幾壽矣，安能善保始終而不求分異耶，今則拆之，俾其自便，於是將房屋基址，田園山地，家資器皿，以新舊闊狹，貴賤肥瘠，輕重大小，相配俱各品，搭幾股均分，拋鬮拈定，自分之後，須各以父命爲尊，共守天倫爲重，毋得兄弟鬩牆，角弓起怨。惟以箕裘是紹，幹蠱是期，則子克家考

<hr>

〔註182〕《三台萬用正宗》，萬曆27年刊本，卷17〈民用門〉，頁7下，「家塾學盟」。
〔註183〕《萬書萃寶》，萬曆24年刊本，卷12〈民用門〉，頁1下～2上，「分關式」。

無咎，是言喜也。如以德色犁鋤，誶言箕箒，以致乙普明之爭，則願伏家長，
呈官公論，以不尊父命，有喪天倫，執律治以不孝之罪，惟此遺囑〔註184〕。
分家要求並不限於父母的主動提出，若父母不在，兄弟也可提出〔註185〕。而有收養
義子致上一代父母關係與下一代兄弟關係益形複雜的家庭，爲免日後事端爭擾，更
往往在生前預立遺囑均分財產，此種分關書常以大量篇幅說明家庭複雜關係之原
委，及家長必須分家之苦衷，如：

蓋聞不孝有三，恪守孟軻之訓，棄兒存姪，恒稱伯道之賢。今有某里某圖某
人，娶到某里某氏爲妻，自于歸之日，隨嫁奩田若干，衣粧頗盛。夫婦勤儉
治家，充拓基業，年躋幾十，尚無一息，雖有側室，亦無所出，緣恐箕裘無
托，後絕宗枝，有負孟軻之訓，類伯道之名矣。故會族眾哺養外父某人子某，
以爲己子，從我姓氏，名曰某，值某年造冊，名登板籍然。某自登我籍之後，
應當某戶差役，繼續某氏宗枝，典祀某門祠墓。有弟某正室某氏，生子名某，
妾亦生一子，正母即欲戕其生，某夫婦思惟，不忍二人潛中，血中抱養，亦
爲親子名某。今有二子，俱各長大，婚娶以畢，然而事有先預，無致後悔，
況宋賢司馬光曰，爲人後者，爲人子不敢復顧私親，吾亦恐後日二子各私其
親，而忘哺食之義，則我夫婦徒盡劬勞而無所望也。於是會眾族長，立此遺
囑，予恒有曰，二子無我，何以至今日，夫婦無此二子，何以終餘年，況吾
族內三房應當軍伍，原有定規；然予親在，固循規而行，予一不諱之后，恐
族人欺瞞。某乃外家之子，冒報獨當軍伍之役，此事之大，不可不言也，是
亦附於其內。茲觀二子，雖生不共母，實不異於同胞，頗知孝友，常思上古
張公同居九世，後世亦未免分折，矧其常人乎。今將田苗房屋，山林池塘，
器皿等物，新舊貴賤，大小相匹，俱各搭配二股，均分鬮定，乾坤二字爲號，
書入徵籍二簿，二人各收其一。庶幾自分之後，強者不得擅奪，弱者有所定
規，須各以父命爲尊，共守天倫爲重，忿懲鬩墻，怨戒角弓，惟以箕裘是紹，
幹蠱是期。夫然，則春秋祭掃不失，門戶應當有常，我之宗嗣不斬，而繼續
有其人矣。稽古孟軻之訓，鄧子之言，吾其不兩盡乎；如有不守吾言，以致
乙普明爭，有各私顧其親之說，則願族長將此遺囑呈官公論，于以治其不尊
父命天倫之罪，責其不孝忘義之條，惟此遺囑〔註186〕。

除一般家庭因兄弟成家，食指浩繁，須以分家劃清財產，以明各人養家責任，避免

〔註184〕《萬書萃寶》，萬曆24年刊本，卷12〈民用門〉，頁3上～下，「又（分關式）」。
〔註185〕《萬書萃寶》，萬曆24年刊本，卷12〈民用門〉，頁3下～4上，「兄弟分關」。
〔註186〕《萬書萃寶》，萬曆24年刊本，卷12〈民用門〉，頁4上～5下，「繼後遺囑」。

糾葛紛爭外，即使是財力雄厚的富人之家及特重家庭倫理觀念的儒者之家亦不免有分家需要。因此，民間日用類書也有刊載爲富人及儒者專用之分關書式〔註187〕。

文契式泛指一切民間契約，包括買賣房屋、租賃房屋、買賣土地、承租土地耕種、買賣牲口與人口、雇買船隻與人力，乃至嫁娶、請人代爲任事等均屬此類。

明清時期此種契約內容的要點有四，即人、物、錢，責任。人包括買主、賣主、中介者的姓名、身分、戶籍地；物指交易物的位置、大小、所屬附件等；錢指交易價格；責任則是言明雙方應負責之事，包括買方付款方法、賣方對交易物產權之釐清、交易對象之確定等。以賣屋爲例，契約的標準格式應爲：

> 某都某里某人，承祖置有房屋一所，坐落本都地名某處，計開房屋幾棟幾植
> 幾間，基屋即目，東至某人，西至某人，南至某人，北至某人房屋爲界，已
> 上具出四至明白。今來不成次業，情願托到某人爲中，將上項四至界內房屋，
> 上連瓦蓋，下連基土，門窗戶扇，一任齊全；寸土木石，不許拆損，出賣與
> 本里某人名下爲業。當即三面言定，時値價銀若干，歸身應用，成契之日，
> 一併交還，足訖不欠分厘。自賣之後，且得業人一任前去掌管居住。所賣其
> 屋，係自己分定物業，與內外親族，房伯叔兄弟姪人等，各無干涉；及無重
> 復執占典賣之理。所有上手硃契，一併繳付，今恐無憑，立此賣契爲照用者。
> 計開單帳於後：門道屋幾間，大廳（汀）、夾廂（箱）、照廳、祠堂、後堂、……
> 井欄、井管，已上共屋若干，共門幾拾櫥，長槁若干，短槁若干，裯若干，
> 隨契收領到絕，賣屋價白銀若干，足備無欠，所收是實。
>
> 收銀人某 在見人某〔註188〕

也有賣屋但不賣斷者，只限期若干年，到時原賣主可以原售價格，不加利息地贖回此屋；然若原賣主到時無力贖回，則屋仍由原買主不限期居住；此段期間內，房屋之相關權利義務屬原買主負責，此種房屋交易方式稱之爲「典屋」。其契約式若出自屋主之主動者爲：

> 某鄉某都某圖，立典屋文書人某人，今將自己坐落某處房屋一所，情願出典
> 與某鄉某人居住。當日憑中，三面議定，時値典價白銀若干整。立文書日，
> 一頓交收，足備無欠。所典其屋，的係自己產業，並無盜典，重疊交易諸般
> 違礙，亦無門房上下一應人等，前來言稱有分；如有此等，出典人自行理直，
> 不干得業人之事。地上糧差，得業人自行辯納。其屋議定，三年爲滿，仍將

〔註187〕《萬用正宗分類學府全編》，萬曆35年刊本，卷5〈體式門〉，頁1下～2下，「富
　　　　家用分關式」、「晉江劉氏分關序（儒者用）」。
〔註188〕《三台萬用正宗》，萬曆27年刊本，卷17〈民用門〉，頁1上～2下，「買屋契」。

原價收贖，不許執占；如無原價，任從居住。銀不起利，屋無稅租。係是二邊情願，故非相逼，各不許悔；如先悔者，甘罰契面加一，與不悔人用。恐後無憑，立此典屋文書為照用，計開單帳與前同式，隨契收領典價白銀若干，收足無欠，所收是實。

收銀人〔註189〕

若出自買主之主動者則為：

某鄉某都某圖，立文書人某人，今情願用價白銀若干，整典到某人房屋一所，其銀立契書日一頓交足無欠。所典其屋，憑中議定，三年為滿，如有原價即便出還，不致執占。在上門榻長短桶，照數交還，不致廢壞；如無原價，任從居住，銀不起利，屋無滿年。係是二邊情願，故非相逼，恐後無憑，立此為照〔註190〕。

相較於典屋買主在交易過程中操有部分主控權，租賃房屋權力則主要握在屋主手上。當時，租金有以歲計而月繳付者，租賃者除月付租金外，亦要先致上押金（壓契銀），若其日後未能按月付租，則屋主可以押金扣除；租賃期間，房屋之保護修繕工作亦歸租賃者負擔，若屋主不願再租，則租賃者即刻搬離，不得推托。其契約如下：

某鄉某都某圖，立賃屋文書某人，今自情願賃到某宅，房屋幾間，屋下窗桶門榻戶楄俱全。議定每歲時值賃屋租白銀若干，先備到壓契銀若干，餘銀按月送還，不致推捱拖欠；如有此等，本主就壓契銀內剋除，足日起移。所賃其屋，須管添脩，不敢毀傷，如有毀壞，甘當脩補完備。如本主取起，即便搬移出還，不敢妄有推故。恐後無憑，立此賃屋文書為照。

某年某月　賃屋人某人〔註191〕

也有租金是分作兩季繳納的，如：

某宅有房一所幾間，坐某處落，門窗戶扇俱全；今有某人前來賃住，遞年約租稅若干銀，分作二季理納，不許缺少；如是缺少，即時將房搬還，不得執占，房批付照〔註192〕。

房屋買賣租賃外，田地買賣租用亦是民間頗為普遍的行為，且規範各不相同。大致而言，土地買斷的權利義務責任歸屬是較為清楚的〔註193〕。惟當時土地出售多

〔註189〕《三台萬用正宗》，萬曆27年刊本，卷17〈民用門〉，頁2下～3上，「典屋文書式」。

〔註190〕《三台萬用正宗》，萬曆27年刊本，卷17〈民用門〉，頁3上，「典屋下手契」。

〔註191〕《三台萬用正宗》，萬曆27年刊本，卷17〈民用門〉，頁3上～下，「賃屋文書式」。

〔註192〕《萬書萃寶》，萬曆24年刊本，卷12〈民用門〉，頁3下～4上，「賃房批式」。

〔註193〕《三台萬用正宗》，萬曆27年刊本，卷17〈民用門〉，頁3下～4上，「買田契」。

以同族人之承購為優先考量，以免土地流落外人之手，但若同族實無人購買，亦只有開放他人購置，如：

> 某里某境住人某人，為因無銀度，自願將已分官民田一段幾坵，該幾畝幾分，載官民米若干；東至某人田，西至某人田，南至某處，投請房族無人承買，外托中引就某宅三面商議，實值時價若干兩，其銀即日交足，其田聽從銀主管掌，召佃收租。至佐冊之時，除割收戶當差，不浮力蹬勒貼贖回等情。其田的係已分物業，與房族兄弟無干；亦不曾典掛外人財物不明等事，如有此色，出自賣主支當，不涉銀主之事。此係盡根，正買正賣，兩相情願，再無反悔，今欲有憑，立契存照〔註194〕。

也有土地買賣如典屋模式而稱之為「典田」者，如：

> 某里某境某人，有已分官民田一段，該若干畝，坐某處落，載米若干；四至明開在後。為因無銀用度，托中引就某處三面商議，實典細絲銀若干兩，其銀即日交足，其田聽從銀主掌管，召佃收租。言約銀無利息，田無租稅，至某年為卒，備銀照契贖回；如是無銀，仍聽銀主收租，倘未及期取贖，約罰銀若干。此係兩願，各無反悔，其糧米約應期理納銀若干，不浮留難。今恐無憑，立典契為照〔註195〕。

而田地租用因涉及不同租金繳付方式及權利義務的責任歸屬，故契約內容較單純地買賣土地來得複雜而多樣化；其中，有田主只要求每年繳納若干穀物以為租金，無其它銀兩給付者，如：

> 某宅有田一段，該若干畝，坐某處落；今有某人前來承佃，年約小麥烏豆租共若干，照季理還，不許拖欠，如是拖欠，即時召佃，不得執占，欲有憑立園批付照〔註196〕。

或為避免秤頭不一，亦有在約中言明以田主家秤為準者，如：

> 某宅有田一段若干畝，坐落某處，今有某人前來承佃，年約乾員租谷若干石，早六冬四理還，依憑本宅量秤，不許拖欠及轉佃他人，如有此色，即時召佃，不得執占，今欲有憑，立田批付照〔註197〕。

也有田主直接言明先繳納銀若干，此後租者於收成再繳固定穀物與田主，待期滿後，佃者歸田，田主還銀，如：

〔註194〕《學海群玉》，萬曆35年序刊本，卷9〈狀式門〉，頁11下，「又賣契式」。
〔註195〕《學海群玉》，萬曆35年序刊本，卷9〈狀式門〉，頁11下～12上，「典田式」。
〔註196〕《五車拔錦》，萬曆25年序刊本，卷24〈體式門〉，頁15下，「園批式」。
〔註197〕《萬書萃寶》，萬曆24年刊本，卷12〈民用門〉，頁2上～下，「田批式」。

某里某人置有晚田某，坐落某里地名某處，原係若干畝，年該苗米若干桶，鄉原有四至分明，今憑某人作保，引進某人出賠，價細系銀若干，當日交收，足訖明白，自給曆頭之後，且佃人自用。前去掌業，小心耕作，亦不得賣弄界至移坵換段之類。如遇冬成，備辦著一色好穀，挑送本主倉所交納，不致拖欠。過限年月，佃種不願耕作，將田退還業主，接取前銀，兩相交付，不致留難，今給曆頭一扇，付與執照〔註198〕。

亦有租者於佃銀繳付後，與官府之責任義務仍由田主負責，而遇天災致收成不佳時，田主與租者平分收成者，此種模式稱之為「攢田」，如：

某鄉某都某圖，立攢田書人某人，今將自己坐落某處民田若干畝，情願出攢與某人耕種一年，二熟為滿；當日憑中，三面議定，每畝時值攢田價白銀若干；立文書之日，一併收足無欠，所有田上糧租，出攢人自行辦納，不干得業人之事。如有蟲傷風秕，水旱災荒，眼同在田，平半分收，次年補種。係是二邊情願，故非相逼，恐後無憑，立此攢田文書為照。

某年月立攢田文書某人〔註199〕

當時，農家從事生產活動亟需獸力與人力，故牲口與人口的買賣雇佣交易亦頗為頻繁。前者契約如賣牛者為：

某處某人，有家欄某色牛一頭，見年幾歲，今來要得銀兩用度，托得某人為牙，將前項牛某樣賣與某人耕田，得時價銀若干，其銀當立契之日交足，所賣耕牛，的係自己家欄所養牛隻，倘若來歷不明，係某自認知，當不涉買主之事，恐後毋憑，故立文約為照〔註200〕。

而不同種類的牛、馬牲口，在契約書上須詳細標明，故民間日用類書有牛名、馬名等活套以供參考使用〔註201〕。後者契約如雇長工者為：

某里某境某人，為無生活，情願將身出雇，與某里某境某人家耕田一年，憑中議定，工資銀若干，言約朝夕勤謹，照管田園，不敢逃懶，主家雜色動用器皿不致疏失。其銀約按季支取不缺，如有風水不虞，此係己命，不干銀主之事，今照（恐）不憑，立契存照〔註202〕。

〔註198〕《三台萬用正宗》，萬曆27年刊本，卷17〈民用門〉，頁4上～下，「佃田文約」。
〔註199〕《三台萬用正宗》，萬曆27年刊本，卷17〈民用門〉，頁4下，「攢田文書式」。
〔註200〕《三台萬用正宗》，萬曆27年刊本，卷17〈民用門〉，頁7下～8上，「賣牛契」。
〔註201〕《三台萬用正宗》，萬曆27年刊本，卷17〈民用門〉，頁8上、8下，列出不同種類的牲口，如牛有牯牛、牸牛、水牛、犁牛；羊有羯羊、羺羊、羝羊、羚羊、羖羊、綿羊；馬有騧馬、騥馬、驪馬、騄馬、驊馬、銀駈、烏雄、分駿、鬐毛等。
〔註202〕《萬書萃寶》，萬曆24年刊本，卷12〈民用門〉，頁6下，「雇長工契」。

　　事實上，民間因家境貧困無力養活人口而有的人口販賣行為亦頗盛。此種交易有賣至富家名為養子女實則買為勞動力者，且一旦賣出，此後婚嫁全憑買者作主；如買男子契約是：

> 某里某境某人，有親生男子立名某，近年登幾歲，為因家貧，日食無措，或云無銀納糧，托中引就某宅，得酬勞銀若干。立契之日，一併交足，本男即聽從銀主撫養成人，與伊婚娶，終身使用，朝夕務要勤謹，不敢躲懶走閃；如有此色，出自某支當跟尋送還。倘係風水不虞，此自己之命，與銀主無干。本男的係親生，並無重疊交加來歷不明等事，亦不干買主之事。今欲有憑，故立文契，並本男手印，一併付銀主為照〔註203〕。

也有以婚姻形式為之的人口契約，此表面似為嫁娶事，實則為貧寒人家無力維生，只得賣身與富家者。如有寡婦為夫家之婚配他人者：

> 主婚房長某人，有弟姪某人近故，弟姪婦某氏自願守志，奈家貧日食無措，兼以弟姪棺衾銀兩無可計劃理還，憑媒某人氏議配某人為婚，本日受到聘銀若干兩，分還棺衾及買地砌完葬某人外，即聽從某宅，擇吉過門成婚。此係兩願，再無言說，今欲有憑，以立婚書存照〔註204〕。

也有買妾者如：

> 某里某境某人，有親生自養女子立名某娘，奴年已長成，憑媒某人某氏議配某境某人為側室，本日受到聘銀若干兩，本女即聽從擇吉過門成親。熊羆協夢，瓜瓞綿延，本女的係親生自養女子，並不曾受人財禮重疊，來歷不明等事，如有此色及走閃出，自某跟葬送還。倘風水不虞，此乃天命，與銀主無干，今欲聘証，故立婚書為照〔註205〕。

上述人口買賣行為，不論是出於自願或被迫，不管是賣為勞動力或妻妾，民間觀念總認為此係個人命該如此，實無所怨言，其命定思想由此可見。

　　商人從事商業活動亦須以船隻、人力搬運貨物，故雇買船隻或雇用人力也是必要的。大致而言，賣船要詳列船上物件清單，以避免日後紛爭，如：

> 某鄉某都某圖，立賣船文書人某人，今將自己雜木某船壹隻，力勝幾拾料，情願出賣與某鄉某圖某人，永遠常用，得業當日，憑中三面議定，時值絕賣船價白銀若干整，立文書日，一頓交收，足備無欠。所賣其船，的係自己船隻，一色正行交易，並無盜賣等情，亦無重復交易，公私債准諸般違礙，如

〔註203〕《萬書萃寶》，萬曆24年刊本，卷12〈民用門〉，頁4下～5上，「買養男契」。
〔註204〕《萬書萃寶》，萬曆24年刊本，卷12〈民用門〉，頁5下～6上，「服書式」。
〔註205〕《萬書萃寶》，萬曆24年刊本，卷12〈民用門〉，頁4下，「買妾契」。

有一應人等，前來言稱有分，出賣人自行理直，不干買主之事。其船新舊，買主自行看過，係是二邊情願，故非相逼，各不許悔，如先悔者，甘罰契面加一，與不悔人用，恐後無憑，立此賣船文書爲照者。計開船上什物家生等件：頭棚（朋）、艔桶（堂統）、寫門（馬）、……魚腮板、檣夾板、撩風繩。船稍動用家生：行灶、鑊子（斛）、鍋徹（戈阰）、碗稞、……淺盆、撇鉢、淘籮〔註206〕。

由於船隻種類甚多，故民間日用類書列出活套以配合人們需要選用〔註207〕。又雇用船隻往往須透過船戶，故貨物清點及責任歸屬一定要清楚載明，免日後糾紛爭執；而款項絕非一次繳清，先預付一部分，再沿河支付，最後到達目的地視貨物載運情況，釐清責任歸屬後，再行結清，才算銀貨兩訖。如：

某州某縣某鄉某都某圖船戶某人，今得埠頭某人係○，就其處河下，承攬到某客人某貨，并行李若干，載至某處交卸。議定每擔水腳銀若干，先借銀若干，餘銀沿河支借，待載到地頭，結筭清足，所載貨物，須當小心看管，搭蓋不致上漏下濕，或遇盤灘淺到，批關納鈔，船戶自當，如有疏虞，船戶甘當照依地頭買價賠還無辭。恐後無憑，立此攬載文書爲照〔註208〕。

若自雇腳夫擔物，亦要詳細註明繳款方式、責任歸屬與理賠問題等，如：

某處腳夫甲頭姓某，今得某處行李，某人保委承攬到某人貨物幾担，挑至某處店內交卸。議定每担工食銀若干，每名先借上期銀若干，餘者俟在挑到地頭，筭明湊足。自上路後，一心看管物貨，不致失落損害；如有一名肩挑不到，甘將己銀另顧人夫，前到地頭；如有閃走，且保人跟尋落，照依地頭賣價賠還，今恐毋憑，故立文約爲照〔註209〕。

此外，還有請人代爲任事，以契約明定彼此權利義務及責任歸屬者，如：

某縣在城住人某，有某里某圖某冬某人，應當見年里長，因離家騫遠，戶丁星散不齊，不能應當。憑中商議，自本年六月初一日起，至來年五月三十日止，共約津貼銀若干兩，與某代伊書畫卯酉，清理軍匠，勾攝公事，批票甲

〔註206〕《三台萬用正宗》，萬曆27年刊本，卷17〈民用門〉，頁5下～6下，「買船文書式」。

〔註207〕《三台萬用正宗》，萬曆27年刊本，卷17〈民用門〉，頁6下，「船名」列有不同種類船的稱呼，如龍舟、鳳舸、馬舡、艨艟、邊江、划子、航舡、渡船、釣艇、腳舡、座舡、網船、剝船、舴艋、蛇船、河舡、廣舡、贛船、柴舡、湘船、鹽舡、繒舡等。

〔註208〕《三台萬用正宗》，萬曆27年刊本，卷17〈民用門〉，頁7上～下，「船戶攬載貨物文書式」。

〔註209〕《三台萬用正宗》，萬曆27年刊本，卷17〈民用門〉，頁7下，「顧腳夫契」。

首。夫對圖直月大小，聽各衙年例催趙十冬，並本戶甲首條鞭銀兩，比較各冬上年經手一應未完錢糧，及本年寺租上倉糶穀，迎送上司，答應軍門夫馬迎春，並春秋二祭，修理衙門，本縣秤庫及解府上司，一應錢糧補庫綱銀，並地方不測事情，毫厘使用，俱是某前去支當，不涉貼銀戶丁之事，津貼銀兩分作六季理還。此係兩願鄉厚，再不得詐稱意當艱難，半途丟放，貽累戶丁，勒要加貼等情，如有反約，甘罰銀幾兩，今欲有憑，故立合同二紙，各執存照〔註210〕。

綜觀明清時期民間日用類書有關關禁契約內容，可知明清時期民間社會中無論是務農者或經商者，屬於個人權利義務移轉之事，或涉及公眾事務之規範者，在日常生活裡，面臨一定法律約束力的交往行為是頗為普遍的。其中，鄉約體式、學關體式及分關體式內容均不若一般文契式內容來得豐富而多樣化，尤其是涉及房屋田土的買賣租賃，顯現民間社會的資財計算主要仍以不動產為主，而為求保障雙方利益，免遭損失，故契約擬定最須符合當事者需求而變化最多。

大致而言，關禁契約內容主要見於明版民間日用類書中，不論是屬公領域範圍的鄉約體式，或較偏私人性質的學關體式、分關體式及各種文契式，均有各式不同情況的範例供人參考選用。然發展至清代前期三十二卷版本，內容大幅縮減，尤其是鄉約體式部分，僅賸禁田園瓜果約與禁盜竹筍約二則，文契式內容只有典屋契、賣田契、佃田契、雇船契、買牛契、買馬契等式；而學關體式與分關體式均不見；至清代後期二十卷版本此一門類不復刊載。所以如此，應與其內容不符一般民眾的日常需求有關。如學關體式與分關體式主要的適用者仍為家境較富裕者，因其有一定財力延師教子及分配家產，而普通百姓實無條件採用此種內容；鄉約體式亦主要由士紳主導，非一般小民百姓能使用；而各種文契式則涉及律法性質，亦因過於專業遭縮減，乃至刪除命運。

三、呈結訴訟

呈結訴訟是指涉及與官府接觸往來的具一定法律效力之公文書。此包括官府核發的執照式，及人民對官府致送的呈狀式、結（保）狀式及訴狀式四種。

執照式是官府發出之證明文件以利人民行事用；如民眾為方便行路而需有的〈出外給引狀〉，上云：

〔註210〕《五車拔錦》，萬曆 25 年序刊本，卷 24〈體式門〉，頁 18 上～下，「倩人代當里長式」。

某縣某里某圖某人，爲告給文引事，緣某前往某等處探親經商，誠恐前途阻滯，理合告給文引，庶免關津留難，爲此給引是實〔註211〕。

也有因糾紛纏身要求保障的〈杜後給照〉〔註212〕；及娼婦花錢贖身而重啓新生活的〈妓從良照〉〔註213〕。

呈狀是人民對官府的呈告狀，包括因不良官吏壓迫而呈告曰：

呈狀人某，係某府某縣某里某圖民，呈爲正法安民事，縣無賢政，子姓何依，剌虎吏書某等，誘官壞法，條編錢糧一兩，明加一錢收頭，月輪三換，每次騙銀三兩，且通衙員役，積年皂快某等，狐假虎威，紛紛漁獵，非刑異害，黑獄昏朦，公門變詐，負冤慘痛，理合投天究治，感激非常，連名上叩，須至呈者〔註214〕。

因天災人禍使民不聊生，而呈告曰：

呈爲勘災救命事，浹旬以來，天久霪雨，洪水驟發，淹浸民屋，生靈水處，魚鱉室居，禾苗一概無存，田地盡成溪沼，西（收）成無望，萬戶悲號，午炊晨煙，暮食朝粥，有此苦情，乞恩憐准，申詳急賜周恤，庶邑無流亡，民免溝壑，爲此具呈，須至呈者〔註215〕。

而面對災荒卻見奸商屯積穀米，故向上呈告曰：

呈乞懲貪商，亟拯民生事，民爲邦本，食乃民天，值此荒年，又遭霪雨，桂薪玉粒，妻泣兒啼，日午晨炊未煙，薄暮朝粥始食，蒙恩賑恤，饑民少甦，今富商某，踞衢要爲壟斷，積糧食望天荒，近見隔縣踵糴日增，三價閉糶，地方有錢者束手旁觀，無錢者坐以待斃，惡商民皆效尤，萬姓嗷嗷，恐生他變，伏乞嚴示公平交易，毋得厚利殃民，爲此具呈〔註216〕。

其它還有里長因催討不到錢糧而呈告〔註217〕；有爲拘捕人犯執行公務，卻難以達成任務，不得不呈告〔註218〕；有母爲獨子求免軍征而呈告〔註219〕；有農民犯罪無力繳罰而呈告〔註220〕；有爲犯罪者乞開釋而呈告〔註221〕；有爲舉報農民事選用識字

〔註211〕《五車拔錦》，萬曆25年序刊本，卷24〈體式門〉，頁5下，「出外給引狀式」。
〔註212〕《萬書萃寶》，萬曆24年刊本，卷19〈矜式門〉，頁11下，「杜後給照」。
〔註213〕《萬書萃寶》，萬曆24年刊本，卷19〈矜式門〉，頁12上，「妓從良照」。
〔註214〕《萬書萃寶》，萬曆24年刊本，卷19〈矜式門〉，頁7上～下，「呈署官貪」。
〔註215〕《萬書萃寶》，萬曆24年刊本，卷19〈矜式門〉，頁8上，「水災呈」。
〔註216〕《萬書萃寶》，萬曆24年刊本，卷19〈矜式門〉，頁9上～下，「閉糶呈」。
〔註217〕《三台萬用正宗》，萬曆27年刊本，卷17〈民用門〉，頁8下，「錢糧呈子」。
〔註218〕《萬書萃寶》，萬曆24年刊本，卷19〈矜式門〉，頁10下，「繳呈式」。
〔註219〕《萬書萃寶》，萬曆24年刊本，卷19〈矜式門〉，頁18下，「母脫子軍」。
〔註220〕《萬書萃寶》，萬曆24年刊本，卷19〈矜式門〉，頁19上，「復農民」。

農民而呈告〔註222〕；也有爲調查犯人犯案事而呈告等〔註223〕。

　　結（保）狀是人民對官府的保證或證明文書，如向官府承保某人身分而云：

　　　　某都某圖里長某，今於與執結爲某事云云，勘得某人云云，並無違礙情弊，
　　　　執結是實〔註224〕。

或承辦某事而云：

　　　　某都某圖里老總甲某人等，今當本縣老爺某處，實領到某事云云，中間並無
　　　　冒領，所供是實〔註225〕。

向官府保證地方無生人滋事而云：

　　　　某都某圖里老總甲某等，今於與執結，爲地方遵依結，到守本里地方，並無
　　　　生面之人在於地方頓歇，如違事發甘罪，所結狀是實〔註226〕。

亦無盜賊事而云：

　　　　禁兵某，今於與執結，爲巡盜事，遵依每夜巡邏地方等處，係各清寧，並無
　　　　盜賊，中間不敢扶捏，如虛甘罪，所結是實〔註227〕。

爲科考事保證某童生無不良記錄而云：

　　　　某里某圖某，爲歲考事，遵依結得，本童俱係良民，自幼在家肄業，習讀經
　　　　書，身家並無刑喪過犯，又非曾經黜退人數，今家取結，中間不敢扶同妄捏，
　　　　所結是實。計開：一名童生某，係某圖某籍習某經，一三代曾祖某祖某父某，
　　　　保結生員某〔註228〕。

爲農民擔任公職事保證其能力而云：

　　　　某都某人等，今當本縣老爺處，承認識字農民某人幾名，不係父子相繼，兄弟
　　　　出入娼淫，子弟出入隸學書手，亦無公私過犯，今蒙審聞，執結是實〔註229〕。

其它還有商家向官方支取銀錢而作保〔註230〕；醫生爲被毆打犯人驗傷而作保〔註

〔註221〕《萬書萃寶》，萬曆24年刊本，卷19〈矜式門〉，頁19上～下，「保人出監」。
〔註222〕《三台萬用正宗》，萬曆27年刊本，卷17〈民用門〉，頁9上，「農民呈子」。
〔註223〕《萬書萃寶》，萬曆24年刊本，卷19〈矜式門〉，頁10上～下，「與狀式」。
〔註224〕《萬用正宗分類學府全編》，萬曆35年刊本，卷5〈體式門〉，頁4下，「又執結」。
〔註225〕《萬用正宗分類學府全編》，萬曆35年刊本，卷5〈體式門〉，頁5上，「領狀」。
〔註226〕《三台萬用正宗》，萬曆27年刊本，卷17〈民用門〉，頁10上，「地方執結」。
〔註227〕《萬書萃寶》，萬曆24年刊本，卷19〈矜式門〉，頁10下，「覆巡式」。
〔註228〕《萬書萃寶》，萬曆24年刊本，卷19〈矜式門〉，頁9下，「童生結狀」。
〔註229〕《三台萬用正宗》，萬曆27年刊本，卷17〈民用門〉，頁9上～下，「認狀」。
〔註230〕《萬用正宗分類學府全編》，萬曆35年刊本，卷5〈體式門〉，頁5上，「鋪行領
　　　　狀」。
〔註231〕《萬書萃寶》，萬曆24年刊本，卷19〈矜式門〉，頁11上，「驗傷」。

231〕；有妻爲夫擔保不再犯錯〔註232〕；有爲調解民間紛爭而保證息訟〔註233〕；有鹽行、錢行、米鋪等商家向官府保證依法作生意之各式結（保）狀〔註234〕；甚至有地方民眾爲良官作保者〔註235〕。

　　訴狀則是涉及法律糾紛須以司法審理解決爭端時所用的陳述狀。明清時期民間訴訟事件頗爲普遍，而欲透過訴訟方式取回一己利益，勢必要對相關知識加以了解，故民間日用類書中的官品門、律法門、民用門、體式門等即提供民間此方面的實際幫助，惟官品門、律法門較偏官府部門的了解、法律條文的介紹，及刑罰種類的說明；而民用門、體式門才是教導民眾如何撰寫訴狀以上告官府，申明冤情，爭回權利。

　　由於興訟勝負與否，首入官者眼簾的訴狀實居重要地位，故「凡事之大小，經投都中之狀，必須酌量」，否則「妄訟鼠牙，以至公庭辨折，竟坐招非，是本欲制人而制於人，本欲信冤而絀於冤」，實不值得〔註236〕。而明清時期訴訟狀的撰寫方式亦有一定規格，大抵先書姓名、年齡、縣都里戶籍地等告狀者的基本個人資料；次以硃語點明所訴事情的性質；接著，將事件原委如寫作文分起、承、轉、合般地分前、後、繳、結四段加以敘述〔註237〕。其中，除基本資料外，每部分掌握重點均有不同，如硃語即破題，須以四字或二字使觀者視之能立刻掌握事情性質，並予分類。而前段推寫事因情由，須「來歷分明又要簡切，中間或毆打，或相言辨，或因強占，或相騙財某事等，緊要見証，贓仗分明」。至於後段，則「切要取理辯別事情，言語嚴切，顯出本理以關前項，不可寬疏；中間若有不接之處，常虛飾掩過無妨」〔註238〕。

　　也有將訴訟狀之撰寫更細分爲十段者，其名稱與準則如下：

　　　　第一段，此款名曰硃書，必要先將事情起因，前後精細，議論明白，按事而立硃語，或依律，或借意，必與截語相應，慎之慎之。

　　　　第二段，此款名曰緣由，迺當先事跡之根源也，務與計由成敗相應，不可脫節，不可繁多，不可簡略。

〔註232〕《萬書萃寶》，萬曆24年刊本，卷19〈秋式門〉，頁18下，「妻保夫」。

〔註233〕《萬書萃寶》，萬曆24年刊本，卷19〈秋式門〉，頁12上，「和息狀」。

〔註234〕《萬書萃寶》，萬曆24年刊本，卷19〈秋式門〉，頁10下～11上，「鹽行」、「錢行」、「米鋪」。

〔註235〕《萬書萃寶》，萬曆24年刊本，卷19〈秋式門〉，頁18上，「保縣官」。

〔註236〕《萬書萃寶》，萬曆24年刊本，卷19〈秋式門〉，頁1下，「新附作詞十段錦玄意」。

〔註237〕《五車拔錦》，萬曆25年序刊本，卷24〈體式門〉，頁2上，「體段貫串活套」。

〔註238〕《五車拔錦》，萬曆25年序刊本，卷24〈體式門〉，頁1下，「體段格式」。

第三段，此款名曰期由，乃事從某年某月某日而成也，其年月或遠或近，置狀中或前或後，不可重用。

第四段，此款名曰計由，乃事之顯跡從何起，爲入罪之路也，務宜斟酌，不可繁雜失節，不可脫空含糊。

第五段，此款名曰成敗，乃計由之後，或成敗爲入罪之門也，茲段誠爲一狀主宰，務宜包含前後，謹防攻破。

第六段，此款名曰浮失，乃狀中之奇謀也，可置証由之前，可置証由之後，聽人所用，此爲脫罪之路，宜細詳之。

第七段，此款名曰証由，論成敗得失之後，必有見証也，誠爲一狀輔佐，恐有偏護，辨（辯）論不一，須要量人斟酌，此脫罪之門，毋忽。

第八段，此款名曰截語，乃一狀中總斷也，務要句句合律，字字精奇，言語壯麗；如狀中有此一段，名關門狀，則府縣易爲決斷；無此一段，名開門狀，恐人犯乘隙瞰入辨（辯）變。大抵狀詞不可太關門，亦不可太開門，諒情兩就其中則善。

第九段，此款名曰結尾，乃狀中之尾，先要遵奉官府，後要闡明律法，務宜詳而用之。

第十段，此款名曰事釋，但言告訴之後二三四字而已，如剪害安民，超貧杜騙，敦倫正倍，含冤等語，諒情用之爲善[註239]。

而不論何種分段的撰寫方法，其總括性原則是：

凡作狀，先須觀其事理情勢，輕重大小緩急，而後用其律意，該合其條，乃從其條上揀其緊要字眼，切干事情者，敷達其詞，使人一看便知其冤，抑誣告或牽連之類，務要周詳，或因一事起一事止，或因一事又一事，或二罪俱發，取其重者爲首，情輕者輔助，正事不可言來言去，捏扯異樣字眼，徒取习名，無益於事，明者宜辯（辨）之[註240]。

又爲便於民眾掌握其義，民間日用類書甚至以口訣或歌訣指示要領，如〈如規歌〉曰：「立起先書事由，主意貫通律義，先寫原因何由，簡繁不要失志，中間細事變情，緊要機關挽起，正理當要切言，不可糊塗亂擬，後項可宜辯別，提出一團道理」；而〈忌箴歌〉更指出寫訟狀時，「不可混沌不潔、不可繁亂枝葉、不可妄空招回、不可中間斷節、不可錯用字眼、不可狀後無結、不可言詞寬慢、不可語無緊切、

[註239]《萬書萃寶》，萬曆24年刊本，卷19〈矜式門〉，頁1下~3上，「新附作詞十段錦玄意」。

[註240]《學海群玉》，萬曆35年序刊本，卷9〈狀式門〉，頁1下，「作狀體式」。

不可搜羅事切、不可虛空扯拽」〔註241〕。

在實際撰寫方面，民間日用類書以極大篇幅刊載各種遣詞用字活套以供人們選用，包括硃語活套及前、後、繳、結各段活套，各部分中又有稱呼頭銜活套及陳述情境活套兩種。

其中，稱呼頭銜者可分稱官員、鄉宦、吏書、皂快、大戶、平人、生員、親戚、尊長、卑幼、族人、術人等類；如稱官員可用酷官、虐官、孽官、貪官、贓官、污官、暴官、署官等詞；稱平人可採刁奸、劇惡、市棍、棍惡、刁棍、兇棍、薑惡、尪惡、鄉害等語；稱卑幼則可以逆男、忤男、悖男、惡姪、孽姪、悖孫、虎孫、梟甥、孽甥、悖妾、潑媳、梟弟、虎弟、惡弟、獸弟、惡婿、強奴、兇奴、獷奴等字眼稱之〔註242〕。

而陳述情境者則有土豪、鬥毆、婚姻、奸情、戶口、錢債田產、財本、人命、賊情、吏書皂快、告官、鄉宦、地方教唆等大類；如陳奸情事可用欺奸幼女、強姦閨女、強姦妻小、欺奸親嬸（嫂）、欺奸男婦、蒸姦父妾、欺奸繼母、淫姦子女、縱妻賣姦、指姦誣騙、誘姦誆騙、誣姦欺騙、買良為娼、誣執翁姦、土娼騙害等詞；述戶口事可採拐誘人財、串拐子女、拐帶人口、收留迷失、略賣人口、罩占軍丁、窩隱逃軍、藏匿逃民、強占匠丁、逃躲差役、隱蔽差役、脫軍詐民、冒亂宗枝、師巫邪術、窩匿徒流、書符撟禁、賴佛逃生等句；言錢債田產事則可以重復磊騙、磊債謀業、車利磊債、磊折妻子、折價騙業、挾勢夯業、重復田土、盜賣田產、謀業車債、獻賣基業、誘獻屋業、強奪風水、強占山場、閉塞古路、漲塞池塘、棄毀器物、盜竊瓜果、詭寄錢糧、那移差役、拖欠錢糧、差役不均、逃躲差役等字眼稱之〔註243〕。

還有再細分事項為閉塞古道、漲塞池塘、拴串騙客、同姓結親、立嫡子、收留迷路子女、棄毀器物、擅食瓜果、寄受財物、私充牙行、把持行市、差役不均、毆罵期親、使用假銀、師巫邪術、喪葬、燒人房屋、打傷墮胎、干名犯義、子孫違教令、誘人犯罪、私和公事、罪人拒捕、徒流人逃、威力專縛等事類者，而以更深入之詞彙語句陳述。如閉塞古道事可云：

> 世無古道，通眾往來，奸雄湊業，罔為欺法；橐被墾毀，閉塞不通，益己損眾，無行出入；兩頭顯跡，存証可勘，雖有和開，遠還不便；遠近鄰人，心

〔註241〕《學海群玉》，萬曆 35 年序刊本，卷 9〈狀式門〉，頁 1 下～2 上，「如規歌」、「忌箴歌」。

〔註242〕《萬書萃寶》，萬曆 24 年刊本，卷 19〈矜式門〉，頁 5 上～6 上，「官員類」、「平人類」、「卑幼類」。

〔註243〕《三台萬用正宗》，萬曆 27 年刊本，卷 8〈律例門〉，頁 3 下～4 上，「姦情」、「戶口」、「錢債田產」。

皆不服，強閉古法，非法難容；告乞疏通，責令改正，照田眾便，實為民益；塞路如同塞心，閉道滅法難容〔註244〕。

把持行市事則言：

買賣不通時價，交易切要和同，物有行市，難從把持，人有貴賤，貨有高低，豈許通同奸詐，經紀欺心把持，以貴作賤，牙人設法任由，以賤作貴，面目是人，中心賊險，把指私抽騙財，明為暗賊，構同販鬻，皆是以賊分贓，客心叫屈，忍痛搥胸，仰望禁治，疏通奸弊〔註245〕。

甚至有撰寫訟狀中的起頭句、連接詞、轉折語或收尾字的活套，如起句用禍因、緣因、冤轗、禍肇，切情用只得、不已、莫奈、冒死，求憐用作主、乞憐、乞賜、俯憐、俯賜、垂憐、可憐，感恩用感激、唧感、沐恩、沾恩，情著用顯然、灼然、昭然、彰然，懲罪用昭法、彰法、昭律、彰律，結尾用上告、叩告、哀告、感告、單告等〔註246〕。

同時，陳述各類事項時又有不同的強調重點，民間日用類書中亦以實際範例加以說明；如人命類訴狀撰寫時須強調凶器，其實際範例是：

（前段）其素性為非，不遵法紀，兄遭殺命，含冤泉枉

　　　　人命重情，法應抵死，錢神矇蔽，致枉典刑

　　　　鐵尺木棍，無情斬打，男命含冤，登時不見天日

　　　　富如石崇，惡過盜跖，藐王法若蔽莜，視人命若草芥

　　　　某寅緣鄉宦，庶賄吏書，重賄排年，一風弊結，妄捏相冤，屈身死罪，負冤節告，蒙案批駁，眷案可查

（後段）奸謀害命，計將毒藥殺人，造意謀財，兇惡過甚

　　　　因姦致死情犯，違律殺人行威，勢逼事致，屈死人命

　　　　威力制縛，拷打致命身死

　　　　擲石抱磚，打死命於非法

（繳段）其素肆兇狠，不畏法規，視人命如草芥，覷骨肉如弁髦，忿氣圖財，殺人害命

　　　　弓箭傷人，某弓矢妄射，至毀人之體膚，矢石亂打投，誤中人之耳目，雖云偶爾有傷，實乃幾乎喪命

（結段）乞賜准提，超生憐死，陰騭萬代，上告

〔註244〕《龍頭一覽學海不求人》，明刊本，卷18〈律法門〉，頁14上，「閉塞古道」。

〔註245〕《龍頭一覽學海不求人》，明刊本，卷18〈律法門〉，頁22下～23上，「把持行市」。

〔註246〕《萬寶全書》，崇禎年間刊本，卷10〈狀法門〉，頁249～251。

叩天，檢驗傷証，明正典刑，存歿啣恩，哀哭上告

哭懇天臺，判委清正廉明官員，檢驗尺傷，庶律法昭彰，庶免冤蔽，覆
盆投光，上告〔註247〕

又如賊情類訴狀撰寫時，若告強盜要眞贓正犯，告竊盜要見贓証分明，其應用範例
爲：

（前段）鳴鑼呐喊，破壁沖門，蜂擁來家，財物罄捲

污奸婦女，被辱風聲

殺人放火，王法大變

素不守分，結交一類光棍，在家不習生業，竊毒池魚，盜割禾稻，偷砍
墳山樹木，恣行不忌

素行不法，偷豬毒犬，輙拐人財

（後段）鳴金呐喊，碎壁穿篱，車馬進家，財物掃劫一空，吊懸拷打，殺傷殘命，
姦淫婦女，玷辱風聲

（繳段）強黨引類，呼眾屯聚郊野，鳴鳴哨指，劫掠鄉村，明火持鎗，殺害人命，
淫奸婦女，罪惡滔天

強賊聚眾，劫掠鄉村，殺人放火，車擁搜尋奸污，動地驚天

（結段）恩憐親勤，民淂聊生。上告

乞賜嚴差兵快，四路緝拿，以除民害，迫切上告〔註248〕

其它還有鬥毆類最「緊要見証，以傷爲重，器械爲犯，兄弟叔姪，以服爲重」，
而姦情類切記「一夫一婦，難作違條，姦論重夫重婦拐串，律法難容」〔註249〕。

綜觀明清時期的呈結訴訟內容，可知民間與官府往來亦頗爲密切；不論是官府
對民間核發的執照，或民間對官府呈告、具結（保）、訴訟的文書，在四民日常生活
中隨時有需要。而這些具法定效力之公文書中，前三者內容較簡明制式，主要部分
有三：一是核受者、呈者、結（保）者的姓名及戶籍所在地；其次，說明此公文書
所涉之事；最後，是保證此公文書內容確實之官語總結。而訴狀則因涉及官司審理，
且其中前因後果，來龍去脈實需詳明，乃有可能在長期審訊中取得勝利，故訴狀內
容實較複雜，且變化性亦較高。

大致而言，明清時期民間日用類書有關呈結訴訟的內容，只見於明代版本及清

〔註247〕《萬寶全書》，崇禎年間刊本，卷10〈狀法門〉，頁249～251，「人命類」。
〔註248〕《萬寶全書》，崇禎年間刊本，卷10〈狀法門〉，頁253～254，「賊情類」。
〔註249〕《萬寶全書》，崇禎年間刊本，卷10〈狀法門〉，頁254，「鬥毆類」；頁251，「姦
情類」。

代前期三十二卷版本民間日用類書中，不論是執照、呈狀、結（保）狀的範例，或
訴狀的介紹說明及範本實例，均種類繁多，便於人們參考選用；尤其是訴狀部分，
各段撰寫要領、總體原則，及適用於各不同對象、事項、情況的遣詞用字活套等，
均有清楚詳細的解說與模式刊載，可謂包羅萬象，應有盡有，幾乎所有可能發生情
形均考慮殆盡。然發展至清代前期三十二卷版本中內容大幅縮減，僅保留執照式、
呈狀式、結（保）狀式之範例各一、二種，而訴訟狀亦僅土豪、人命、姦情、賊情
四種之活套範例，及若干對象稱呼及情境陳述的用語活套而已；再發展至清代前期
三十卷版本及清代後期二十卷版本中則已無此一門類的刊載。所以如此，原因應在
訴訟之事日趨專業、複雜，訴狀之撰寫愈須由專業人士，如宋代即已存在，至清代
更形活躍的訟師或在官府中設置的專門代書來負責〔註250〕；而執照、呈狀與結（保）
狀等涉及法律責任部分，亦因其過於專業，難為一般人民接受，故發展至清版民間
日用類書，實無須再花費太大篇幅刊載相關內容。

　　綜觀明清時期民間日用類書有關人際交往與應世規矩內容，可分束帖運用、關
禁契約及呈結訴訟三部分。其中，束帖運用屬私領域內的人情交往文書，並不涉及
法定的權利義務責任，故其變化性最大，束帖的每一部分，不論是格式結構或各種
遣詞用句均須以不同活套呈現，方便民眾適應各種不同情況而選用。

　　關禁契約與呈結訴訟則為具一定法律效力的公文書，此種公文書的出現，反映
明清時期民間社會的自主性及對公眾事務的主導性。為維持社會秩序的穩定，民間
可透過鄉約方式對人們加以宣導；為維護民眾自身權益，可訴諸官府，透過司法程
序求得保障。惟此種公文書因涉及法律上的權利義務責任，即屬公領域範圍，所受
之規範約束力實較私人性質事務來得大，故相形之下其在民間日用類書中的內容呈
現亦較為制式，變化幅度遠不如束帖運用內容。也因此，民間日用類書中關禁契約
及呈結訴訟部分的範例內容多於活套展示，而束帖運用部分則是活套內容勝過範例
參考。然若將關禁契約與呈結訴訟兩相比較亦有差別；由於前者為民間與民間的交
往，其規範事項純屬民間性質，當此種公文書訂定之事項正常運作時，官府可置身
事外而不介入，除非訂約雙方發生爭執糾紛，必須經由官府判決處理，官方色彩乃

〔註250〕夫馬進，〈明清時代的訟師與訴訟制度〉，頁391；呂伯濤、孟向榮，《中國古代的告
　　　　狀與判案》（北京：商務印書館國際有限公司，1995.6），頁39。又川勝守，〈明末
　　　　清初の訟師について──舊中國社會における無賴知識人の一形態──〉，《九州大
　　　　學東洋史論集》，9（1981.3），文中認為訟師是在十六、十七世紀，即明末清初時
　　　　期出現的，這一論點值得商榷，因資料顯示宋代已有訟師出現，見夫馬進，〈明清
　　　　時代的訟師與訴訟制度〉，頁421。

予出現。而呈結訴訟的公文書則爲民間與官府的交往，本身已有官府涉入，具官方性質，故其規範性較高，內容更制式。只有呈結訴訟中之訴訟狀內容，因涉及各別情況差異，須以各式活套呈現配合不同人需要加以選用，故民間日用類書有關訴訟狀的內容亦以活套呈現較爲普遍。

第六章　休閒興趣的培養

　　休閒興趣屬精神生活之一環，在歷經沈重之現實工作壓力後，需要有充分的精神活動以為調劑，故民間日用類書中列有相關門類以為民間參考應用。本章擬就明清時期民間日用類書中相關之內容，說明此時期民間精神生活的情況及其特點。

　　大致而言，明清時期民間日用類書中記載的休閒興趣可區分為怡情養性與娛樂活動兩部分，前者如書法、繪畫、音樂、詩文、戲令，後者則涵蓋棋藝、骰戲、牌術、技法及風月，內容可謂包羅萬象，五花八門。

第一節　怡情養性

一、書　法

　　中國書法藝術始於東漢〔註 1〕，以後持續發展，然書法作為一種休閒活動的時間應較晚，而明清時期的民間日用類書中均載有書法門，可見此種怡情養性活動之普遍。

　　學習書法始於把筆方式的正確及練字原則的掌握。就前者而言，正確把筆方式有四要領，即虛、圓、正、緊；「虛謂手指不可近掌心，圓謂手背要圓，正謂筆管正直，緊謂人撥不去」〔註 2〕；此種正確執筆方式會使手掌內握如空拳，而實際寫字

〔註 1〕此係以中國產生有關書法理論的專著為準而言，非指中國開始之有文字；參見陳玉龍，〈中國古代的書法藝術〉，收入陰法魯、許樹安主編，《中國古代文化史》，冊 2，頁 300；周鳳五，《書法》（臺北：幼獅文化事業公司，1989.3，3 版），自序；歐陽中石，《中國的書法》（臺北：臺灣商務印書館，1994.5），頁 8。

〔註 2〕《五車拔錦》，萬曆 25 年序刊本，卷 13〈書法門〉，頁 1 上，「把筆四要」。

運筆時須用力筆前〔註3〕。至於練字原則有三，一要筆法精，二要間架正，三要結構均勻〔註4〕。而寫字的基本形式有訣法曰：橫清豎濁、少粗多密、勾短點圓、空勻畫直，即凡字橫畫宜細，豎畫宜粗；筆畫少者字宜粗，筆畫多者字宜密；又字勾宜短，字點宜圓；且字空宜勻，字畫宜直〔註5〕。

在實際練習應用上，往往先自「永」字著手，因此字將書法各式均包括在內，能將此字練好，則書法的基礎即可奠定，故「永」字書寫要義尤為重要，民間日用類書中相關之說明特別多。如「永」字所含書法八式的各式要點及其名稱由來分別為：

側　側不得平其筆，當側筆就右為之。問曰，不言點而言側，何也，論曰，謂筆鋒顧右，審其勢險而側之，故名側也。

勒　勒不得臥其筆，中高兩頭下，以筆心壓之。問曰，不言畫而言勒，何也，論曰，勒者趯筆而行，承其虛畫，取其勁澀則功成矣。

努　努不得直，其筆直則無力。問曰，畫者心中聚畫也，今謂之努，何也，論曰，努者勢行遲澀微努也。

趯　趯者自努出潛鋒，輕挫借勢而趯之。問曰，凡字之出鋒謂之捶，今更為趯，何也，論曰，即是努筆下殺，筆斜行趯出尖起是也。

策　策兩頭高，中以筆心舉之。問曰，策一名折異畫，今謂之策，何也，論曰，策之與畫理亦固殊，仰筆起鋒，輕提而進，故曰策也。

掠　掠者，撇過左謂之掠，借為筆勢。問曰，掠一名撇分發，今稱為掠，何也，論曰，掠乃徐疾有準，手筆隨遣，鋒自左出，取勁險盡而為發，則一出運用無的，故掠之精旨可守矣。

啄　啄者，如禽之啄物也，立筆下罨須疾為務。又云臥筆疾罨，左出門曰撇之，與啄同出異名，何也，論曰，夫撇者蒙俗之言啄者，因勢而立，啄筆速進，勁若鐵石，則勢成矣，不臥則體怯。

磔　磔者，不徐不疾，戰而去之，欲盡復駐而去之。問曰，右發波為捺之筆，今謂之磔，何也，論曰，其法始入筆緊築而微仰，便下隨行，勢足以磔開其筆，或藏鋒出鋒，由心使用也〔註6〕。

〔註3〕《三台萬用正宗》，萬曆27年刊本，卷11〈書法門〉，頁1上，「心法歌」。

〔註4〕《萬用正宗分類學府全編》，萬曆35年刊本，卷16〈書法門〉，頁1上，「寫字有三要」。

〔註5〕《五車拔錦》，萬曆25年序刊本，卷13〈書法門〉，頁35上，「寫字訣法」。

〔註6〕《五車拔錦》，萬曆25年序刊本，卷13〈書法門〉，頁4上～5上，「蔡邕授女蔡琰字八法」。又類似說明可參見同書同卷，頁3上～4上，「蔡邕授崔瑗永字八法」。

　　八式中再細分爲七十二變化，包括一側化一十四法、二勒化一十法、三努化六法、四趯化一十三勾、五策化七法、六掠化十法、七啄化四法、八磔化八法。各變化均有名稱、圖示及解說以方便學習，如一側化含怪石、龍爪、羊角、蟹腳、梅核、龜頭、杏仁、瓜種、雞頭、群鵲、懸珠、菱米、垂珠、鐵鈴十四種變化，下筆時怪石須「落、起、走、住、疊、圓、回、藏」，龍爪則「斜點、直細帶、出筆按、引筆一挑直直可」，羊角是「細絲」，蟹腳則是「玉案太斜、帶細絲斜直下圓」等等〔註7〕。又二勒化有玉案、右楯、吟蛩、之、阜、駝頭、卩、折釘、鐵城、舞鶴十種變化，其中，玉案用筆時要「行輕、落重、行輕，高滾」，右楯則「橫皆玉案、玉案皆要玲瓏、轉角法」，而吟蛩則是「玉案、出筆、二空一般、轉角、勾、鐵柱」等等〔註8〕；書法中之各式筆法及變化可謂全部涵蓋殆盡，無所遺漏，故有云：「撇捺點勾畫要熟，斜長曲短勢由人，世間凡事諸搬（般）字，不出七十二法尋」〔註9〕。

　　基本筆法及變化學習熟練後，實可領悟筆法之妙，如：

> 墨畫撇捺轉折曲扭，各法已精，自然有得變化而成也。然其妙則首尾欲有情，起落欲相顧；偏鋒者不可使其筆正，正鋒者不可使其筆偏；蹲過處當審於輕重，搶駐處必宜於著力；折鋒搭鋒爲下筆之始，衄筆揭筆爲收殺之權；筆捺則肉自肥圓，筆提則筋有餘力；爲骨之法，憑指骨之提，縱生血之道，賴水墨之和勻；忌軟勁之失均，喜威嚴之敦厚；勿輕浮以阻礙，務均布以安平；變換屈伸，轉回旋於起狀，藏收開閉，運承接於送迎；措邊旁而合軌，振氣象以生神；筆法之妙，於斯乃盡矣〔註10〕。

且可體會書法之重氣勢，蓋

> 書肇於自然，自然既宜，陰陽生焉，陰陽既生，形勢氣載矣。藏頭獲尾，力在字中，下筆用力，獻醨之鹿。故曰勢來不可止，勢去不可歇，尤有二法，一曰峻疾，二曰遲澀，得峻疾遲澀二法尤妙盡矣；夫稟乎人性，峻疾者不可使之徐，遲澀者不可使之疾，筆惟軟礙其怪復焉。凡勢列後，自然無師授，而合於先聖之傳〔註11〕。

〔註 7〕《五車拔錦》，萬曆 25 年序刊本，卷 13〈書法門〉，頁 2 上～下，「一側化一十四法」。

〔註 8〕《五車拔錦》，萬曆 25 年序刊本，卷 13〈書法門〉，頁 3 下～4 上，「二勒化一十法」。

〔註 9〕《五車拔錦》，萬曆 25 年序刊本，卷 13〈書法門〉，頁 2 上，「變化七十二筆勢圖」。

〔註10〕《五車拔錦》，萬曆 25 年序刊本，卷 13〈書法門〉，頁 1 下～2 上。

〔註11〕《五車拔錦》，萬曆 25 年序刊本，卷 13〈書法門〉，頁 2 上～下，「蔡邕嵩山石

同時，亦能發現習字之若干弊病，如牛頭點，即稜角太甚如牛頭，有失龜頭法度；蜂腰光腳，即細勝似蜂腰，失浮鵝之法；折木柴擔，即如折木太直，似柴擔太彎；稜角轉角拙，即轉折稜角太尖，失玉案轉角之理；鼠尾撇，即細拖似鼠尾，失犀角規矩；鶴膝勾弩，即尖舒如鶴膝，失蟹爪玉鉤之理；竹節豎畫病，即起止如竹節太稜，失上短下長中弩旁楞四法等等〔註12〕，實須多加注意以避免之。

而為學字者有更具體的練習參考範例，民間日用類書中往往以大量篇幅逐項介紹篆、隸、草、行、楷五種不同書體的字體構造，圖示外並附以詳細文字說明。其中，對楷體字的介紹最多，有分逐字介紹者，如「鉤」字的解釋是「金勻二字併，必須要躲閃，上下一般齊，不許有長短」，「峥」字的說明是「左山小小樣，右爭大大旁，大小間畫暢，高底要相讓」，「國」字則是「鐵城四角全，或字在中間，上戈下撇中，玲瓏不許枯」〔註13〕。有專門介紹部首者，如「亻彳」頭似鳥啄，但寫力字似刀開；辶辶乃及當似了，以從左厶右從人；切計言畫莫過口，丶冫灬丷似群鴉；重童堂字下略短，口似鐵城要團方；慶憂愛夏下從又，聞聲耳丿似虎牙；可字口上勾多控，是定走及亦從人；右丶桃仁左丿杏，左要向外右相連」〔註14〕。有將同一部首不同字合成一類介紹者，如月字部有霸、望、朔、期、崩、朗、朋、期等，蓋「兩點沾左斜些，似天上半月之形」；肉字部有肝、肥、肌、肺、臟、胃、腳、腎、腥等，蓋「兩點為血，凡有肉之物可以用之」〔註15〕。有強調相似部首之差異者，如道、建、趙、麵四字即分屬四種不同部首，不可混淆；而步非從少、喬非從天、教則非從孝〔註16〕。也有將形似二字兩兩合併介紹以明區別者，如商音傷、商音的；戍音宿、戌音恕；冑音宙、胃音味〔註17〕；亦有專門說明古字或俗字之寫法者，如秌即秋字、秊俗年字、旹即時字、艸即草字、灋即法字、歆俗飲字、諧即諧字等〔註18〕。

草體字亦有分逐字介紹者，如馬、闌、步、門四字的解釋分別是「點子方成馬，勾柬卻是闌，步須牛引足，門要一圍彎」；結、聲、水、亭四字的解釋是「子七八為結，七九了為聲，九頭添點水，二事併為亭」；喜、思、耳、書四字的解釋則為「土

室中神人授筆法」。

〔註12〕《三台萬用正宗》，萬曆27年刊本，卷11〈書法門〉，頁2上，「寫字忌八病」。
〔註13〕《五車拔錦》，萬曆25年序刊本，卷13〈書法門〉，頁16上～下、20上。
〔註14〕《三台萬用正宗》，萬曆27年刊本，卷11〈書法門〉，頁1下，「辯中書楷字歌訣」。
〔註15〕《三台萬用正宗》，萬曆27年刊本，卷11〈書法門〉，頁2下～3上，「儒林墨證」。
〔註16〕《三台萬用正宗》，萬曆27年刊本，卷11〈書法門〉，頁7上，「辯分走之體」。
〔註17〕《三台萬用正宗》，萬曆27年刊本，卷11〈書法門〉，頁11上，「辯二字彷彿體」。
〔註18〕《三台萬用正宗》，萬曆27年刊本，卷11〈書法門〉，頁12上，「辯明四體字」。

得將爲喜，申添一是思，一行方作耳，之點卻成書」〔註19〕。有以部首爲準逐字介紹者，如字頭類有日、几、口、山、人、竹等字；字腳類有月、金、木、心、土等字；左傍類有日、才、禾、米、山、石、田等字；右傍類有斗、欠、寸、斤、力、鳥、見等字〔註20〕。有將形似兩字一組，四對並列介紹以明其差異者，如東泰、喜都、聞皆、虛盧八字，應「切辯東和泰，休書喜作都，聞添皆字腳，虛字解成盧」；水永、江紅、留笛、問同八字，注意「草水能爲永，書江悞念紅，認留呼作笛，寫問恐成同」；曷蜀、中巾、別列、斯新八字，要「看曷休言蜀，書中念作巾，別形疑類列，斯字恐成新」〔註21〕。亦有將形似三字或四字一組，四對並列介紹予以區隔者，前者如鄉卿口、愛重奎、師陟涉、濺賤殘十二字，是「鄉卿隨口出，愛重與奎全，師陟休相涉，濺賤莫傷殘」〔註22〕；後者如克竟尤充、敬羮篆義、雍雜雞離、滿備福侵十六字，乃「克竟尤充體，敬羮篆義形，雍雜雞離近，滿備福來侵」〔註23〕。

　　其它還有隸字十法的介紹及相應詩訣〔註24〕、諸家篆式及百家姓篆體之說明〔註25〕，甚至有以上平聲、下平聲、上聲、去聲、入聲等聲韻分類，介紹古篆文之書寫方法者〔註26〕。

　　值得注意的是，由於清代滿人政權的背景，民間日用類書中增設有滿漢合書門，專門介紹滿文的書寫方式，內容計分天文、地理、時令、人紀、身體、宮室、衣服、器用、果品、軍器及飲食等十一大類，各類均有許多不同人、事、物的滿字及其相應漢字，方便人們參考學習並使用。如天文類有天、日、月、星、雲、雷、水、下雨、刮風、下霜、日出了、日落了、月食、天陰了、天變了等等；時令門除四季十二月外，還有今日、明日、前日、後日、早晨、餉午、晚上、天亮了、天晚了、熱、寒、冷、涼等〔註27〕；均爲日常生活中隨時可用之字或詞。

　　綜觀明清時期民間日用類書中有關書法門的內容主要分爲兩大部分，一是習字

〔註19〕《五車拔錦》，萬曆25年序刊本，卷13〈書法門〉，頁20上～下，「草訣辯論歌」。
〔註20〕《五車拔錦》，萬曆25年序刊本，卷13〈書法門〉，頁30下～32上、34上，「頭腳傍辯論」。
〔註21〕《五車拔錦》，萬曆25年序刊本，卷13〈書法門〉，頁21下～22上，「兩字辯論歌」。
〔註22〕《五車拔錦》，萬曆25年序刊本，卷13〈書法門〉，頁25下～26上，「三字辯論歌」。
〔註23〕《五車拔錦》，萬曆25年序刊本，卷13〈書法門〉，頁29上～下，「四字辯論歌」。
〔註24〕《三台萬用正宗》，萬曆27年刊本，卷11〈書法門〉，頁28上，「隸字十法」。
〔註25〕《三台萬用正宗》，萬曆27年刊本，卷11〈書法門〉，頁12上～19上，「諸家篆式」；頁19上～28上，「百家姓篆體」。
〔註26〕《三台萬用正宗》，萬曆27年刊本，卷11〈書法門〉，頁19上～33上，「古拙篆文」。
〔註27〕《萬寶全書》，乾隆4年刊本，卷6〈滿漢合書門〉，頁1上～2下，「天文門」；頁1上～3上，「時令門」。

的基本概念及原則，一是供人臨摹練習用的實際字帖；兩者均佐以大量圖示利於參考，文字說明亦不乏以口訣或詩訣形式呈現者，實便於人們掌握學習要點。然明版民間日用類書中，不論是習字概念及原則，或是供人臨摹練習用的實際字帖等內容均有刊載，且兩者篇幅比重相當；而發展至清代前期三十卷版本及清代後期二十卷版本中，內容大幅縮減，尤其是有關習字之原理原則部分，僅餘筆法之妙、永字八法概略介紹及把筆手式四要領，許多習字原則均已不見，而保留較多的是楷、篆、草體之各式字帖範例。又值得注意的是，清版民間日用類書為配合滿人新政權建立後對滿文使用的需要，還增設滿漢合書門，專門介紹滿文撰寫方法，且內容頗為生活化；惟此一門類發展至清末續卷版本中，因民族融合、滿人漢化影響所及未再設立，而被改為篆書百體千字文的介紹。

二、繪　畫

　　明清時期民間習畫可分觀畫、識畫、評畫、辨畫、乃至實際作畫等部分，其中，觀畫、識畫、評畫、辨畫部分實為作畫之基礎。

　　觀畫的基本原則是「見短勿詆，反求其長；見巧勿譽，反尋其拙」，而觀不同種類的畫亦有不同標準，如觀釋老者，尚莊嚴慈覺；觀道流者，尚孤閑清古；觀人物者，尚精神體態；觀畜獸者，尚馴優廣屬；觀花竹者，尚豔麗閑瑞；觀禽鳥者，尚毛羽翎舉；觀山水者，尚平遠曠迴；觀鬼神者，尚筋骨變異；觀屋室者，尚壯麗深遠等〔註28〕。

　　識畫訣竅則在「明六要而審六長」，蓋

　　　　六要者，氣韻兼力一也，格制俱老二也，變異合時三也，彩繪有澤四也，去來
　　　　自然五也，師學格知六也，此六要宜當辨慎。六長者，粗鹵求筆一也，僻澀求
　　　　才二也，細巧求力三也，狂怪求理四也，無墨求染五也，平畫求長六也〔註29〕。

　　評畫時當注意各景物的特點，如「遠山無坡，遠水無波，遠人無目；馬之精神，係于眼鼻筋骨，在蹄跧；魚者，鱗宜鮮而延光，尾宜搖而鬣動，浮沈遊躍，見有深淺者為妙；貓之精神，出於眼色形骨，定于皮毛；龍之鱗如錢樣，睛似人目，至於齒牙爪角，又若枯木怪石之狀」〔註30〕。

　　辨畫則須明白古今差異所在，如「上古之畫，迹簡而意淡；中古之畫，細密而

〔註28〕《萬寶全書》，崇禎年間刊本，卷16〈畫譜門〉，頁377，「觀畫訣法」。
〔註29〕《三台萬用正宗》，萬曆27年刊本，卷12〈畫譜門〉，頁14上，「識畫訣法」。
〔註30〕《萬寶全書》，崇禎年間刊本，卷16〈畫譜門〉，頁379～380，「符燾應評畫」。

精微；近代之畫，煥爛而求備」，而時至明清之畫，則被認爲是「錯亂而無旨」〔註31〕。

至於實際作畫方面，首要明瞭古今名畫高士成果以爲參考〔註32〕；其次掌握作畫的六個層次，即氣韻生動、骨法用筆、應物象形、隨類賦彩、經營位置、傳模移寫；而畫分數科，如風、雲、水、石、水墨、林巒、歸竹、擎竹、界畫、人物、花果、翎毛、草蟲等，每科原則不盡相同，然其基本要領有八，即一石老而嫩俏，二水淡而明潔，三山要爲林，四泉宜洒落，五雲煙出沒升騰，六野徑千迎曠遠，七松柏相龍蛇，八竹節藏風雨〔註33〕。

繪畫依其內容，主要分爲人物畫、山水畫、花鳥畫三大類，各類在實際作畫時均有應當注意之事。如人物畫中，首先應注意人的面部，較好的比例當爲「橫分五眼，直推三停，八髮四正，玄武通明」〔註34〕；有人以爲人像寫眞時須通曉相法，仔細觀察，蓋

> 人之面貌部位，與夫五岳四瀆各名不侔，自有相對照處，而四時氣色亦異，彼方叫笑談話之間，本眞性情發見；我則靜而求之，默識於心，閉目如在目前，放筆如在筆底；然後以淡墨蘸定，逐旋猜想，先蘭臺廷尉，次鼻準，鼻準既成，以之爲主，若山根高，取印堂一筆下來；如低，取眼堂邊一筆下來；或不高不低，定于八九分中，則側邊一筆下來；次人中，次口，次眼堂，次眼，次眉，次額，次頰，次髮際，次耳，次髮，次頭，次打圈；打圈者，面部也，必宜如此，一一對去，庶幾無纖毫遺失〔註35〕。

上彩時更要配合不同部位、不同表情而有不同調色、上色方法，如畫人面色時「口角胭脂淡，如要帶笑容，口角兩筆略放起」、「眼中白染瞳子外兩筆，次用煙子點青墨打圈眼，稍微起，有摺便笑」、「口唇上胭脂驀」、「鼻色紅胭脂激」、「髮須用墨，次用煙子渲」、「手脂甲，先用胭脂染，次用粉染根」〔註36〕，衣服顏色調配亦有種種不同方法，如「大紅紵絲，黃丹打地，胭脂畫出，硃砂淘腳蓋之」、「沈香紵絲，用胭脂推地，土硃墨藤，黃合蓋之」、「大黃、石黃打腳，土黃亦可，蓋之胭脂，

〔註31〕《文林聚寶萬卷星羅》，萬曆 28 年序刊本，卷 16〈畫譜門〉，頁 1 下～2 上，「辨畫古今」。

〔註32〕《萬寶全書》，崇禎年間刊本，卷 16〈畫譜門〉，頁 379，「古今名畫高士」：《萬寶全書》，萬曆 42 年序刊本，卷 34〈筆法門〉，「畫的故事」。

〔註33〕《萬寶全書》，崇禎年間刊本，卷 16〈畫譜門〉，頁 377～378，「畫有六格」、「畫分數科」、「畫有八格」。

〔註34〕《萬書萃寶》，萬曆 24 年刊本，卷 16〈畫譜門〉，頁 1 上，「寫眞圖」。

〔註35〕《萬書萃寶》，萬曆 24 年刊本，卷 16〈畫譜門〉，頁 1 上～下，「寫眞秘訣」。

〔註36〕《文林聚寶萬卷星羅》，萬曆 28 年序刊本，卷 16〈畫譜門〉，頁 3 上～下，「絲繪法」。

畫衣摺，土硃亦可」、「桃紅粉合胭脂，用胭脂畫衣褶」、「檀子用銀硃淺入，老墨胭脂合」等等〔註37〕。而各色器物的顏色繪畫亦有不同，大多是在「白紙上先染，後卻罩粉，然後再染；提掇絹則先襯背後，調合顏色於後」；如大紅色以「硃砂研染臙脂合」、緋紅色用「銀硃入紫花合」、桃紅色以「銀珠入胭脂合」、肉紅色則以「粉爲主，入臙脂合」等〔註38〕。

山水畫中則要掌握畫山、樹、石、水，及其互相配合之法，如畫山要注意空間距離，故「山論三遠，從下相連不斷，謂之平遠；從近隔開相對，謂之闊遠；從山外遠景，謂之高遠」；畫「山頭要折搭轉換」，則山脈皆順。畫樹「要四面俱有幹與枝，蓋取其圓潤」，且「要歸仰稀密，相間有葉，樹枝軟面，後背有仰枝」；又「小樹大樹，一偃一仰，向背濃淡，各不少相犯」。而「畫石之法，先從淡墨起，可改可救，漸用濃墨者爲上」；畫石之妙，則「用滕黃水浸入墨筆，自然潤色」；又「石無十步，眞石看三面，用方圓之法，須方多圓少」。畫水則須注意「山水中，惟水口最難畫」，而「水出高源，自上而下，切不可斷派，要取活流之流」。至於相互配合者，如「山坡中可以置屋舍，水中可置小艇，從此有生氣，山腰用雲氣，見得山勢，高不可測」；「山下有水潭，謂之瀨畫，此甚有生意」；「春則萬物發生，夏則樹木繁冗，秋則萬象蕭殺，冬則煙雲黯淡，天色糢糊」；「夏山欲雨帶水筆，山上有石小塊堆在上」；「冬景借地爲雪，要薄粉暈山頭」等。

此外，還有一些畫作的隱喻，如「松樹不見根，喻君子在野；雜樹喻小人崢嶸之意」；以及作畫的技巧與理論，如「作畫用墨最難，但先用淡墨，積至可觀處，然後用焦墨、濃墨分出畦徑遠近，故在生紙上，有許多滋潤處」；「好絹用水噴濕，石上搥眼區，然後上幀子，礬法，春秋膠礬停，夏月膠多礬少，冬月礬多膠少」；「著色螺青，拂石上藤，黃入墨畫樹，其色潤好看」；「山水之法，在于隨機應變，先記皴法，不雜布置，遠近相映」；又作畫「祇是個理字最緊要」，且要「去邪、甜、俗、賴四個字」等〔註39〕。

花鳥畫中又分梅、竹、菊及翎毛四部分，各部分作畫有其不同要領；如寫梅之法乃

> 性本天然，醮墨濃墨，下筆放顚，不可去朽，不可再填，筆勢有力，莫去遲延，倘歪敧側，急救無偏，心手相應，玄之又玄，補之秘訣，愼勿輕傳。大

〔註37〕《萬寶全書》，崇禎年間刊本，卷16〈畫譜門〉，頁382～384，「合顏色紵絲」、「合顏色衣服」。

〔註38〕《三台萬用正宗》，萬曆27年刊本，卷12〈畫譜門〉，頁2下，「染服飾器用法」。

〔註39〕《三台萬用正宗》，萬曆27年刊本，卷12〈畫譜門〉，頁4下～7上，「寫山水訣」。

　　凡作梅不可朽，不可塡，此二者，梅中之大節目也〔註40〕。

同時，梅有高下尊卑之分，大小貴賤之別，疏密盈虛之異，含開動靜之用，故不可不加區別地呈現；且畫梅貴稀不貴密，貴老不貴嫩，貴瘦不貴肥，貴含不貴開；又寫梅最忌「幹無老嫩，枝無十字，花大如桃，花小如李，氣條見花，花小大條，當花不花，當草不草，稍無鹿角，老幹無嫩，條無參差，花神不活」等十二病〔註41〕。民間日用類書還刊有口訣或歌訣形式的〈梅骨格歌訣〉〔註42〕、〈鐵線圈歌〉、〈作氣條訣法歌〉等以教人作畫〔註43〕；尚有各式梅圖供人練習參考用〔註44〕，列出各種梅畫名稱教人在畫作上如何落款提字〔註45〕，及介紹各式梅軸頭名稱〔註46〕，甚至提供寫梅名家讓學習者有更多相關資料的了解等〔註47〕。

　　寫竹較難，其法爲：

　　或左或右撇，新稍異舊稍，藤節與蓼節，風情并老嫩，枯枝兼雨雪，水字及懸針，魚刺及行刻，攢三并聚四，葉葉要頭疊，多處要分明，少處要清絕，切忌糊塗了，此是眞妙訣〔註48〕。

而各式竹樣，不論是風吹竹、晴天竹、雨打竹、露天竹或交竿竹、新筍竹等〔註49〕，均各有要領，實須仔細觀察。又畫竹要一筆便過，不可凝滯；竹不孤生，亦不並立；畫葉切忌有桃葉、柳葉相，亦不可書個、不寫井、不手掌、不蜻蜓、不篩眼、不行列〔註50〕。同時，民間日用類書中亦列出各種竹畫題字以供需要者使用〔註51〕。

〔註40〕《文林聚寶萬卷星羅》，萬曆28年序刊本，卷16〈畫譜門〉，頁10下～11上，「畫梅訣法」。

〔註41〕《萬寶全書》，崇禎年間刊本，卷16〈畫譜門〉，頁385～386，「梅之貴格」、「梅有四貴」、「寫梅病計」。

〔註42〕《萬寶全書》，萬曆42年序刊本，卷11〈書畫門〉，頁18上，「梅骨格歌訣」；同類資料見《萬書萃寶》，萬曆24年刊本，卷16〈畫譜門〉，頁7上，「梅之骨格」，然此版中無圖示。

〔註43〕《萬寶全書》，萬曆42年序刊本，卷11〈書畫門〉，頁17下，「作氣條訣法歌」；同類資料見《萬書萃寶》，卷16〈畫譜門〉，頁7上，「作氣條訣法歌」，然此版中無圖示。

〔註44〕《三台萬用正宗》，萬曆27年刊本，卷12〈畫譜門〉，頁1下～6上。

〔註45〕《文林聚寶萬卷星羅》，萬曆28年序刊本，卷16〈畫譜門〉，頁11下～12上，「梅之題名」，列有三十七種不同題名。

〔註46〕《萬書萃寶》，萬曆24年刊本，卷16〈畫譜門〉，頁7上，「梅軸頭名」。

〔註47〕《萬寶全書》，萬曆42年序刊本，卷11〈書畫門〉，頁17下，「寫梅名筆」。

〔註48〕《萬寶全書》，崇禎年間刊本，卷16〈畫譜門〉，頁386，「寫竹歌訣」。

〔註49〕《萬寶全書》，萬曆42年序刊本，卷11〈書畫門〉，頁20上～21下，「撇竹譜式」。

〔註50〕《萬書萃寶》，萬曆24年刊本，卷16〈畫譜門〉，頁7下～8下。

〔註51〕《文林聚寶萬卷星羅》，萬曆28年序刊本，卷16〈畫譜門〉，頁13上，「竹之題名」，列出十八種不同題名。

畫菊則須注意：

> 菊辦朝心別，橫長豎短訣，參差寬處添，迎面中心結，倒腳下不絲，平頭上不設，翻身看下蒂，向背分傍側，慣三聚五頭，大小宜相接，幹要三零五，淡墨深厭葉，焦葉分葉紋，草石同竹節〔註52〕。

且「寫菊先寫花頭，大小向背之分，次寫枝幹，七段八節留空處，作葉之便傍寫大石一塊，要清奇古怪，根下或青草數莖，或翠竹數枝，以爲菊之本體也」〔註53〕；又爲使習畫者能了解菊花之不同種類，掌握各不同特點，民間日用類書中還刊有各式菊花種名及其特點，如黃色菊有深黃赤心千葉的金孔雀、嫩黃多葉的黃西施、鵝黃千葉的慶英黃、深黃千葉的黃羅傘、包紅黃千葉的荔枝黃、深黃多葉的冬黃菊、重密色淡赤心千葉的繡芙蓉等十三種；白色菊有千葉且葉尖下垂的鶴翎白、心黃的金盞銀臺、純白有千葉的酴醿菊、千葉的白牡丹、千葉皆卷的萬卷書、小白似梅花的試梅菊等十二種；紅色菊則有粉紅中心大紅的鶴頂紅、千葉的荔枝紅、深紅千葉中有黃線路的金線菊、深紅多葉中有黃心的火煉金等十種；還有淡紫千葉的瑪瑙盤、紫墨色千葉的墨菊、千葉中有黃紋的腰金紫、千葉的紫羅傘及深黃色千葉的黃瓣蠟等紫色菊七種作爲習畫者參考〔註54〕，便於切實掌握各式菊花之特色以呈現出眞實感。

至於翎毛項目，作畫時要

> 先畫嘴，眼照上唇安，留眼貓頭額，接腮寫背肩，半環大小點，破鏡短長尖，細細稍翎出，徐徐少尾塡，羽毛翅脊後，胸肚肶前，臨了纏添腳，踏枝或展拳。大抵翎毛要嘴爪清，毛羽鬆，惟獨頭頂上毛不宜鬆，不然似病禽，其嘴爪亦不宜粗腫，不然似死鳥，二者不可不忌之〔註55〕。

而翎毛畫作種類甚多，或單隻、雙隻、三隻不等，或覓食、餵食、棲於枝頭、立於岩石上等不同姿態，亦各有特色，民間日用類書中多以圖示之〔註56〕。

除繪畫本身內容須確實了解外，凡與繪畫相關事項亦不可不學習。如洗古畫法是：

> 將書畫鋪案間，水勻噴濕，復令四平穩，用馬尾羅子寒水石末一錢，後再噴濕，又羅炭灰如前，候半時辰，以溫溫水衝起，如有污損，取燈草揩淨潔，

〔註52〕《萬寶全書》，崇禎年間刊本，卷16〈畫譜門〉，頁386～387，「菊譜歌訣」。
〔註53〕《萬書萃寶》，萬曆24年刊本，卷16〈畫譜門〉，頁9下，「寫菊譜說」。
〔註54〕《萬書萃寶》，萬曆24年刊本，卷16〈畫譜門〉，頁10上～11上，「菊花種名」。
〔註55〕《萬書萃寶》，萬曆24年刊本，卷16〈畫譜門〉，頁11下～13下，「寫翎毛下手歌訣」。
〔註56〕《新刻鄴架新裁萬寶全書》，萬曆42年序刊本，卷25〈翎毛門〉，頁1下～9上，「翎毛各樣圖像」。

如是墨污，須用一伏時，方以溫水衝起，墨跡即去〔註57〕。

糊畫法是：

> 取白麵量所用多寡，先以瓦盆貯淨水，卻款款以麵傾向水上，聽其自沈，不可攪動，攪則有塊，至淨室中。夏七八日，冬半月，候極臭敗，乃徐徐擗去水，即換水，入白芨半兩，白礬三分，打成濃糊，或入桐油黃臘云香，就鍋作一大團，別以新水煮，看糊中心發泡乃熱，去水傾至器內，候冷，臨用於磁缽中，水解研爛，稀稠化用。

若急需使用，則「調麵加白礬末，就鍋內攪熟，入新水煮，令中心發泡為佳，取出換水，浸擂爛用」〔註58〕。其它還有粘畫軸法、收藏畫法及避免畫為蟲害法等〔註59〕。

綜觀明清時期民間日用類書有關繪畫內容，主要包含觀畫、識畫、評畫、辨畫及作畫五大部分，其中，以作畫部分所占篇幅最大。惟繪畫門類內容並非只有與實際繪畫有關的觀畫、識畫、評畫、辨畫、作畫部分，也包括其它相關事項的洗畫、糊畫、粘畫軸、藏畫等內容；可知此時觀念以為，習畫絕非指單純的作畫而已，應涵蓋其它與繪畫相關內容的了解。又作畫內容亦非僅強調實際的觀圖臨摹，而包括對習畫基本原則與概念的掌握。此外，作畫部分介紹的人物畫、山水畫及花鳥畫三大類繪畫中，以花鳥畫所占比例最多，特別是畫梅，其次是人物畫，而山水畫的比重最少；可知此時人們對花鳥畫、人物畫的興趣甚於山水畫，所以如此，實因一般人民生活中較易接觸者仍為周遭的花鳥與人物，故以此二類入畫是頗為自然之事。

大致而言，明清時期民間日用類書雖均有專門繪畫門的設立，然其內容刊載卻有差別。明代版本中，不論是觀畫、識畫、評畫、辨畫、作畫，乃至其它相關的洗畫、糊畫、粘畫、藏畫等內容，均以圖文並茂方式詳細說明。發展至清代前期三十卷版本及清代後期二十卷版本中，內容大為刪減，刪除部分主要是作畫及其相關事項的介紹。就前者而言，習畫的基本原則與概念雖有保留，但三大種類的繪畫說明則只有人物畫部分最完整，含文字解說與圖例示範；山水畫內容縮減的最多，已無文字解說僅存圖例示範；花鳥畫則以畫梅部分保留較多，其餘畫竹、畫菊、畫翎毛均僅餘一、二則說明而已；而不論是人物畫、花鳥畫或山水畫，其圖例示範的種類

〔註57〕《文林聚寶萬卷星羅》，萬曆28年序刊本，卷16〈畫譜門〉，頁13下～14上，「洗古書畫法」。

〔註58〕《文林聚寶萬卷星羅》，萬曆28年序刊本，卷16〈畫譜門〉，頁14上～下，「背書畫糊法」。

〔註59〕《文林聚寶萬卷星羅》，萬曆28年序刊本，卷16〈畫譜門〉，頁14下～15上，「背書畫不瓦法」、「粘書畫軸法」、「收藏書畫法」。

與篇幅均大量縮減，難與以往相提並論。至於後者，則洗畫、糊畫、藏畫等法均已不見，只賸粘畫軸法一項的說明。

三、音　樂

　　明清時期民間與音樂相關的休閒活動可分彈奏樂器及唱歌兩項。前者又有琴、簫、笛、鼓之分，其中，彈琴最爲普遍。

　　彈琴主要指得是彈七絃琴。七絃琴乃五絃琴再加二絃而來，五絃琴已備五音，加二絃以增文、武二聲，使剛柔相應〔註60〕。而其形制，係以源自伏羲時的琴長三尺六寸六分爲準〔註61〕；琴面及琴背各有十個不同部位，如琴面是一額、二承露、三弦眼、四岳山、五肩、六鳳翅、七喓、八冠角、九焦尾、十齦跟；琴背則是一穴居、二護軫、三琴軫、四絨扣、五軫池、六托軫、七龍池、八鷹足、九鳳沼、十托尾〔註62〕。

　　古人以爲琴聲乃天之正音，「淂其材，可以合天地之正氣；淂其人，可以合天地之正道；淂其律，可以合天地之正音」〔註63〕；故習琴者態度要嚴肅端莊，按一定規範行事〔註64〕；這些規範包括對音律與樂理了解及指法練習外，也要注意彈琴姿勢及相關禁忌。

　　對音律與樂理了解，如聲、音、樂、曲的來源及其差別在於：

> 樂五音，聲聲定於律，單出爲聲，聲成文爲音；比音以爲歌曲，被之八音之器，而樂之及于戚羽旄則謂之樂。以陰陽升降之氣數定管，以爲音樂之法，則謂之律。所以然者，蓋天地之間，只是陰陽五行之氣，而天地人物皆由是以生；有氣則有聲，十二律之聲，天地之聲也。其在於物，則出於人音之器；其在於人，則出於喉牙齒舌脣；淂天地淂其氣之全，故其氣之流行于十二辰之間，升降進退，必有嬴縮多寡之數，一定而不可易；故其發而爲聲也，必有高下清濁之殊，亦一定而不可易；物則淂其氣之偏，故必須制造成器，而后其聲始發；又必以

〔註60〕《學海群玉》，萬曆35年序刊本，卷14〈琴學門〉，頁2上～下，「七絃考」。

〔註61〕《學海群玉》，萬曆35年序刊本，卷14〈琴學門〉，頁1上，「太音紀法」。

〔註62〕《萬寶全書》，崇禎年間刊本，卷14〈笑談門〉，頁366，「琴面諸稱考圖」、「琴背諸稱考圖」。亦有將之分成琴面九個部位（乃一額、二承露、三弦眼、四岳、五肩、六鳳翅、七腰、八冠角、九焦尾）、琴背八個部位（乃一穴居、二護軫、三軫池、四龍池、五鳳足、六鳳沼、七托尾、八齦刻）者，見《萬用正宗分類學府全編》，萬曆35年刊本，卷15〈八譜門〉，頁1上～下，「琴面諸稱考圖」、「琴背諸稱考圖」。

〔註63〕《學海群玉》，萬曆35年序刊本，卷14〈琴學門〉，頁1上，「太音紀法」。

〔註64〕《五車拔錦》，萬曆25年序刊本，卷11〈琴學門〉，頁1下～2上，「彈琴須知總說」。

十二條爲之數，度齊量而后其聲始正。人雖渾氣之全，然圍以風氣，而字音聲氣有不能齊者，亦必以律聲正之，而后其聲始一；合人與器之聲，均調節奏以成音曲，而后樂始成焉〔註65〕。

而五音乃宮、商、角、徵、羽，各有其特色，如宮音和平沈厚雄洪；商音鏘鏘；角音長哽咽；徵音抑揚嘁嘁然，而有嘆息之音；羽音喓喓而透徹，細小而高〔註66〕。若與七絃相配乃一絃屬土爲宮，二絃屬金主商，三絃屬木主角，四絃屬火主徵，五絃屬水主羽，六絃屬文聲主少宮，七絃屬武聲主少商〔註67〕；十二律則有太簇屬正月律音在角，夾鍾屬二月呂音在角，姑洗屬三月律音在宮，仲呂屬四月律音在徵，蕤賓屬五月律音在徵，林鐘屬六月呂音在宮，夷則屬七月律音在商，南呂屬八月呂音在商，無射屬九月律音在商，應鐘屬十月呂音在羽，黃鐘屬十一月律音在羽，太宮屬十二月呂音在宮〔註68〕。

指法練習始於五音開指，故民間日用類書載有《五音正操譜》，分列五音練習譜〔註69〕。又指法有左右之分，左手主按絃，右手出入絃，然不論按絃或出入絃，均各有多種不同指法；如左手以大指按徽，得聲慢動長搖者曰吟、得聲去上徽又下者曰猱、得聲急上者曰綽、得聲急上下者曰撞，其它還有注、走、飛、推出、引、泛、起泛、泛止、就、換指、帶、搯起、對起、來往、從頭、退吟、合、放合等式〔註70〕。而右手的主要指法有八，即大指向外曰擘、大指向內曰托、中指入絃曰勾、中指出絃曰踢、食指入絃曰抹、食指出絃曰挑、名指出絃曰摘、名指入絃曰打〔註71〕。其它還有歷、撮、輪、散、袞、拂、小鎖、長鎖、背鎖、短鎖、換鎖、打圓、少息、全扶、半扶、雙彈、雙刺、鳴鈴、到輪等式〔註72〕。配合指法練習，對於琴絃掌握以控音亦不可忽視，故定絃、上絃、調絃、抑絃、軫絃，乃至上琴、按徽、綴徽等法，也是學習重點〔註73〕。

〔註65〕《學海群玉》，萬曆35年序刊本，卷13〈八譜門〉，頁9上～下，「樂律本原說」。

〔註66〕《學海群玉》，萬曆35年序刊本，卷14〈琴學門〉，頁1上～下，「彈琴須知」。

〔註67〕《學海群玉》，萬曆35年序刊本，卷14〈琴學門〉，頁2下～3上，「五音考」。

〔註68〕《萬用正宗分類學府全編》，萬曆35年刊本，卷15〈八譜門〉，頁2上～下，「十三徽法」。

〔註69〕《萬用正宗分類學府全編》，萬曆35年刊本，卷15〈八譜門〉，頁4上～7上，「開指法」。亦見於《萬寶全書》，崇禎年間刊本，卷14〈笑談門〉，頁342～345，「五音正操譜」。

〔註70〕《學海群玉》，萬曆35年序刊本，卷14〈琴學門〉，頁2上～下，「左手指法便要」。

〔註71〕《萬書萃寶》，萬曆24年刊本，卷13〈琴學門〉，頁1下，「用指八法」。

〔註72〕《學海群玉》，萬曆35年序刊本，卷14〈琴學門〉，頁3上～下，「右手指法便要」。

〔註73〕《學海群玉》，萬曆35年序刊本，卷14〈琴學門〉，頁4上～下，「定絃要法」；頁3上～下，「上琴要法」。《萬書萃寶》，萬曆24年刊本，卷13〈琴學門〉，頁3上，「上

　　爲便於習琴者之明瞭，民間日用類書常以圖文並茂方式說明，如《五指名圖》中，首先繪出五指圖樣，並解釋各指名稱、由來及其用途，以後論及各相關事項時乃可對照文字說明配合運用。又由於彈琴時左、右手的變化頗爲複雜，故書中對之解說尤爲詳細，除指法圖、相應圖例外，文字說明著墨亦多；如聲似「翼而鳴者惟蟬知時，秋高氣嘯長吟愈悲」的「寒蟬吟秋勢」，係運用左手的大、中、名指，以「吟譜作六，按指得聲細動」；而音如「當作容容聚氣以成，袖默而起勢逐風輕」的「風送輕雲勢」，則利用右手的食、中指，以「全扶譜作人夫，指雙入二絃如聲人夫」〔註74〕。其它還有各式如下：

<table>
<tr><td colspan="2" align="center">右　手</td><td colspan="2" align="center">左　手</td></tr>
<tr><td>風驚鶴舞勢</td><td>賓雁啣蘆勢</td><td>丹（神）鳳啣書勢</td><td>芳林嬌鶯勢</td></tr>
<tr><td>鶴鳴在陰勢</td><td>鸝雞鳴舞勢</td><td>幽禽啄木勢</td><td>虢猿升木勢</td></tr>
<tr><td>鷗鷺顧群勢</td><td>飛龍拿雲（擒雪）勢</td><td>野雉登木勢</td><td>彩鳳梳翎勢</td></tr>
<tr><td>螳螂捕蟬勢</td><td>蟹行郭索勢</td><td>文（玄）豹抱物勢</td><td>落花流（隨）水勢</td></tr>
<tr><td>索鳴鈴勢</td><td>幽谷流泉勢</td><td>飛鳥吶（啣）蟬勢</td><td>粉蝶浮花勢</td></tr>
<tr><td>鸞鳳和鳴勢</td><td>遊魚撥（擺）尾勢</td><td>蜻蜓點水勢</td><td>鳴蟬過枝勢</td></tr>
<tr><td>商羊鼓舞勢</td><td>風送輕雲勢</td><td>寒蟬吟秋勢</td><td>鳴鳩喚雨勢</td></tr>
<tr><td>神龜出水勢</td><td>水龍吟燕勢</td><td>燕逐飛蟲勢</td><td></td></tr>
<tr><td>餓鳥啄雪勢</td><td>鳴鶴將朔勢</td><td></td><td></td></tr>
<tr><td>展翼鼓舞勢〔註75〕</td><td></td><td></td><td></td></tr>
</table>

同時，列有琴譜如《思賢操》、《湘妃怨》等曲供學習者實際操練〔註76〕。

　　此外，彈琴時要灑掃淨室，端正衣冠；

　　　　絃手法」、「調絃手法」。《萬用正宗分類學府全編》，萬曆35年刊本，卷15〈八譜門〉，頁1上～下，「抑絃口訣」；頁7上，「四時軫絃」；頁4上～下，「按徽法」、「綴徽法」。

〔註74〕《萬用正宗分類學府全編》，萬曆35年刊本，卷15〈八譜門〉，頁3上～下，「風送輕雲勢」、「寒蟬吟秋勢」。

〔註75〕此表係據下列資料整理而成：《萬書萃寶》，萬曆24年刊本，卷13〈琴學門〉，頁3下～5下；《五車拔錦》，萬曆25年序刊本，卷11〈琴學門〉，頁7上～11上；《學海群玉》，萬曆35年序刊本，卷14〈琴學門〉，頁4下～7下，「彈琴手法」；《文林聚寶萬卷星羅》，萬曆28年序刊本，卷13〈琴學門〉，頁7下～11下；《萬用正宗分類學府全編》，萬曆35年刊本，卷15〈八譜門〉，頁1下～4上；《萬寶全書》，崇禎年間刊本，卷14〈笑談門〉，頁338～339。

〔註76〕《五車拔錦》，萬曆25年序刊本，卷11〈琴學門〉，頁5下～11下，「思賢操」、「湘妃怨」。

以身斜對六徽之間，足以八字安定，左右二股起如鳳翅；右手入絃如滄海龍吟，左手按絃如鳳驚鶴舞；不可搖身作勢，縱目斜視，不可不法古人音律，錯亂宮商，凡以和爲暢爲本，清雅爲事；下指工夫，貴乎古淡，清美悲切，嬌雄慷慨；變態無常，不可執一，必欲知其所忌，塵中遇俗，不遇知音，勿可妄動；聖賢大樂，宜對清風明月，蒼松老石爲佳〔註77〕。

且彈琴相關禁忌還包括：不可精神散漫、下指疏懶〔註78〕、布指拙惡、挑摘混淆、取作不員、節奏不成、走作猖狂〔註79〕、大淡而拙、多取如雜、其輕如摸、其重如擢、其拘如怯、其逸若蹶、用力而艱、縱指而閑、其緩若昏、其急如昏〔註80〕；要注意審辯音律、指法向背、指不蠲淨、指用不疊、聲勢輕重、節奏緩急、高低起伏、絃調和平、左右朝揖〔註81〕、指法合宜、敲擊不雜、吟噪不露、起伏有序、作用有勢〔註82〕；凡彈琴能淡欲今古、取欲中相、輕欲不浮、重欲不合、拘欲不攇、逸欲自然、緩欲不斷、縱欲自若、力欲不覺、急欲不亂均爲善〔註83〕；而彈琴不撫正聲、泛按失度、不調人弄、五音繁雜、指曲不直、緩急失度、不辯吟猱、不察音律、不按法教人等等均屬不祥〔註84〕；又處於疾風暴雨、不坐、不衣冠〔註85〕、日月交蝕、在法司、對夷狄、對商賈、對娼妓、酒醉後、夜事後、毀形異服、腋氣噪嗅、不盥手漱口、鼓動喧嚷時均不可彈〔註86〕；然遇知音、逢可人、對道士、威高堂、升樓閣、在宮觀、坐石上、登山埠、憩空谷、遊水湄、居舟中、息林下、值二氣清明等情況下則可彈〔註87〕。

　　大致而言，彈琴旨意頗高，規範甚多，要能確切符合所求，實屬不易；然若「能會得其中意，旨法雖深可盡知」〔註88〕。

　　七絃琴外，另有三絃琴、九節簫、橫笛、鼓等樂器的彈奏，民間日用類書除以圖示各樂器外型及文字說明其形制各部位名稱外，還刊有若干譜名，如三絃琴譜有

〔註77〕《學海群玉》，萬曆35年序刊本，卷14〈琴學門〉，頁1上，「彈琴須知」。
〔註78〕《學海群玉》，萬曆35年序刊本，卷14〈琴學門〉，頁8下，「琴有五謬」。
〔註79〕《學海群玉》，萬曆35年序刊本，卷14〈琴學門〉，頁8下，「琴有五病」。
〔註80〕《學海群玉》，萬曆35年序刊本，卷14〈琴學門〉，頁8下，「琴有十疵」。
〔註81〕《學海群玉》，萬曆35年序刊本，卷14〈琴學門〉，頁8上，「指下捷要」。
〔註82〕《學海群玉》，萬曆35年序刊本，卷14〈琴學門〉，頁8上，「指下五功」。
〔註83〕《學海群玉》，萬曆35年序刊本，卷14〈琴學門〉，頁8上，「指下十善」。
〔註84〕《學海群玉》，萬曆35年序刊本，卷14〈琴學門〉，頁8下，「琴有九不祥」。
〔註85〕《學海群玉》，萬曆35年序刊本，卷14〈琴學門〉，頁8下，「琴有五不彈」。
〔註86〕《學海群玉》，萬曆35年序刊本，卷14〈琴學門〉，頁9上，「琴有十四不宜彈」。
〔註87〕《學海群玉》，萬曆35年序刊本，卷14〈琴學門〉，頁8下～9上，「琴有十四宜彈」。
〔註88〕《萬書萃寶》，萬曆24年刊本，卷13〈琴學門〉，頁2下，「彈琴啓蒙」。

《鵝浪兒》、《鎖南枝》、《帶得勝令》、《對玉環》、《群對迎仙客》、《群對鴈兒落》《清江引》、《群對沽美酒》；簫笛譜有《傍粧臺》、《耍孩兒》、《蘇州歌》、《一封書》、《清江引》；鼓經則有《大德勝》、《小德勝》、《陣陣贏》、《急三鎗》、《緩三鎗》、《狗廝咬》、《倒上橋》、《鷺鷥撤腳》（又名《老鸛彈牙》）、《曲裏樂》（又名《橘裏陽》）、《曲和樂》（又名《裏果陽》）、《摘豆莢》等〔註89〕。

相對於彈琴奏樂之頗為典雅，唱歌則往往較為率性，且多配合其它娛樂活動，如玩硃窩、行酒令時可配合唱《一封書》：

> 江湖令，少人知，你道盤中有幾枚。
>
> （猜令者唱曰）江湖令，我也知，我道盤中有二枚。
>
> （或猜著令官乃唱曰）竹籬茅舍香，醪免斟茶□先生道渾眞。
>
> （若猜□著令官乃唱曰）竹籬茅舍香，醪滿斟羞殺先生道不眞。

或其它唱曲令，如《西江月》：

> 一自情人去後，兩行珠淚常拋，三番四覆夢蹊蹺，五服六親難靠，坐臥七思八想，春光九十將凋，十一十二夜迢迢，不淂成雙不了。

《浪陶沙》：

> 一個妙人兒，彎彎兩朵眉，三柳梳頭，四鬢齊，上身穿著梅花襖，下身穿著六幅裙兒〔註90〕。

也有一般的流行歌曲，如《一封書》：

> 簾兒外，眼兒梭，出門撞著可意哥，他回頭來覷我，兩下思量沒奈何，本要與他鸞鳳友，白日青天人更多，俏哥哥，俊哥哥，準備今宵來會合。
>
> 又
>
> 后點上燈，站著奴家腿又疼，媽媽罵，不做聲，短命喬才不忘誠，欲待收拾去睡呵，又恐怕冤家來叫門，俊書生，俏書生，一夜不來想殺人。

《時興歌》：

> 問姐知音不知音，我今說與姐兒聽，姐若是個知音者，五句山歌是媒人，俏多情，早諧鳳偶結同心。
>
> 又
>
> 昨夜一夢睡朦朧，夢見心肝可意濃，雞啼驚散鴛鴦夢，醒來依舊各西東，恨

〔註89〕《學海群玉》，萬曆35年序刊本，卷13〈八譜門〉，頁1上～9上，「三絃譜式」、「三絃體式」、「簫笛譜」、「鼓經」。《三台萬用正宗》，萬曆27年刊本，卷9〈音樂門〉，頁5上～下、頁8下～13上，「鼓經目錄」。

〔註90〕《五車拔錦》，萬曆25年序刊本，卷29〈侑觴門〉，頁4下～5下。

沖沖，枉費團圓在夢中。

又

碧紗窗下畫情人，畫得情人一樣形，畫姐同床不共枕，難畫情人心上情，我的人，知人知面不知心。

另有《醉太平》、《清江引》、《銀紐絲情歌》、《四季哭皇天》等曲〔註91〕，內容均屬男女私情流露，男歡女愛追求，雖俚俗不堪，實展現市井百姓眞情，反映里巷實際生活，而有人則以此爲「借男女之眞情，發名教之僞藥」〔註92〕。

綜觀明清時期民間日用類書有關音樂內容，可知當時屬音樂性的休閒活動應有彈奏樂器及唱歌兩種，而前者又有琴、簫、笛、鼓之分；其中，最普遍的是彈奏七絃琴。當時對於這些屬音樂性的休閒活動，人們的學習並非僅單純地了解各樂器的形制構造，再依照所示要領反覆練習即可；其亦強調對樂理及相關事項，如奏樂態度、配合姿勢、禁忌等內容的掌握。又爲易於人們明瞭，民間日用類書不僅有詳細文字解說，包括一般性的文字敘述，及便於記憶的口訣或歌訣式要點；同時，還配合大量圖例說明，使人一目了然，且印象深刻。

惟明清時期的民間日用類書雖均有關於音樂內容的刊載，然其發展情況則有變化。大致而言，明版民間日用類書內容頗爲完備，不僅有專門的琴學門、歌曲門，以圖文並茂解說方式，介紹各種樂器的形制、操作要領、注意禁忌，及各式流行的樂譜、歌曲，以爲人們實際練習外；其內容亦含大量篇幅的樂器由來、旨意、樂理闡釋，以提供人們學習背景。亦即音樂性休閒活動的從事，非僅單純的彈奏樂器及唱歌而已，實須涵蓋較深層的音樂背景，如此乃可眞正領悟音樂旨趣。而至清代前期三十二卷版本雖仍有琴學門的刊載，卻無歌曲門的設立；再發展至清代前期三十卷版本及清代後期二十卷版本中，則已無專門的琴學門刊載，而是將有關音樂的內容併入笑談門中，故其內容大爲縮減。只保留七絃琴，而不見其它簫、笛、鼓及歌曲等部分；七絃琴中亦僅臁琴圖介紹、基本彈琴須知、五指圖示、五音譜練習、右手基本指法及左右手若干重要指法，而無以往大量的音律、樂理內容解說，及易於記憶的口訣或詩訣禁忌等。

四、詩　文

明清時期流行的詩文可分爲對聯與詩兩種。

〔註91〕《萬寶全書》，崇禎元年刊本，卷36〈歌調門〉，頁1上～4下。
〔註92〕陳寶良，《飄搖的傳統——明代城市生活長卷》，頁223。

對聯，由駢體文脫胎而出，西晉已產生，時稱共語，宋代推而廣之，明清時期普遍流行〔註93〕；據民間日用類書之刊載，當時流通的對聯可分下列數種：

1、用於特殊節日者：如春聯、新年聯、花燈聯、元宵聯、入學聯、登科聯、科第聯、仕宦聯、慶壽聯、慶賀聯、生子聯、過聘聯、新婚聯、婚姻聯、娶親聯、封雞筐聯、輓聯、起造聯、架造聯、遷居聯、新筍聯。

2、用於特定對象者：如胥吏聯、壽官聯、隱居聯、醫士聯、醫家聯、星士聯、相士聯、畫士聯、第士聯。

3、用於特別場所者：如書齋聯、書館聯、祠堂聯、水閣聯、山亭聯、橋梁聯、客館聯、旅館聯、酒館聯、忠臣祠聯、忠烈祠聯、僧寺聯、烈女祠聯、道觀聯、道院聯、衙字聯、神祠聯、廟宇聯。

4、其它：如通用柱聯、雜聯、雞聯、魚聯、酒聯、四景聯、八泮聯〔註94〕。

幾乎各婚喪喜慶節日、各達官要人貴客、各不同場合情況，甚至各種不同食物，均有可採用之對聯，可見當時使用對聯之普遍頻繁；而其中，較特別者，如用之於詠食物的雞聯：

<blockquote>
涪曉金門傳玉漏
虢辰華屋報佳期
　　又
帶雪南離楚
和春北入燕
　　又
乾坤第一文明鳥
今古無雙祥瑞禽〔註95〕
</blockquote>

或吟四季風光的四景聯：

<blockquote>
春色可人桃紅李白嬌無偵　　紅杏霧中出
秋光逼眼蘭翠槐黃味有香　　碧桃天上逢
</blockquote>

<hr>

〔註93〕王漢龍，〈中國對聯文化趣談〉，《歷史月刊》，85（1995.2），頁73～74。
〔註94〕此據下列資料整理而成：《五車拔錦》，萬曆25年序刊本，卷23〈詩對門〉，頁1上～9下，「萬選奇聯」；《文林聚寶萬卷星羅》，萬曆28年序刊本，卷28〈詩對門〉，頁1上～7下，「萬選奇聯」；《萬用正宗分類學府全編》，萬曆35年刊本，卷34〈詩聯門〉，頁1上～5下；《萬寶全書》，崇禎元年刊本，卷35〈對聯門〉，頁1上～10上，「通用對聯」；《萬寶全書》，崇禎年間刊本，卷5〈對聯門〉，頁133～152，「精選奇聯」；《萬寶全書》，乾隆23年序刊本，卷7〈詩對門〉，頁1上～4下。
〔註95〕《萬寶全書》，崇禎元年刊本，卷35〈對聯門〉，頁10上，「雞聯」。

又

朱夏芳菲林稠不雨山長潤　　　　　春意歸庭草

寒冬凜冽江闊無風波自高　　　　　秋聲至井梧

又

黃葉落枝頭只爲秋來撮合　　　　　蛙鳴春夜雨

紅花開樹上皆因春到機成　　　　　蟬咽午時風

又

雪月夜除一樹寒梅心似鐵　　　　　砧敲秋月白

霜風籬格成叢秋菊色如新　　　　　笛弄午清風〔註96〕

　詩則分爲古詩、時詩與趣味興較高的迴文詩或藏頭詩。

　古詩有絕句與律詩兩種，均分五言與七言。古詩多抄錄古人作品以供讀者欣賞之用，故內容往往標明作者，如陶弘景的《寄友》、賈島的《夜泊》、王元之的《味磨》、邵康節的《天聽吟》、張汝弼的《蠶婦詞》、程揩的《漁父扇面》、方慶之的《訪友》、丘濬的《九日有懷》、朱謙的《寫眞》、岑參的《道逢京使因寄家音》、王駕的《寄衣吟》、韋應物的《訪友不遇》、王十朋的《太師比干》、劉翰的《小宴》、劉潛夫的《葵花》、胡儼的《牧童》、胡臥雲的《辟地理》、杜子美的《客至》、曹翰的《內宴應制》、馬遷鸞的《雪中樵》、文天祥的《過惶恐灘》、王盤的《哭文丞相》等〔註97〕。

　時詩則往往針對周遭環境，所處際遇而感時傷懷，抒發個人情緒，故內容頗爲生活化；其中，有感懷自然者，如《詠命稟生初》：

　石崇豪富范丹窮，運早甘羅晚太公，彭祖長壽顏子夭，六人都在五行中。

有譏誚人世者，如《譏僧》：

　頭上光光腳似丁，祗宜豆腐與菠菱，釋迦見了呵呵笑，煮殺許多行腳僧。

亦有警惕勉勵者，如《警世》：

　凡事留情一二分，休乘順風滿蓬行，物須淂處還防失，要識回頭莫認眞〔註98〕。

或恭賀慶喜者，如《及第》：

　五百名中奪狀元，花如羅綺柳如煙，綠袍著處君恩重，黃榜開時御墨鮮。

　足躡青雲辭白屋，手攀丹桂上青天，時人勿訝登科早，月裡嫦娥愛少年。

乃至賦歸退隱者，如《思歸》：

　得過年來且過年，萬巾林下小神仙，蒼天若肯留人在，白髮從教短鬢添。

〔註96〕《萬寶全書》，乾隆23年序刊本，卷7〈詩對門〉，頁2上，「四景聯」。

〔註97〕《五車拔錦》，萬曆25年序刊本，卷23〈詩對門〉，頁1上～9下，「百家詩選」。

〔註98〕《萬寶全書》，崇禎年間刊本，卷18〈酒令門〉，頁403、406、407，「名家詩」。

老夫但存方寸地，好男何用許多田，得些好處須回首，曾見何人做上天
〔註99〕。

迴文詩乃前秦時蘇蕙所創，唐代已有單篇作品，但數量不多，宋代以後，特別是明清時期，此種文字游戲愈普遍，除原有形式外，甚有各式變化外形，而成藏頭詩者〔註100〕；且設計愈巧，常令「觀者萌無所知」，須「詳解其義，明證其句，一覽則瞭然任目矣」〔註101〕。

明清時期流行的迴文詩、藏頭詩種類甚多，大致可分成下列數種：

1、以拆字、組字方式構思而成者

如拆字詩：

言身寸謝口天吳

禾火心愁竹付符　　〔讀法〕謝吳愁符

立木見親門口問　　　　　親問飄胡

西示風飄古月胡〔註102〕

2、同一句話，以前後不同排列方式組合者

如四景詩：

（春景）花枝弄影罩窗紗映日斜　〔讀法〕花枝弄影照窗紗

　　　　　　　　　　　　　　　　　　影照窗紗映日斜

　　　　　　　　　　　　　　　　　　斜日映紗窗罩影

　　　　　　　　　　　　　　　　　　紗窗罩影弄枝花

（夏景）蓮長新水貼青錢數點圓　〔讀法同上〕

（秋景）悠雲白鷹過南樓半色秋　〔讀法同上〕

（冬景）梅花幾點雪花開春信來　〔讀法同上〕

（春景）丘林樂嘯賞春愁醉酒瓶　〔讀法同上〕

〔註99〕《萬錦全書》，萬曆年間刊本，卷5〈詩對門〉，頁8下，「及第」；頁9下，「思歸」。

〔註100〕王杏根等編，《古籍書名辭典》（上海：學林出版社，1993.1），頁271，「璇璣碎錦」；《龍頭一覽學海不求人》，明刊本，卷14〈笑談門〉，頁17下，「織錦迴文釋意」；顧鳴塘，《斗草藏鉤》（上海：上海古籍出版社，1995.2），頁91～92。又迴文詩與藏頭詩源起不同，前者實較後者源遠流長，然明清時期兩者已混為一談；參見王爾敏，〈明清以來民間之文字游戲與庸俗詩裁〉，收入《明清社會文化生態》，頁192～193。

〔註101〕《萬用正宗分類學府全編》，萬曆35年刊本，卷35〈雜覽門〉，頁1上，「藏頭詩總說」。

〔註102〕《龍頭一覽學海不求人》，明刊本，卷14〈笑談門〉，頁18上，「拆字詩」。

（夏景）涼亭坐好愛蓮香色滿塘　〔讀法同上〕
（秋景）醪香泛菊對吟豪醉叟陶　〔讀法同上〕
（冬景）騎驢踏雪叟吟詩吟皺眉　〔讀法同上〕〔註103〕

3、以文字堆排成簡單形狀者，此又分二式：

（1）雙合文

山山	〔讀法〕山遠路又深
花遠	山花接樹村
山接路山	山雲飛片片
草樹又雲	山草綠澄澄
山綠村深飛山	山鳥偷僧飯
猿澄澄片片鳥	山猿抱樹吟
山抱樹吟飯僧偷山	山僧請山客
客遠山尋客山請僧	山客遠山尋〔註104〕

（2）令字旗

仙	〔讀法〕自水本先天一氣行起
中	至有誰諒我羽中仙止
滔羽	
滔順我	
滾此意諒	
海浪類過誰	
夜洋銀渾平有	
畫達東花時生處	
天分溪到賽得今此	
先一無坑歸白若暫居	
水本氣行看看玕人脩翎〔註105〕	

另有同類如水勢文、火焰文、四大部十字文、棋枰九市式、群仙聚會等等〔註106〕。

〔註103〕《新刻鄴架新裁萬寶全書》，萬曆42年序刊本，卷32〈雜用門〉，頁1上，「迴文詩式」。

〔註104〕《新刻鄴架新裁萬寶全書》，萬曆42年序刊本，卷32〈雜用門〉，頁6上，「雙合文」。又頁4下～5下，另有其它雙合式式三則。

〔註105〕《新刻鄴架新裁萬寶全書》，萬曆42年序刊本，卷32〈雜用門〉，頁4上，「令字旗」。

〔註106〕《三台萬用正宗》，萬曆27年刊本，卷20〈博戲門〉，頁1上，「棋枰九市式」；頁

4、以文字堆排成器物形狀者

　　如酒瓶詩（圖 6-1-1）

　　圖 6-1-1《萬用正宗分類學府全編》，萬曆 35 年刊本，卷 26〈酒令門〉，頁 1 上。

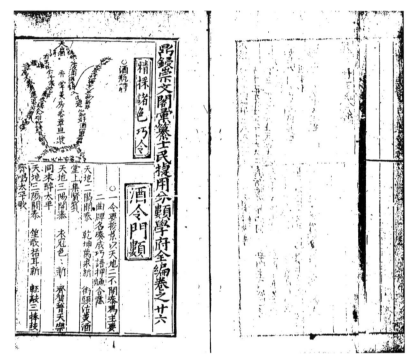

　　〔讀法〕酒映金波滿寶香，日有再三著付實，甘甜入口連心美，

　　　　　　大家沈醉各歸房，方知好酒留賓客，口念劉伶詩百章，

　　　　　　十里荷花紅粉旦，一輪明月照瓊漿，兩口呂公言山，

　　　　　　山出大賢白玉皇，天子門口問神仙，藏頭藏腳不藏身，

　　　　　　進退教君仔細尋，任君使盡千般計，不是才人讀不成〔註107〕。

另有酒鐘詩、玉連環、玄機葫蘆、油瓶蓋、珊瑚枕等〔註108〕。

5、織於錦布之上難以理解者

　　如織錦迴文詩（圖 6-1-2）

---

2 上，「群仙聚會」；頁 3 下〜4 上，「火焰文」、「水勢文」；頁 6 上，「四大部十字文」。

〔註107〕《萬用正宗分類學府全編》，萬曆 35 年刊本，卷 26〈酒令門〉，頁 1 上〜下，「酒瓶詩」。

〔註108〕《新刻鄴架新裁萬寶全書》，萬曆 42 年序刊本，卷 32〈雜用門〉，頁 6 下，「玉連環」；頁 7 上，「酒鐘詩」；頁 9 上〜下，「油瓶蓋」、「珊瑚枕」。《萬寶全書》，崇禎元年刊本，卷 37〈雜用門〉，頁 11 上，「玄機葫蘆」。

－288－

〔讀法〕月過十五光明少，人到中年萬事休，老去年高心内愁，

平生不見下場頭，自知身邊十件老，聽我從頭說根由，

頭老鬢邊生白髮，眼老如常冷淚流，牙老喫飯難得碎，

口老言開語不收，耳老不聽無言語，舌老談話語不眞，

手老難拿三五兩，身老曾全見骨頭，腿老骨乾難行步，

背老腰彎低了頭，曾聽古人説幾句，時間記得我心頭，

明知合眼空回首，一旦無常萬事休〔註109〕。

另有織錦玹璣圖、漁翁得趣文、樵夫適情文、耕者自敘文、教子散誕文等〔註110〕。此即源於前秦蘇蕙所創者，因恐私情私意爲外人所知，故縱橫字句，使人不易察覺，然其實「意思深長」〔註111〕。

6、其它

有懸一字而缺各行首字，令人自思以塡補的吊鐘文：

謝　步難行千里地　　〔讀法〕寸步難行千里地

在他鄉未得歸　　　　身在他鄉未得歸

問誰家有美酒　　　　言問誰家有美酒

家樓上飲三盃　　　　謝家樓上飲三盃〔註112〕（圖 6-1-3）

有以放射狀方式解讀的照天燈：

人排得甚分　　　〔讀法〕壹向心從正字行

才行字正明　　　　　才人排得甚分明

成不讀能賢壹從包　　包羅萬狀通今古

不是向心羅　　　　　不是賢能讀不成〔註113〕

古今通狀萬

另尙有折尾字排詩〔註114〕、錦纏枝圓圖、春日閑適詩、玉連環、錦纏枝玉連環文〔註115〕、璇璣文、會意詩等〔註116〕。

〔註109〕《三台萬用正宗》，萬曆 27 年刊本，卷 20〈博戲門〉，頁 13 上～下，「織錦迴文詩」。

〔註110〕《三台萬用正宗》，萬曆 27 年刊本，卷 20〈博戲門〉，頁 8 上～10 下，「織錦璇璣圖」、「漁翁得趣文」、「樵夫適情文」、「耕者自敘文」、「教子散誕文」。

〔註111〕《龍頭一覽學海不求人》，明刊本，卷 14〈笑談門〉，頁 17 下，「織錦迴文釋義」。

〔註112〕《三台萬用正宗》，萬曆 27 年刊本，卷 20〈博戲門〉，頁 5 下，「吊鐘文」。

〔註113〕《三台萬用正宗》，萬曆 27 年刊本，卷 20〈博戲門〉，頁 6 下，「照天燈」。

〔註114〕《龍頭一覽學海不求人》，明刊本，卷 14〈笑談門〉，頁 17 下～18 上，「馬伏波折尾字排詩」。

〔註115〕《新刻鄴架新裁萬寶全書》，萬曆 42 年序刊本，卷 32〈雜用門〉，頁 6 下，「玉連環」；

圖 6-1-2《三台萬用正宗》，萬曆 27 年刊本，卷 20〈博戲門〉，頁 12 下～13 上。

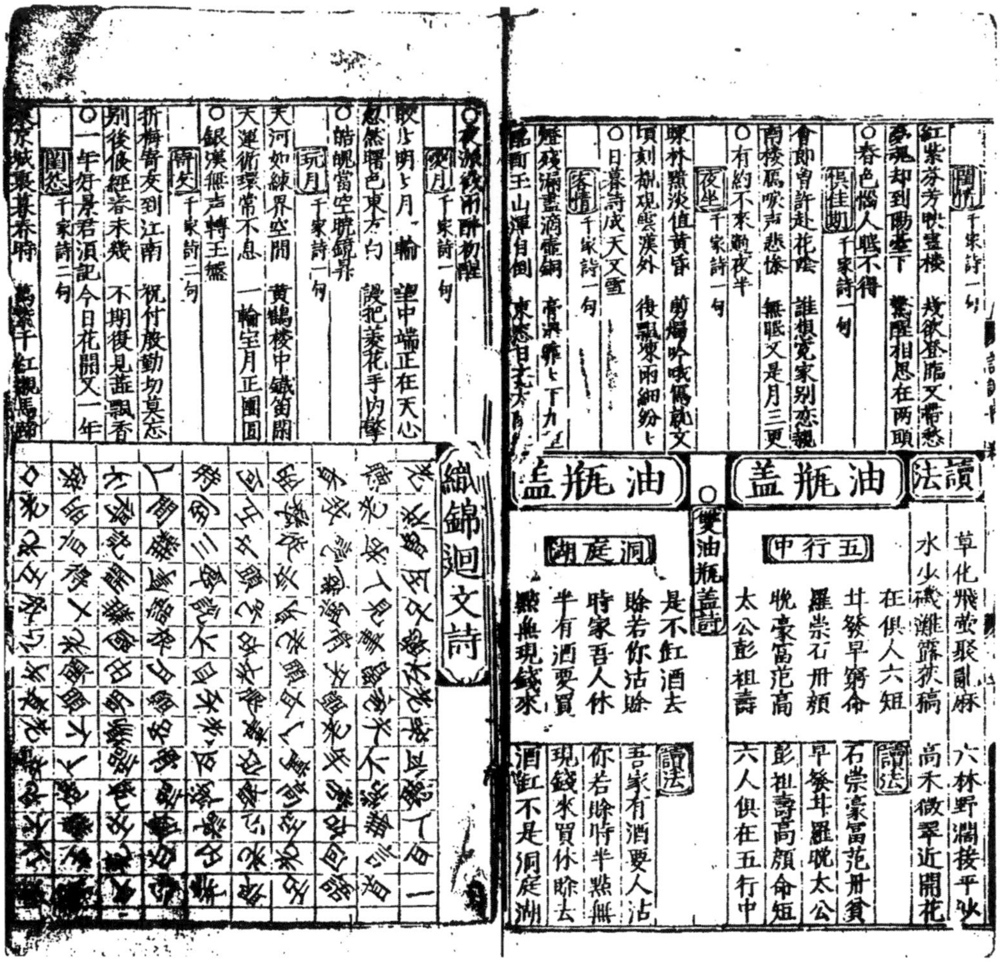

綜觀明清時期民間日用類書有關詩文的內容，可知對聯、古詩、時詩，乃至迴文詩或藏頭詩等韻文，在民間日常生活中之普遍被接受及廣泛應用。不論是明代版本或清代前期三十二卷版本中，均以詩對門或雜覽門刊載相關內容以供人們需求。然到清代前期三十卷版本中已無迴文詩或藏頭詩內容，僅見對聯於對聯門中，詩則併於茶論門內。再發展至清代後期二十卷版本中，則全無對聯或詩的專門門類設立，亦不見其內容於其它門類中。

頁 8 下，「錦纏枝圓圖」、「春日閑適詩」；頁 10 上～下，「錦纏枝玉連環文」。

〔註 116〕《三台萬用正宗》，萬曆 27 年刊本，卷 20〈博戲門〉，頁 4 上～5 下，「璇璣文」、「會意詩」。

圖 6-1-3《三台萬用正宗》，萬曆 27 年刊本，卷 20〈博戲門〉，頁 5 下～6 上。

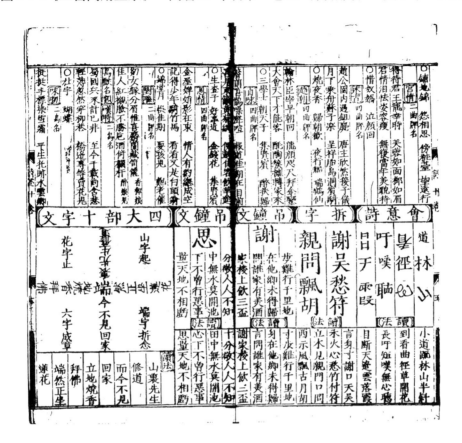

五、戲　令

　　戲令，是指文字游戲而言，明清時期利用文字而產生之休閒活動種類甚多，酒令、謎語、笑話、故事等均屬之。

　　酒令源於春秋戰國時，係酒筵中之助興游戲。自春秋戰國後歷代均有發展，至明清時尤為盛行〔註 117〕。當時民間流行的酒令可分鬥智令、投骰令、急口令與拆字令四種；其中，鬥智令最普遍，投骰令居次，拆字令最少。

　　鬥智令往往對內容及其配合方式提出種種要求，以考驗說令者的反應、機智與能力；而其對應的內容主要有四大類，即書籍詩文類、娛樂戲曲類、人名事物類及巧語俗語類。

〔註 117〕明代酒令盛行實與酒禁鬆弛、妓業繁盛、民風奢靡及結社盛行有關；參見劉培育，〈明代酒令研究〉（臺北：私立中國文化大學中文研究所碩士論文，1995.6），頁 43～50。

書籍詩文類包括《千字文》，如：

要千字文一句，下古文一句，頂眞。

律呂調陽，陽春佈德澤。

化被草木，一木之就規矩。

造次弗離，離別何足嘆。

雲騰致雨，雨中百草秋爛死。

金生麗水，水不在深〔註118〕。

《千家詩》，如：

一令上要骨牌名，下要千家詩一句，貫串合意。

臨老入花叢，將謂偷閑學少年。

踏梯望月，臥看牽牛織女星。

紫燕穿簾幙，飛入尋常百姓家〔註119〕。

《百家姓》，如：

要千字文一句，下以百（家）姓一句，頂針。

都邑華夏，夏侯諸葛。

說感武丁，丁宣貴鄧。

起翦頗牧，牧隗山谷〔註120〕。

還有《論語》〔註121〕、《蒙求》〔註122〕、《書經》〔註123〕、《詩經》〔註124〕，及其它四書〔註125〕、古文、古詩或狀元詩等內容要求〔註126〕。

娛樂戲曲類包括各式各樣的曲牌名，如：

一令上要論語一句，中間添二曲牌，下又要論語一句，合意。

有朋自遠方來，慌忙「沽美酒」，飲浮「沉醉東風」，不亦樂乎。

入公門，敬去「朝天子」，遇著「三學士」，鞠躬如也。

〔註118〕《龍頭一覽學海不求人》，明刊本，卷14〈笑談門〉，頁8上。
〔註119〕《五車拔錦》，萬曆25年序刊本，卷29〈侑觴門〉，頁3上。
〔註120〕《龍頭一覽學海不求人》，明刊本，卷14〈笑談門〉，頁8上～下。
〔註121〕《龍頭一覽學海不求人》，明刊本，卷14〈笑談門〉，頁5下。
〔註122〕《五車拔錦》，萬曆25年序刊本，卷29〈侑觴門〉，頁2下。
〔註123〕《龍頭一覽學海不求人》，明刊本，卷14〈笑談門〉，頁8下。
〔註124〕《龍頭一覽學海不求人》，明刊本，卷14〈笑談門〉，頁12下。
〔註125〕《五車拔錦》，萬曆25年序刊本，卷29〈侑觴門〉，頁2上。
〔註126〕《三台萬用正宗》，萬曆27年刊本，卷19〈侑觴門〉，頁4上；《五車拔錦》，萬曆25年序刊本，卷29〈侑觴門〉，頁1下；《萬用正宗分類學府全編》，萬曆35年刊本，卷26〈酒令門〉，頁6下。

與朋友交，修下「一封書」，約定去「赴佳期」，言而有信〔註127〕。

或骨牌名，如：

一令要三個骨牌名，相串合意。

「折腳鴈」，「劈破蓮蓬」，去看「魚遊春水」。

「公領孫」，「孩兒十」，齊去「觀燈十五」。

「蘇秦背劍」，「正馬軍」，去征「九溪十八洞」。

也有要求戲曲內容者，如：

一令要兩個曲牌名，下二字相同，又要西廂二句，貫串合意。

油葫蘆醋葫蘆，油葫蘆光油油耀花人眼睛，醋葫蘆酸溜溜螫浮牙疼。

月中花雨中花，月中花顫巍巍花稍弄影，雨中花亂紛紛落紅堆徑。

紅娘子七娘子，紅娘子隔窗兒咳嗽一聲，七娘子啟朱唇連忙答應〔註128〕。

人名事物類包括人物，不論是名人、婦女或妓女如：

要一個古人行事頂眞，千家詩一句。

杜甫遊春，春宵一刻值千金。

淵明賞菊，菊殘猶有傲霜枝。

孟宗哭竹，竹瑤清影罩幽窗。

浩然尋梅，梅雪爭春未肯降〔註129〕。

又如：

一令要古婦人名，并實事下一句，關意。

孟軻母爲子斷機以成三遷之教。

陶侃母剪髮沽酒是客不可有慢。

衛共姜作詩自誓死不更二　夫〔註130〕。

或如：

一令上要一妓名，中間要一物事，末用西廂一句，斷之。

金墜兒，妓名，做紐扣，物事，緊緊的繫住心頭。

美玉兒，妓名，做纏巾圈，物事，撇他在腦背後。

寶石兒，妓名，箱耳環，物事，引動俺姐姐鶯鶯。

其它還有地點〔註131〕、官名〔註132〕、律令〔註133〕、鳥獸蟲魚〔註134〕、藥名〔註135〕、

〔註127〕《五車拔錦》，萬曆 25 年序刊本，卷 29〈侑觴門〉，頁 2 上。

〔註128〕《五車拔錦》，萬曆 25 年序刊本，卷 29〈侑觴門〉，頁 3 上、4 下。

〔註129〕《龍頭一覽學海不求人》，明刊本，卷 14〈笑談門〉，頁 8 下～9 上。

〔註130〕《萬用正宗分類學府全編》，萬曆 35 年刊本，卷 26〈酒令門〉，頁 5 上。

卦象〔註 136〕、節氣〔註 137〕、果品等〔註 138〕。

　　至於巧語俗語類，如：

　　　一令要二字作七字念，下要俗語一句承上意。

　　　日新日新日日新　乾坤不老

　　　萬歲萬歲萬萬歲　泰嶽山呼

　　　萬世萬世萬萬世　大明天下〔註 139〕

又如：

　　　要三曲牌名相連，雙關一句巧語。

　　　桂枝香，香遍滿，滿庭芳。

　　　粉蝶兒，蝶戀花，花心動。

　　　鴈魚錦，（錦）堂月，月兒高〔註 140〕。

　　而其配合方式則有頂眞合意〔註 141〕、貫串頂眞〔註 142〕、相承合意〔註 143〕、相連合意〔註 144〕、相串合意〔註 145〕、貫串合意〔註 146〕、相反合意〔註 147〕、貫串包意〔註 148〕、合韻結尾〔註 149〕、雙關解意〔註 150〕、頂眞〔註 151〕、合意〔註 152〕、串

〔註 131〕《五車拔錦》，萬曆 25 年序刊本，卷 29〈侑觴門〉，頁 5 下。
〔註 132〕《五車拔錦》，萬曆 25 年序刊本，卷 29〈侑觴門〉，頁 5 上～下。
〔註 133〕《五車拔錦》，萬曆 25 年序刊本，卷 29〈侑觴門〉，頁 2 下。
〔註 134〕《龍頭一覽學海不求人》，明刊本，卷 14〈笑談門〉，頁 13 上；卷 21〈侑觴門〉，頁 6 下。
〔註 135〕《龍頭一覽學海不求人》，明刊本，卷 21〈侑觴門〉，頁 5 下。
〔註 136〕《五車拔錦》，萬曆 25 年序刊本，卷 29〈侑觴門〉，頁 2 下。
〔註 137〕《龍頭一覽學海不求人》，明刊本，卷 14〈笑談門〉，頁 11 上。
〔註 138〕《龍頭一覽學海不求人》，明刊本，卷 14〈笑談門〉，頁 14 上；卷 21〈侑觴門〉，頁 7 上。
〔註 139〕《五車拔錦》，萬曆 25 年序刊本，卷 29〈侑觴門〉，頁 1 下。
〔註 140〕《龍頭一覽學海不求人》，明刊本，卷 14〈笑談門〉，頁 11 下～12 上。
〔註 141〕《萬用正宗分類學府全編》，萬曆 35 年刊本，卷 26〈酒令門〉，頁 6 上～下。
〔註 142〕《萬寶全書》，崇禎元年刊本，卷 12〈酒令門〉，頁 1 下。
〔註 143〕《萬寶全書》，崇禎元年刊本，卷 12〈酒令門〉，頁 4 下～5 上。
〔註 144〕《五車拔錦》，萬曆 25 年序刊本，卷 29〈侑觴門〉，頁 3 下。
〔註 145〕《五車拔錦》，萬曆 25 年序刊本，卷 29〈侑觴門〉，頁 4 下。
〔註 146〕《五車拔錦》，萬曆 25 年序刊本，卷 29〈侑觴門〉，頁 3 下。
〔註 147〕《萬寶全書》，崇禎元年刊本，卷 12〈酒令門〉，頁 4 上～下。
〔註 148〕《龍頭一覽學海不求人》，明刊本，卷 21〈侑觴門〉，頁 7 下。
〔註 149〕《萬寶全書》，崇禎元年刊本，卷 12〈酒令門〉，頁 5 下～6 上。
〔註 150〕《龍頭一覽學海不求人》，明刊本，卷 21〈侑觴門〉，頁 5 下。
〔註 151〕《三台萬用正宗》，萬曆 27 年刊本，卷 19〈侑觴門〉，頁 3 下。
〔註 152〕《五車拔錦》，萬曆 25 年序刊本，卷 29〈侑觴門〉，頁 4 上～下。

意〔註 153〕、斷之〔註 154〕、解之〔註 155〕，或特定某字在某處、內含問句後解答〔註 156〕，乃至其它各種不同要求的配合等。

　　總之，此種鬥智令內容要求的種類甚多，其中，屬書籍詩文類的比重最大，可見當時儒家經典在民間是頗爲普遍流通的；而各種玩法的變化性亦極爲繁雜而多樣化。

　　投骰令乃配合擲骰子而行之令〔註 157〕，故其內容往往有數字在其中，如：

張生醉倒在西廂	吃了幾多酒	一大壺兩小壺
多謝鶯鶯扶上床	甚麼時候	三更四點
留下金釵爲表記	有多少重	五錢六分七厘
夫人知道打紅娘	打了多少	八九十下
問取姻緣何日就	十一十二月浮團圓〔註 158〕	

| 春要宜耕宜讀 | 么二三 | 夏須可樂可宜 | 四五六 |
| 秋乃有收有望 | 七八九 | 冬藏宜室宜家 | 十十一十二〔註 159〕 |

並常適用於喜慶節日等特殊場合而行之，如慶壽令是：

　　天上蟠桃佳會，人間海屋添籌，庚星燦照東樓，齊祝君年高壽。（以一點爲壽，單骰子擲之，呼曰，壽星燦爛）

又如元宵令是：

　　元宵明月正中天（一點），萬盞花燈滿市紅（四點），三五年少喧鬧賞（三五點），六街簫鼓響咚咚（六點）。

其它還有賀婚令、賀新造令、新春令、二月令、三月令、清明令、立夏令、四月令、五月令、六月令、秋景令、七夕令、八月令、中秋令、九月令、重陽令、多月令、小陽春令、十一月令、十二月令、除夕令、四季令等〔註 160〕。

　　拆字令乃拆白道字游戲之引入酒令中而成者，隋代已有〔註 161〕，須就字的構

〔註 153〕《萬寶全書》，崇禎元年刊本，卷 12〈酒令門〉，頁 2 上。
〔註 154〕《五車拔錦》，萬曆 25 年序刊本，卷 29〈侑觴門〉，頁 4 上。
〔註 155〕《萬寶全書》，崇禎元年刊本，卷 12〈酒令門〉，頁 4 上。
〔註 156〕《三台萬用正宗》，萬曆 27 年刊本，卷 19〈酒令門〉，頁 4 下。
〔註 157〕陳香，《酒令》（臺北：國家出版社，1983.4），頁 134。
〔註 158〕《五車拔錦》，萬曆 25 年序刊本，卷 29〈侑觴門〉，頁 6 上，「點數令」。
〔註 159〕《萬用正宗分類學府全編》，萬曆 35 年刊本，卷 26〈酒令門〉，頁 7 下～8 上，「投骰令」。
〔註 160〕《新刻鄴架新裁萬寶全書》，萬曆 42 年序刊本，卷 22〈謎令門〉，頁 1 下～4 下，「席上要砂（擲骰酒令）」。
〔註 161〕顧鳴塘，《斗草藏鈎》，頁 96～97；陳香，《酒令》，頁 30～31。

造而設計，如：

一令要一字，無撇無捺無勾，無點橫直，共有十二畫，說不淂者飲酒。

品　　書　　理　　已上三字十二畫，說淂者免飲酒。

要一個字，加一次又成一個字，加二次與源字同音。

使　　理　　儒　　已上三字，如使字先書史字，加一字成吏字，再加立人成使字，是還源音字，餘倣此。

要兩字合成一字，作何生理，排行弟（第）幾，應上一字。

小子姓余，排行第一，打金營生。

小子姓金，排行第十，做針營生。

小子姓白，排行第七，染皂營生。

要一字拆開，下句設言合意。

嫁本從夫去，如何在女家。

墨本松煙做，如何黑土成。

星本從夜出，如何日下生〔註162〕。

亦有將之與鬥智令整合者，如：

一令上要兩字合成一字，下要將上頭尾字分開合意

問口問信　　人言不久而回

食欠飲泉　　白水焉能淂飽

八刀分肉　　內人議論不均

八畝公田　　十口之家足矣〔註163〕

急口令又稱繞口令、拗口令、吃口令，是將聲母、韻母或聲調極易混同的字，反覆重疊，組成拗口的句子，要求一口氣急速唸出，以考驗人的反應靈敏及口齒清楚、伶俐程度〔註164〕，而酒令中的急口令實一般急口令之套用擴大而來〔註165〕，如：

蘇州一個蘇鬍子，湖州一個胡鬍子，蘇州蘇鬍子問胡州胡鬍子借梳，梳鬍子，

〔註162〕《龍頭一覽學海不求人》，明刊本，卷21〈侑觴門〉，頁8上、8下、9下、10上，「拆字令類」。

〔註163〕《五車拔錦》，萬曆25年序刊本，卷29〈侑觴門〉，頁6上～下。

〔註164〕顧鳴塘，《斗草藏鉤》，頁103。

〔註165〕陳香，《酒令》，頁195。

胡州胡鬍子問蘇州蘇鬍子借梳，梳鬍子。

又

出門撞著四秀才，一個姓焦，一個姓蕭，一個姓郭，一個姓霍，焦蕭郭霍四秀才，相邀直上凌雲閣，凌雲凌閣上剝菱角，呼童掃去菱角殼，莫來剌了焦蕭郭霍四秀才的腳〔註166〕。

又

天上一隻鶴學飛，天（地）下一隻鶴學舞，不知被那地下鶴學天上鶴飛，不知如（被）那天上鶴學地下鶴舞〔註167〕。

　　謎語，古稱廋辭、隱語，漢代已為一種尋常娛樂，時有稱之為射覆語者；唐代則有人稱之為風人體；兩宋時更為普遍，並配上元宵燈會而有燈謎的發展，故謎語又稱燈虎、商燈、文虎等，而猜謎語則稱打燈虎、射燈虎〔註168〕；明清時期此種娛樂發展亦盛，當時民間流行的謎語與酒令一樣，亦可分為書籍詩文類、娛樂戲曲類、人名事物類及俗語文字類四種。

　　書籍詩文類包括四書的《論語》，如：

畏程途之跋踄	道不行
學范蠡之泛舟	乘桴浮于海
努力攻書不吃飯	發憤忘食
聽子說話皆歡喜	於吾言無不悅〔註169〕

《孟子》，如：

若問人間愁苦事	憂民之憂者
人間愁苦不堪聞	民亦憂其憂
縣官昨夜賞花燈	樂民之樂者
到處頻聞鼓吹聲	民亦樂其樂〔註170〕

《大學》，如：

蒼穹日月每週旋	天運循環
犯法何處堪躲藏	無所逃罪
論孟仍還在	則其書雖存

〔註166〕《新刻鄴架新裁萬寶全書》，萬曆42年序刊本，卷22〈謎令門〉，頁5下。
〔註167〕《萬寶全書》，乾隆23年序刊本，卷10〈侑觴門〉，頁4上。
〔註168〕有關謎語的起源與發展可參看顧鳴塘，《斗草藏鉤》，頁83～90；劉學林、馬重奇，《中國古代風俗文化論》（西安：陝西人民出版社，1993.4），頁367～397。
〔註169〕《新刻鄴架新裁萬寶全書》，萬曆42年序刊本，卷32〈雜用門〉，頁2上。
〔註170〕《新刻鄴架新裁萬寶全書》，萬曆42年序刊本，卷32〈雜用門〉，頁3上。

朝朝換著好衣裳　　　　　日日新

兩目俱盲難看物　　　　　視而不見〔註171〕

《中庸》，如：

不向大小告拿起　　　　　巨細畢舉

吃了蜜糖甜不盡　　　　　其味無窮

身被刀斬色如常　　　　　至死不變

不說你做賊　　　　　　　隱惡而揚善〔註172〕

也有五經〔註173〕、《千家詩》〔註174〕、《千字文》〔註175〕、及其它古詩或兵書內容〔註176〕。

娛樂戲曲類包括曲牌名，如：

四曲牌名

寄語飛瓊窈窕娘，因何失約在西廂，鮫綃孤枕難成夢，玉簫聲斷去忙忙。

○傳言玉女　　悞佳期　　羅帳裡坐　　憶秦娥〔註177〕

骨牌名，如：

推窗紅日尚徘徊　　　　　旭

開奩鉛粉輕施設　　　　　抹

頻把胭脂顂上堆　　　　　額〔註178〕

亦有詞曲內容者，如：

西廂二句

登途攜手且停驂，謾把花言蜜語談，準擬回程黃菊綻，前三三與後三三。

○臨行時掇賺人的巧舌頭，指歸期約定在九月九

香囊一句

一別夫君已九秋，雲山遙遠見無由，魚沉鴈杳空懸望，何事忘家滯外州。

○人迢迢書未歸〔註179〕

〔註171〕《新刻鄴架新裁萬寶全書》，萬曆42年序刊本，卷32〈雜用門〉，頁1下。

〔註172〕《新刻鄴架新裁萬寶全書》，萬曆42年序刊本，卷32〈雜用門〉，頁1下～2上。

〔註173〕《新刻鄴架新裁萬寶全書》，萬曆42年序刊本，卷32〈雜用門〉，頁3上～下。

〔註174〕《三台萬用正宗》，萬曆27年刊本，卷20〈博戲門〉，頁13下。

〔註175〕《三台萬用正宗》，萬曆27年刊本，卷20〈博戲門〉，頁9下。

〔註176〕《新刻鄴架新裁萬寶全書》，萬曆42年序刊本，卷32〈雜用門〉，頁3下；《三台萬用正宗》，萬曆27年刊本，卷20〈博戲門〉，頁4上～下。

〔註177〕《三台萬用正宗》，萬曆27年刊本，卷20〈博戲門〉，頁5上。

〔註178〕《龍頭一覽學海不求人》，明刊本，卷21〈侑觴門〉，頁5下。

〔註179〕《三台萬用正宗》，萬曆27年刊本，卷20〈博戲門〉，頁4下。

人名事物類包括古人名，如：

　　　　吾兒之子有施爲　　　孫權

　　　　鑿壁偷光夜讀書　　　孔明

　　　　縫線路中常懷母　　　子思

　　　　教人終日倚門閭　　　呂望〔註180〕

　　書名，如：

　　　　三十歲後始讀書　　　大學

　　　　生來半百方始學　　　中庸

　　　　師生終日商量事　　　論語

　　　　好辨區區一丈夫　　　孟子〔註181〕

　　律名，如：

　　　律語四條

　　　墮水失爹音信無，自作紅樁簽字符，潛過重門江口去，驀地承舟泛五湖。

　　　○沈溺公文　私造印信　越渡關津　私船下海〔註182〕

其它還有官名〔註183〕、州府縣名〔註184〕、禽蟲鳥獸〔註185〕、花木果樹〔註186〕、
藥名〔註187〕、或其它物品等〔註188〕。

　　至於文字俗語類，如：

　　　俗語二句

　　　兩下行兵共一營，丹青把筆到天明，孔明敗則誦兵策，霸王久戰不曾贏。

　　　○共君一夜話　　　勝讀十年書

　　　門字

　　　惜花間紅日西墜，閉朱戶不見多才，倚闌杆東君去也，悶無心懶傍粧臺

　　　〔註189〕。

〔註180〕《龍頭一覽學海不求人》，明刊本，卷21〈侑觴門〉，頁5下。

〔註181〕《新刻鄴架新裁萬寶全書》，萬曆42年序刊本，卷32〈雜用門〉，頁5下。

〔註182〕《三台萬用正宗》，萬曆27年刊本，卷20〈博戲門〉，頁3下。

〔註183〕《新刻鄴架新裁萬寶全書》，萬曆42年序刊本，卷32〈雜用門〉，頁8下。

〔註184〕《三台萬用正宗》，萬曆27年刊本，卷20〈博戲門〉，頁6下、7上。

〔註185〕《新刻鄴架新裁萬寶全書》，萬曆42年序刊本，卷32〈雜用門〉，頁9上、8下；
　　　　《三台萬用正宗》，萬曆27年刊本，卷20〈博戲門〉，頁6下。

〔註186〕《新刻鄴架新裁萬寶全書》，萬曆42年序刊本，卷32〈雜用門〉，頁9下。

〔註187〕《三台萬用正宗》，萬曆27年刊本，卷20〈博戲門〉，頁7上。

〔註188〕《三台萬用正宗》，萬曆27年刊本，卷20〈博戲門〉，頁11下。

〔註189〕《三台萬用正宗》，萬曆27年刊本，卷20〈博戲門〉，頁4上、9上。

　　由上可知，明清時期民間流行的謎語種類頗爲多樣化，不論是書句辭章、詞曲娛樂、官事律法、蟲魚鳥獸、雜物百項等均涵蓋在內，可謂包羅萬象，應有盡有。

　　說笑話亦爲明清時期甚爲流行的休閒活動，當時流行的笑話均屬嘲諷性質，嘲諷的對象主要有三，一是社會上握有財富、權勢或有身分地位者，如嘲富人曰：

　　　昔一人出外爲商，不識字，船泊于江心寺邊，攜友遊寺，見壁上寫江心賦三字，連忙走出，喚船家曰，此處有江心賊，不可久停，急忙下船，其友止之曰，不要忙，此是賦不是賊，其人搖頭答曰，富便是富，其中也有些賊形〔註190〕。

嘲官人曰：

　　　昔一官斷事不明，惟嗜酒怠政，貪財酷民，百姓怨急，乃作五言八句以諷之云：黑漆皮燈籠，半天螢火蟲，粉墙畫白虎，青紙畫烏龍，茄子敲泥磬，冬瓜撞木鍾（鐘），惟知錢與酒，不管正和公〔註191〕。

另有嘲主人、老人、公公、總甲、官吏及吏子等。二是讀書人、特殊職業或低下職業者；如嘲先生曰：

　　　有一先生無才強訓童蒙，忽一日出對曰，枇杷結子，忘卻枇杷二字，誤寫琵琶結子，學生不能對，歸問其父，父笑對曰，木屐開花，飯後往書館寫還，先生見而怒曰，此是何人對此，學生答以家父對此，先生令學生歸問父親，木屐如何開花，父作口號四句復先生曰，這琵琶不比那枇杷，音韻雖同字眼差，先生琵琶能結子，區區木屐會開花〔註192〕。

嘲郎中曰：

　　　昔士人春日往花園遊戲，見籬邊薔薇花開淂嬌嬈可愛，士人近前扳折一枝，被薔薇刺破手指，出血不止，偶遇牧童，言曰，血不止，可將熱尿淋之，士依其言，血果即止，遂作口號以讚之：今朝散步入園東，只見薔薇朵朵紅，雙手摘時遭一刺，血流不止手鮮紅，牧童語，熱尿沖，果然血跡又無踪，莫道世間無妙藥，膫子也會做郎中〔註193〕。

另有嘲和尚、尼姑、道士、光棍、娼妓、醫者、相士、算命人、地理師，乃至銀匠、裁縫、皮匠、木匠、染匠、漂白匠及搖船人等。三是身體有殘缺或社會上之弱勢者；如嘲近視曰：

　　　昔一人近覷眼，清早開門，見一大堆牛屎，用手去摸，云，好一個烏金漆果

〔註190〕《萬寶全書》，崇禎元年刊本，卷13〈笑談門〉，頁4上～下，「富人爲賊」。
〔註191〕《龍頭一覽學海求人》，明刊本，卷20〈笑談門〉，頁2下，「嘲官不明」。
〔註192〕《三台萬用正宗》，萬曆27年刊本，卷43〈笑謔門〉，頁8上，「嘲教師」。
〔註193〕《龍頭一覽學海不求人》，明刊本，卷14〈笑談門〉，頁5下～6上，「嘲郎中」。

盒，只是漆嫩些〔註194〕。

嘲孤人曰：

> 昔一人養一公雞一母雞一線雞，忽一日客至，主人欲將公雞烹之，公雞云：
> 我能報曉，我能孳生，有利於君，何以見殺，其人然之；欲烹母雞，母雞云：
> 我會生卵，我能抱雛，有利於君，何以見殺，其人然之；如此只將線雞烹之，
> 線雞自度不免，乃向前哀告曰，望君看我孤孤寡寡，無男無女分上，饒我命
> 罷〔註195〕。

另有嘲麻面、瞽目、獨眼、赤鼻、缺齒、鬍嘴、無鬚、駝背、矮子、呆子、奴僕、
婦人（村婦）及年輕人等。

　　而嘲諷的行為主要是貪婪，如嘲偷竊是：

> 昔一人為賊，挖開地洞將腳先入，被主人知覺拿住，將繩縛定，用滾湯一壺
> 篩在腳上，賊大聲叫曰，肉痛肉痛，主人曰，你縱然肉痛，我還要篩你一兩
> 壺〔註196〕。

嘲貪酒是：

> 昔一人好酒，夢見有人送酒與他吃，嫌冷，教人拿去煖熱，不覺醒了，即啐
> 云，早知就醒了，何不吃些冷的也罷〔註197〕。

另有嘲貪食、貪財、貪色及貪酷等。其次是嘲諷表裡不一，名實不符者，如：

> 朝廷新開例，凡二名者充軍，三名者斬。有茄仔自覺二名，躲在水中，水問
> 茄子何來，茄子告朝廷新例，水云，如何來躲，茄子云，我有二名，一名茄
> 子，二名落蘇，水云，若是這等，我該斬了，一名水，一名湯，又有沒天理
> 的，放幾粒米，把我作酒賣〔註198〕。

以及嘲虛有其表、不守清規、不學無術、醫術不精及假作慈悲等。其它還有嘲諷懼
內是：

> 有一風鑑對人云，男人手似鎗，女人手如薑，一生吃用不盡；內有一人大笑曰，
> 我的房下手乃如薑，既然這等，後來衣食不要愁淂；又一人問曰，你何知之，
> 其人答曰，我昨日被他打一下嘴巴，今日口裡還有辣辣的〔註199〕。

〔註194〕 《龍頭一覽學海不求人》，明刊本，卷20〈笑談門〉，頁7下，「嘲人近覷眼」。
〔註195〕 《萬用正宗分類學府全編》，萬曆35年刊本，卷24〈笑談門〉，頁3上～下，「譏無
　　　　男女」。
〔註196〕 《萬寶全書》，崇禎元年刊本，卷13〈笑談門〉，頁1下～2上，「嘲人貪食」。
〔註197〕 《龍頭一覽學海不求人》，明刊本，卷20〈笑談門〉，頁5上，「（嘲人戀酒）又」。
〔註198〕 《龍頭一覽學海不求人》，明刊本，卷20〈笑談門〉，頁4下，「嘲賣淡酒」。
〔註199〕 《萬用正宗分類學府全編》，萬曆35年刊本，卷24〈笑談門〉，頁3上，「嘲人怕老

嘲吝嗇是：

> 一人常以草薦當被，其子甚是痴蠢，每對人前直告曰，我家乃是一薦做被蓋，後父教之曰，再有人問，你只說蓋被；一日早，門外一客喚，其父忙起入廳陪坐，其子亦起，見父嘴鬚上粘有稻草一根，乃大喊曰，父親父親，快快拂去鬚上一條大被蟲〔註200〕。

以及嘲強出頭、愚昧、寒酸、口毒、亂倫、小題大作、多管閑事、倚老賣老等。

同時，民間笑話內容多含褻淫成分，亦即笑話中多含有性暗示，或直接以性行為及性器官為題材；如：

> 昔有一老者，領一孫子去市，往一妓者門首經過，妓曰，老官請進吃茶，老者竟行不進，孫問曰，這娘子是誰，公曰，此是個娼婦，孫曰，他先請你吃茶，緣何不去，公曰，他不是好意，叫你吃茶，進去吃了他一盃茶，就要與雲雨，騙我的東西，其孫牢記，及歸家，見母親遞一盃茶公公吃，其孫拍手大喊曰，我曉得了曉得了，母親將茶公公與吃，要與公公雲雨，要騙公公東西〔註201〕。

又如：

> 昔一人，娶一妻一妾，終日無事，常常爭風，丈夫乃曰，我若從一人，說我偏愛那個，我今只是仰臥於床，你二人睡於兩傍，憑我陽物向誰，今晚就是如此，二人依其言，各將手扯，陽物興起，豎似桅杆，其夫笑曰，好一個公直老人〔註202〕。

此實反映民間笑話之俚俗及生活化；而研究亦指出，明清兩代褻淫笑話是頗為盛行而普遍的〔註203〕。

事實上，當時民間對於某些人事的嘲諷，除以說笑話方式表達外，亦有以頗為通俗的諷刺詩及各種俏語、歇後語方式呈現，前者有嘲諷身體殘缺者，包括跛足、瞎目、近視、駝背、麻面、爛腳、矮子、耳聾等；如嘲跛足曰：

> 跛人跛得甚蹲蹊，一步高來一步低，衣服半邊常掃地，草腳一截不沾泥，行時好似鶯穿柳，立處渾如馬歇蹄，幾度與妻同枕睡，嫌他兩腳不般齊〔註204〕。

婆」。
〔註200〕《萬用正宗分類學府全編》，萬曆35年刊本，卷24〈笑談門〉，頁4下，「草薦當被」。
〔註201〕《萬用正宗分類學府全編》，萬曆35年刊本，卷24〈笑談門〉，頁5上～下，「嘲人奸媳」。
〔註202〕《萬寶全書》，崇禎元年刊本，卷13〈笑談門〉，頁6上，「譏誚老人」。
〔註203〕陳清俊，〈中國古代笑話研究〉（臺北：國立臺灣師範大學國文研究所碩士論文，1985.6），頁83。
〔註204〕《萬用正宗分類學府全編》，萬曆35年刊本，卷24〈笑談門〉，頁1上，「笑跛子詩」。

－302－

有嘲諷特殊身分及特種職業者，包括繼母、和尚、尼姑、婢妾、小官、養女、妓女
等；如嘲繼母曰：

> 再娶重婚世上多，兩家兒女不調和，親生愛恤如珍寶，前出僧（憎）嫌受折
> 磨，薄絮單衣寒透骨，減餐少飯餓如何，人生最苦無生母，可怪呆人娶晚婆
> 〔註205〕。

亦有嘲諷不良行爲者，包括送禮不佳、貪色、放屁、偷窺、產品不良等；如嘲送禮
不佳曰：

> 昨日蒙君賜，全家大小歡，柴燒三担半，水煮兩鍋乾，皮似釘靴底，肉似舊
> 馬鞍，齒牙三十六，個個不平安〔註206〕。

後者則分爲罵人俏語、說謊俏語及雜用俏語等類；其中，罵人俏語又分一般性
及罵小人、罵小伺、罵娼妓之不同。如罵小人俏語有稱小人用「網巾圈裏打拳」、「銅
錢眼裏打鞦韆」、「欄杆上走馬」、「燈盞裏洗澡」等詞，小夥子用「袖子裏點燈」，小
器用「麥桿兒吹火」，輕人用「通草做人物」、「蜘蛛網上走馬」，輕薄用「三厘銀子
打十二個梅花」，賤用「瓦牒兒洗臉」〔註207〕。稱人說不實話用「棺材裏做聲」、「壁
上掛鍾馗」、「夢裏問無常」等語均指鬼話（畫）；也可用「壁上掛草薦」指不是話（畫），
「高山嶺上談玄」指說天話，「二仙講道情」指閑話，「牛江中講話」指胡（湖）話，
「病人床上見鬼」指亂說〔註208〕。而一般雜用者則有稱不知高低用「瞎子上嶺」，
不知好歹用「絹緞作布賣」，不知頭腦用「牛夜吃黃瓜」，不知時候用「六月戴氈帽」，
不成人形用「猴猻包網巾」等〔註209〕。

說故事亦爲明清時期民間休閒活動之一，當時流行的有公案故事與鬼怪故事兩
種，不論何者均附確切人名、地名等資料。公案故事如〈孔推府判匿服嫁娶〉：

> 永新縣路湛狀告爲大傷風化事，名例首嚴不義，俗薄莫甚奸淫；姪婦尤氏新
> 寡，惡舅尤卿，謬惑婦心，潛婢運財，私奔母家就食，縱豪吳俊六，先奸後
> 娶，貪財百金，且姪死骨肉未寒，姑老無人侍奉，身係期親，難容坐默，乞
> 判離異，庶不壞倫。上告，吳俊六訴曰：狀訴爲原情杜騙事，不幸喪偶，憑
> 媒傳有服闋婦改嫁，身備禮銀，付伊親姑接受，明娶過門，刁惡路湛，索騙
> 不遂，捏奸告臺，婦未終制，身不知情，禮聘明婚，何爲奸娶，乞恩杜騙剪

〔註205〕《萬用正宗分類學府全編》，萬曆35年刊本，卷24〈笑談門〉，頁2上，「笑繼母詩」。
〔註206〕《萬用正宗分類學府全編》，萬曆35年刊本，卷24〈笑談門〉，頁2下，「笑豬母肉」。
〔註207〕《三台萬用正宗》，萬曆27年刊本，卷43〈笑謔門〉，頁17上，「罵小人俏語」。
〔註208〕《三台萬用正宗》，萬曆27年刊本，卷43〈笑謔門〉，頁18下，「罵說謊俏語」。
〔註209〕《文林聚寶萬卷星羅》，萬曆28年序刊本，卷35〈記巧門〉，頁10上，「通方俏語」。

奸，上訴。

孔推府審云：夫靈未撤，爲婦者豈敢私奔母家，姑老無依，爲舅者，焉可惑妹另嫁，至如吳俊六，以瓜萬親妄娶有姑有服之寡婦，所謂先奸後娶者，情彰彰矣，欲正大倫，合判離異〔註210〕。

其它還有吳推官判謀故姪命、夏侯判打死弟命、馮侯判打死妻命、孫侯判代妹伸冤、許侯判強奸、魏侯審強奸墮胎、金府尊批告強盜、鄧侯審強盜、齊侯判竊盜、王侯判打槍、駱侯判告謀家、孔侯審寡婦告爭產、唐侯判兄告弟分產、金侯判爭山、郭府主判告捕差、饒察院判生員、謝通判審地方、汪侯判經記、朱侯判告光棍、蘇侯判毀塚、宋侯判取財本、蔣府主判庶弟告嫡兄、按察司批保縣官、孫代巡判妻保夫等故事〔註211〕。

由故事名稱可知，其內容多屬民間日常生活中常發生之涉及法律規章之事，可能亦爲眞人眞事，而透過故事形式加以流傳，此或可使百姓能了解並知如何保障自身權益。

而鬼怪故事則有如〈城隍交待〉：

昔一人姓胡名浩，乃江西南昌人也，自幼聰慧，長登黃甲，官任南京刑部郎中，從宦以來，不避權要，不樹私黨，發奸如神。後因老病歸家，忽復夢一使者，手捧一黃袱授之曰，此乃建昌府城隍憑也，浩問曰，此物何來，使者曰，吾乃天使也，上帝以汝公直剛正，特授汝此位，浩曰，更待何時，使者曰，刻期在九月十九日之任，浩覺來，大異其事，果於期日，忽聞空中鼓樂喧嘩，似有迎送之狀，浩知其事，遂呼集弟男子姪，班列于堂，遂更衣沐浴，怛然坐逝，神色不變〔註212〕。

其它還有斬鬼托生、婦產夜叉、筆精旋舞、吞神出處、王姬變犬、螻蟻之報、骷髏念經、桃花仕女、悖婦變畜、大鱟保保、雞卵超生、鱔魚報怨、槐樹畏死、靈犬助工、虎施善報、鬼送葬、一孕五鬼、戴文變牛、鬼護善人、懷孕妒姑等內容〔註213〕。由故事名稱即可知其內容主要強調善有善報，惡有惡報之觀念，實展現民間傳統思想特色。

綜觀明清時期民間流行的戲令活動，不論是酒令、謎語、笑話或故事等種類，

〔註210〕《文林聚寶萬卷星羅》，萬曆28年序刊本，卷32〈奇策門〉，頁6上～下，「孔推府判匿服嫁娶」。

〔註211〕《文林聚寶萬卷星羅》，萬曆28年序刊本，卷32〈奇策門〉，頁1上～17下。

〔註212〕《文林聚寶萬卷星羅》，萬曆28年序刊本，卷30〈談笑門〉，頁1下，「城隍交待」。

〔註213〕《龍頭一覽學海不求人》，明刊本，卷20〈笑談門〉，頁1上～9下，「奇異之論」。

顯現民間對文字游戲的喜好，及對文字能力的掌握；而游戲方式的繁複及多樣化，足見民間巧思與活力；又戲令內容除日常生活中之各種人、事、物外，亦往往有四書五經等儒家經典著作之應用，及前世來生福報禍應等思想的強調，此可反映出儒學思想之普遍與世俗化，及善惡報應佛道宗教觀之普及於民間。

　　大致而言，明清時期民間日用類書有關戲令內容的刊載，主要見於酒令、笑談、謎令、奇策或雜用等門類。其中，酒令部分在明代版本及清代前期三十二卷版本設有專門門類；然發展至清代前期三十卷版本中，雖仍設有專門的酒令門，但其內容不僅是酒令而已，還包括風月，亦即酒令及風月內容均不若以往豐富；再至清代後期二十卷版本中，則已無酒令的專門門類設立，亦不見相關內容於其它門類中。謎語部分在明版民間日用類書有專門門類的設立，但至清代前期三十二卷版本則無專門門類刊載，而是併入雜用門內；發展至清代前期三十卷版本及清代後期二十卷版本中，則不僅無專門門類設立，亦不見其內容於其它門類中。笑話部分自明版至清版民間日用類書，不論是清代前期三十二卷、三十卷版本，或清代後期二十卷版本中，始終設有專門的笑談門，惟其內容刊載在明代版本中種類繁多，至清代版本則有縮減趨勢，亦即笑話種類不若以往多樣化，且明代版本附帶的諷刺詩及各種俏語，至清代版本中亦不見；又清代各版本笑話內容均相同且無任何變化。故事部分只有明版民間日用類書設有專門門類刊載，清版民間日用類書，不論是清代前期三十二卷、三十卷版本，或清代後期二十卷版本中，均未設有專門門類刊載，亦不見於其它門類中。總之，戲令包含的四個主要內容，至清代前期三十二卷或三十卷版本中，僅餘酒令、謎語與笑話；再發展至清代後期二十卷版本中，只賸笑話一種而已。

　　綜觀明清時期民間日用類書有關怡情養性休閒活動的內容可分書法、繪畫、音樂、詩文與戲令五項；其中，僅書法、繪畫及戲令中的笑話三者，自明代至清代版本民間日用類書中，不論是清代前期三十二卷、三十卷版本或清代後期二十卷版本，始終保有專門門類刊載相關內容，只是涉及書法、繪畫較深層之學理、原則等部分的圖文縮減，或笑話種類不若以往多樣化。而音樂項中的琴、蕭、笛、鼓，詩文項中的對聯、古詩、時詩、迴文詩或藏頭詩，以及戲令中的酒令、謎語或故事等內容主要均見之於明版民間日用類書中，且有專門門類刊載；然發展至清代前期三十二卷或三十卷版本中，多已無專門門類刊載，即使仍保有專門門類者，其內容亦已大幅刪減；再發展至清代後期二十卷版本，則僅餘部分彈琴內容於笑談門中，其餘各式音樂、詩文及戲令游戲均已不見於民間日用類書中。所以如此，原因應在於音樂項目之過於艱深、複雜，難以領悟；詩文項目中的古詩、時詩過於典雅，陳意甚高；

而詩文項目中的對聯、迴文詩或藏頭詩，以及戲令項目中的酒令、謎令又須具備較高的文字技巧及相當靈活的創造力乃可深明其意，體會趣味。不似書法、繪畫及笑話三者既方便應用，可隨時爲之，且無需太高意境修養或文字條件之配合乃能從事，除眾樂外，亦可自得其樂，故頗受民間認同，而持續爲明清時期各版民間日用類書刊載之。

第二節　娛樂活動

一、棋　藝

明清時期民間流行的下棋活動可分圍棋與象棋兩種。

圍棋古稱奕、碁、或棊，以其玩時須沈潛，以手鬥智，故又名坐隱、忘憂、手談，宋人甚至稱之爲木野狐，言其誘惑人一如狐狸〔註214〕，可見此戲之受人喜愛。

圍棋於春秋戰國時已普遍流行，以後持續發展未嘗中斷，只是在外觀上，如棋道數目上逐漸確定爲十九道、棋子形狀上由方形轉爲圓形，以及內在玩法規則上有些變化〔註215〕。

明清時期民間日用類書中對圍棋均有記載，可見其乃流行當時之普遍娛樂活動。書中內容除以文字解釋圍棋十九道共三百六十一路，且分平上去入四字，各管一角計九十路之基本格局外，並附以圖示方便參考〔註216〕。還指出圍棋下子時有立、行、飛、尖、粘、幹、綽、約、關、沖、覷、毅、筍、頂、捺、蹺、門、斷、打、點、征、辟、聚、劫、拶、撲、勒、刺、夾、盤、鬆、持等三十二種指法，且清楚說明各種下子法內容以明其名稱由來，如：

> 立，沿邊而下子者曰立，恐行子沖斷相攻，故曰立。行，初下一子，粘連勿斷，惟恐有夾打險難，謂之行。飛，謂下子隔斜路而走，亦有沿邊而走者，

<hr/>

〔註214〕江淑玲，〈陶情怡性、移風易俗——傳統社會的民間娛樂〉，收入劉岱總主編，藍吉富、劉增貴主編，《中國文化新論（宗教禮俗篇）》，頁 656～657；李岩齡等，《中國宮廷禮俗》（臺北：百觀出版社，1993.1），頁 162；朱銘源，《中國圍棋史話》（臺北：中央日報社，1980.6），頁 38、70。

〔註215〕有關圍棋之發展演變可參見徐家亮，《中國古代棋藝》（臺北：臺灣商務印書館股份有限公司，1993.12），頁 1～11；史良昭，《博奕遊戲人生》（臺北：臺灣商務印書館，1992.3），頁 84～89；郭雙林、蕭梅花，《中國賭博史》（臺北：文津出版社，1996.5），頁 27～28、48、81～82。

〔註216〕《萬寶全書》，崇禎年間刊本，卷15〈八譜門〉，頁 347～348，「圍棋路圖說」、「圍棋局」。

大騰局使子有遠粘不斷之貌，故云飛。尖，初下子斜行一路，若以勝負相攻，使子有粘活謂尖。粘，恐斷乃連而爲行曰粘，若糊粘勿也。幹，不連而入曰幹。約，以我子攔彼子曰約。緯，以我子斜侵彼路，拂其子曰緯。衝，直連子而入關謂衝。關，隔一路子相對，若關之狀，有單關、雙關。覷，視也，有可斷而不敢斷，先以子視之曰覷〔註217〕。

同時，將北宋張靖仿《孫子兵法》而撰之圍棋理論摘出，自介紹棋盤格式及其象徵意義的論局第一開始，接著說明布局、下棋各法的得算第二、權輿第三、合戰第四、虛實第五、自知第六、審局第七、度情第八、斜正第九、洞微第十、名數第十一，到評斷圍棋造詣的品格第十二，以及其它相關說明的雜說第十三爲止，分篇詳解圍棋要旨以示人；如論局第一云：

夫萬物之數，從一而起，局之路，三百六十有一，且一者，生數之主，據其極而連四方也。三百六十，以象周天之數（日行遲一歲一周天，月行速一月一周天，一歲凡十三交會，合朔一十位，故周天度數三百有六十，而局法取焉），分而爲四隅，以象四時，各九十路，以象其日（四隅各九十路，四時各九十日），外周七十二路，以象其候，夫棋三百六十，白黑相伴，以法陰陽（黑白各一角八十，陽明而顯，故白子，陰晦而暗，故黑子，是定陰陽之義也），局之線道謂之枰（今棋局以黑平末線道金漆漆之），線道之間謂之罫（吳韋翟博奕論曰，所出不出一枰之上，所務不過方罫之間，方目也，枰彈也，謂絕目也，言一枰者先下一子占路也）：局方而靜，棋圓而動，自古及今，奕者無同局，傳曰，日日新，故宜用意深而存慮精，以求其勝負之由，則至其所未至矣〔註218〕。

而言布局原則的權輿第三則曰：

先於四隅分定（平上去入勢子），後終折二斜飛，下勢一等（或於三六，或於六三下子是也，不然則非），立二可以折三（白折三路，黑不可去其內斷之也），立三可以折四（黑折四路不可入立，謂直立其子也），與子相望可以折五（謂如平四、四上、四四皆有勢于平十四著，乃是折五路與勢相望也），近不必比，遠不必乖（比輔也，乖離也）〔註219〕。

至於品格第十二是將棋藝分成九等，以別高下；各品名稱及標準爲：

一曰入神，變化不測，而能先知，精義入神，不戰而屈人之棋，無與之敵者，

〔註217〕《萬寶全書》，崇禎年間刊本，卷15〈八譜門〉，頁348。
〔註218〕《萬書萃寶》，萬曆24年刊本，卷14〈棋譜門〉，頁1下～2上，「論局第一」。
〔註219〕《萬書萃寶》，萬曆24年刊本，卷14〈棋譜門〉，頁2下，「權輿第三」。

厥品上上。

二曰坐照，入神者饒半先，則不勉而中，不思而得，坐照者，至近善應，亞
近入神，厥品上中。

三曰具體，入神者饒一先，臨局之際，造形則悟，其入神之體而微者也，厥
品上下。

四曰通微，受高者品先，臨局之際，見形陰能善應變，或戰或否，意亦通凶，
厥品中上。

五曰用智，受饒三子，未能通凶，戰則用智，以救其辨，厥品中中。

六曰小巧，小巧受饒四子，不務遠圖，巧施小巧，厥品中下。

七曰鬥力，受饒五子，動則交戰，與敵相抗，不用其智，而專鬥力，厥品下
上。

八曰若愚，九曰守拙，九品之外，不可勝計，未能入格，今不復云，傳曰，
困而學之，又其次也〔註220〕。

最後的雜說第十三則是除上述各主要原則外的零星說明，如布局時棋在「邊不如角，
角不如腹」；下棋時「斜行不如正行」、「地廣而路多，曰大眼；地狹而路小，曰小眼」
而「大眼可贏小眼」、凡「前途有礙則勿征」；又奕棋態度須「不欲疏，疏則忘，忘
則多失」、且「勝不言，敗不語；振謙讓者君子也，起忿怒者小人也；高者勿亢，卑
者勿怯」等〔註221〕。

事實上，古人視奕棋如作戰，故布局、下手均須深思熟慮，乃可致勝，如〈圍
棋賦〉所云：

圍棋法于用兵，一尺之局，為戰鬥場，陳聚士卒，兩敵相當，怯者無功，貪
者先亡，常據四道，守用依傍，緣邊遮列，往往相望，離離馬目，連連鴈行，
晝度間置，徘徊中央，收取死卒，無使相迎，當食不食，反受其殃，離亂交
錯，更相度越，守規不固，為所唐突，深入貪地，殺亡士卒，狂攘相救，先
後並設，計功相除，以時早記，事留變生，拾棋欲疾，營或窘之，無今詐出，
深念遠慮，勝乃可必也〔註222〕。

而為便於人們實際對應，民間日用類書並列出種種棋局圖例以為示範參考，包
括起局、倒垂蓮局、鐵網局、捲簾邊局、金井欄局、空花角局、玄玄勢〔註223〕、敵

〔註220〕《萬書萃寶》，萬曆24年刊本，卷14〈棋譜門〉，頁7上～下，「品格第十二」。

〔註221〕《萬書萃寶》，萬曆24年刊本，卷14〈棋譜門〉，頁7下～8上，「雜說第十三」。

〔註222〕《文林聚寶萬卷星羅》，萬曆28年序刊本，卷14〈棋譜門〉，頁14上，「圍棋賦」。

〔註223〕《萬書萃寶》，萬曆24年刊本，卷14〈棋譜門〉，頁10下～13下。

手局、斜飛角局〔註224〕、斜作角局〔註225〕、千金不轉勢、五龍□身勢、明珠出海勢、吉祥勢、入妙勢、五將被擒勢、彩雲勢、擒縱勢、三生勢、文昌勢、六丁神將勢、迷仙勢等〔註226〕。(圖6-2-1,下部)

　　象棋起源可追溯至戰國時的六博,南北朝時發展成象戲,至唐時有寶應象棋,然此時象棋不論在棋盤或棋子外型上,仍與今日象棋不同,係六十四塊黑白相間小方格組成棋盤及立體象型棋子,且當時象棋種類甚多,至北宋時象棋才定型成今日之形制〔註227〕。

　　明清時期民間日用類書亦均有象棋之記載,可見其普遍情況。其內容除以詳細圖示呈現象棋盤面之基本格式〔註228〕;並說明象棋行止之專稱,如「向彼行曰進,向己行曰退,橫走則曰平」〔註229〕,又象棋各子之行路規範是:

> 將軍不離九宮內,常守宮中行一步;士止一尖不離宮,不出九宮行口字;象飛四方營四角,斜行由字不過河;馬行一直一尖衝,前子礙腳行日字;砲須隔子打一子,隔二不打橫直使;車行直路任西東,一見便食莫同路;惟卒止能行一步,彼子近身方捉捕;過河橫進退無蹤,自家臨危離(難)救護〔註230〕。

　　接著,更進一步分別說明各子之運用,如中砲局勢是「起砲在中宮,棋觀氣象雄,馬常守中卒,士上將防空,象要車相付,卒宜左右攻,居將砲車敵,馬出渡河容」;士象局勢是「砲向士角安,車行兩路前,過河車包上,砲在後為先,集車拏士相,仍叫砲向前,敵人輕不守,捉將不為難」;飛砲局勢則是「砲居邊塞上,臨陣勢如飛,虛隙并圖像,衝前敵勢危,絕敵尋先子,無語自沈吟,車將車破敵,變化少人知」;另外還有破車勢、象局勢等〔註231〕。

〔註224〕《萬寶全書》,崇禎元年刊本,卷11〈棋局門〉,頁4下~5下。
〔註225〕《五車拔錦》,萬曆25年序刊本,卷12〈棋譜門〉,頁12上。
〔註226〕《三台萬用正宗》,萬曆27年刊本,卷10〈五譜門〉,頁14下~16下。
〔註227〕有關象棋的起源與演變發展,參見顧鳴塘,《斗草藏鈎》,頁59~60;徐家亮,《中國古代棋藝》,頁70~87;張仁善,《中國古代民間娛樂》(北京:商務印書館國際有限公司,1996.7),頁41~42;王永平,《唐代游藝》(西安:西北大學出版社,1995.6),頁95~98;史良昭,《博奕遊戲人生》,頁163~166;郭雙林、蕭梅花,《中國賭博史》,頁52~55、86~89、136。
〔註228〕《五車拔錦》,萬曆25年序刊本,卷12〈棋譜門〉,頁2下~3上,「象棋局面圖示」。
〔註229〕《五車拔錦》,萬曆25年序刊本,卷12〈棋譜門〉,頁2上,「行子指明」。
〔註230〕《五車拔錦》,萬曆25年序刊本,卷12〈棋譜門〉,頁1上,「象棋譜式」。
〔註231〕《五車拔錦》,萬曆25年序刊本,卷12〈棋譜門〉,頁1下~2上,「中砲局勢」、「士象局勢」、「飛砲局勢」、「破車勢」、「象局勢」。

圖 6-2-1《三台萬用正宗》，萬曆 27 年刊本，卷 10〈五譜門〉，頁 14 下〜15 上。

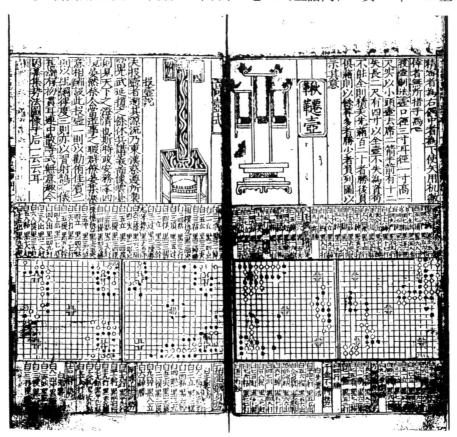

除基本行子規範說明外，同時指出勝棋訣法，如下棋「宜用心機」，由於「象棋易習最難精，妙著神機自巧生」，故「得勢捨車方有益，失先棄子必無成；他強己弱須兼守，彼弱吾強可橫行，更熟此書胸臆內，管教到處有芳名」；且「勝宜淂先」，即強調「得子得先名淂勝，得子失先卻是輸，車前馬后須相應，進退應須要付車」〔註 232〕。

而爲便於習者應用，民間日用類書亦刊出許多實際圖例招勢以爲參考，包括一計害三賢、二士入桃源、三戰呂布、四馬投唐、五虎下西川、六將下江南、七賢過關、八面埋伏、九子十登科、十三太保、行者讓路、雙蝶戀梅、韓信背水、長板救主〔註 233〕、青雲得路、新二氣周瑜局、三氣周瑜、新烏龍擺尾局、新小七縱局、香

〔註 232〕《萬寶全書》，崇禎年間刊本，卷 15〈八譜門〉，頁 348〜349，「宜用心機」、「勝宜淂先」。

〔註 233〕《五車拔錦》，萬曆 25 年序刊本，卷 12〈棋譜門〉，頁 11 上〜18 上，「象棋秘妙新式」。又《萬寶全書》，崇禎元年刊本，卷 11〈棋局門〉，頁 5 下，「新增棋勢妙法」，

風穿柳、暗度陣（陳）倉、新小背水局、董卓鎮二喬、步步隨、老馬還鄉、力追四寇〔註234〕、不要打去〔註235〕、孔明七擒孟獲局、砲打襄陽局、四車相見勢、砲打樊城勢、得勝回朝勢、梅花鬥雪開、野馬跳澗勢、枯木逢春勢、興創致疆勢、老蚌吸月勢、蕭何追韓信、金雞抱卵等〔註236〕。（圖 6-2-2，下部）

　　事實上，圍棋與象棋均屬鬥智之戲，但行進發展時各有特點；如圍棋棋子愈奕愈多而戰場愈狹，象棋則從棋子遍布棋盤而逐漸減少；又圍棋各子能力相當，布局思考較重全面，象棋各子力量厚薄不一，構築進行偏向局部等；惟學習均須實際演練乃可知曉，故民間日用類書中云：

　　　凡觀勢變，只把旨看似乎難曉，必雖將棋盤擺成局面，然後看書對下，則至易至明，不然，徒散精竭神，畢竟無所益也〔註237〕。

　　綜觀明清時期民間日用類書有關圍棋內容之刊載，實含三大項，一是基本棋盤認識與下棋須知，其次是布局、下棋等相關理論的解釋，最後是實際局勢的圖例說明。其中，明版民間日用類書及清代前期三十卷版本中，三項內容均有詳細文字解釋，且輔以圖示；然發展至清代後期二十卷版本中，則僅賸基本棋盤認識與下棋須知，以及若干實際局勢的圖例說明，無布局、下棋等相關理論解釋。而民間日用類書有關象棋內容的刊載，則有基本棋盤認識與下棋訣法，及實際局勢圖例說明兩大項。其中，明版民間日用類書將二者內容詳細呈現，以後持續發展至清代版本，不論是清代前期三十卷版本，或清代後期二十卷版本中，內容大致未變。所以使得民間日用類書中圍棋與象棋內容刊載有不同的發展情況，特別是圍棋內容被刪減的實較象棋來得多，其原因在於，圍棋理論性質較象棋高，然對民間社會而言，下棋活動令其感興趣的僅為娛樂目的本身，故圍棋理論部分內容終不受重視，不為人需要而遭刪除命運。

不稱「四馬投唐」，而稱「四縣投壺」。而《萬用正宗分類學府全編》，萬曆 35 年刊本，卷 15〈八譜門〉，頁 9 上～下，「局面名數」，則有另外之稱呼法，即一字布車、二龍爭珠、三思疑惑、四門鬥底、五通變玩、六丁神將、七賢過關、八仙出洞、九曲黃河、十面埋伏。

〔註234〕《三台萬用正宗》，萬曆 27 年刊本，卷 10〈五譜門〉，頁 2 下～6 上，「棋勢新式」。
〔註235〕《萬寶全書》，崇禎元年刊本，卷 11〈棋局門〉，頁 9 上～下，「新增棋勢妙法」。
〔註236〕《龍頭一覽學海不求人》，明刊本，卷 16〈博奕門〉，頁 3 下～6 上。
〔註237〕《五車拔錦》，萬曆 25 年序刊本，卷 12〈棋譜門〉，頁 10 下。

圖 6-2-2《三台萬用正宗》，萬曆 27 年刊本，卷 10〈五譜門〉，頁 4 下～5 上。

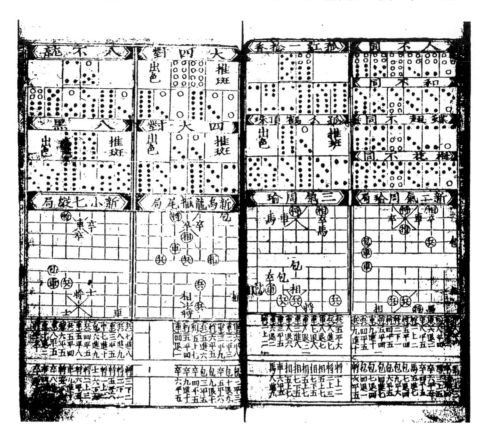

二、骰　戲

　　明清時期民間流行的骰戲可分雙陸與碌碡兩種。

　　雙陸源於西域傳來的波羅塞戲，與握槊、長行屬同類博戲〔註 238〕，唐代已盛，宋代並分若干種類〔註 239〕；而其後續發展則說法不一，有云宋以後不多見；也有云明以後，在民間不時興；亦有云此戲失傳於清〔註 240〕。然事實上，明清時期民間日用類書仍載有此戲，可知其仍流行於民間社會。

〔註 238〕有關波羅塞戲、握槊、長行、雙陸的關係，說法不一：有言其爲相同博戲，有言其爲不同博戲，但玩法大同小異，參見徐家亮，《中國古代棋藝》，頁 131；張仁善，《中國古代民間娛樂》，頁 42；戈春源，《賭博史》（上海：上海文藝出版社，1995.7），頁 19；郭雙林、蕭梅花，《中國賭博史》，頁 44～48。

〔註 239〕郭雙林、蕭梅花，《中國賭博史》，頁 106。

〔註 240〕江淑玲，〈陶情怡性、移風易俗——傳統社會的民間娛樂〉，頁 665；徐家亮，《中國古代棋藝》，頁 134；郭雙林、蕭梅花，《中國賭博史》，頁 111。

　　雙陸游戲的道具有三，即棋盤、棋子與骰子。棋盤呈長方型，兩條長邊中點各有一個半月型門，門兩邊各刻六個圓點，標誌十二條路，故名"雙陸"，路又稱梁；而棋子又稱馬，為立體造型，白黑各十五枚；骰子則需二枚〔註241〕。

　　雙陸玩之前與象棋同，均須將棋子全部置於棋盤上規定之位，分布內容為右前六梁，左後一梁，各布五馬，右後六梁布二馬，左前二梁布三馬，白黑相偶，各十五馬〔註242〕；執白馬者居右，執黑馬者居左，二人輪流擲二骰行馬。（圖6-2-4，上部）

　　比賽時，白馬從後六梁起馬，由右向左行，至前六梁再入對手界，此後由左向右行；黑馬從後六梁起馬，由左向右行，至前六梁過敵界，此後由右向左行。行馬時，可根據二骰之不同點數分由二馬行不同步數，或按二骰點數總和獨行一馬。同色之棋，一梁中可任意置數馬，但切忌一馬單立於一梁，遇此情況，敵馬可打此馬，故有稱玩雙陸為打雙陸；被打之馬要暫時取下，以後仍可上梁，但須待原布陣之八梁有空，且擲得點數與梁一致才可再上，如第三梁有空，而擲出三點，即可再上梁，而在此馬未再上梁前，本方之馬均不得行，由對方繼續擲骰行馬。若一梁內有同色二馬立，則敵方馬不得入此梁，更不可打馬。

　　當一方之馬全走入後六梁，謂"歸梁"，歸梁後再擲骰取馬出局，凡馬先出盡者為勝，勝而敵馬未歸梁，或歸梁而無一馬出局，則勝雙籌〔註243〕。

　　明清時期流行的雙陸規局係沿襲宋代司馬光所定之新格式，雖以二骰點數行步，然馬行有一定限制，不得任意，布局規劃須全盤考量，乃可避開對方陣勢，及早將馬歸梁，故此戲之勝，難有僥倖〔註244〕。

　　而為便於人們學習，民間日用類書除基本玩法介紹外，亦列出實際招勢圖例以供參照，包括有設網拿鷹勢、金貓捕鼠勢、刀鳶打兔勢、孟嘗君過關勢、鴛鴦入鳳巢勢、麥蜻臨園勢〔註245〕、雙么墻圍勢〔註246〕、太公灌壇勢、二仙傳道勢、二儀逐台勢等〔註247〕。

　　砵窩俗稱"豬窩"、"豬婆龍"，宋代已出現，為一種流行當時的粗俗博戲；後

〔註241〕《學海群玉》，萬曆35年序刊本，卷13〈八譜門〉，頁12下，「雙陸局式」。
〔註242〕《學海群玉》，萬曆35年序刊本，卷13〈八譜門〉，頁14下，「雙陸式」。
〔註243〕《五車拔錦》，萬曆25年序刊本，卷15〈八譜門〉，頁2下～3上，「雙陸格制」。
〔註244〕《萬書萃寶》，萬曆24年刊本，卷17〈八譜門〉，頁7下，「雙陸規局」曰：「雙陸者，先正司馬文正公始新定格局，斥僥倖之勝，蓋其意欲歸之正也」。
〔註245〕《萬寶全書》，崇禎年間刊本，卷15〈八譜門〉，頁365～370。
〔註246〕《學海群玉》，萬曆35年序刊本，卷13〈八譜門〉，頁16下。
〔註247〕《三台萬用正宗》，萬曆27年刊本，卷10〈五譜門〉，頁10下～11上、12下～13上。

經人整理，又名"除紅"，因其玩時以紅色四點為大，且計算點數比較大小時，須先扣除紅色四點之數而得名，也有人以其為宋人朱河所創而稱之為"朱河"〔註248〕。

明清時期民間亦流行硃窩之戲，此戲玩時需備骰子四枚及一份硃窩譜式〔註249〕。比賽前先將參加者分成庄或客，正式開始時，四枚骰子擲出的樣式，可分贏色、賽色與輸色；其中，十三點以上是贏色，八點以下是輸色，九至十二點是賽色；賽色之稱意指在此點數內有賽局，以外則無。

凡贏色者，庄擲得贏客，客擲得贏庄，其區別程度如下：

1、擲得四個骰子同一色者，俗稱四色，贏四盃，此共有六式，彩名為滿堂紅、萬里封侯、風掃落葉、鴈行兒、八仙過海、商山四皓。（圖式 A 組）

2、擲得四個骰子中有三個四紅，一個它色者，俗稱三紅，贏三盃，此共有五式，彩名為月上海棠、雙蝶戀花、蓼灘孤鴈、五月榴花、銷金帳。（圖式 B 組）

3、擲得四個骰子中有二個四紅，二個它色者，俗稱紅對子或并紅，贏二盃，此共有五式，彩名為櫻唇杏臉、劉肇天台、張敞畫眉、花落芳草、十二金釵。（圖式 C 組）

4、擲得四個骰子中有一個四紅，三個它色者，其中三個骰子分別為 6、6、6 者彩名為學士登贏，俗稱十八豹，贏三盃；骰子為 5、6、6 者彩名為回回進寶，俗稱十七舉；骰子為 4、5、6 者彩名為蟾宮攀桂，俗稱四五六，均贏二盃。（圖式 D 組）

5、擲得四個骰子中有一個四紅，三個為它色者，其中三個骰子為 2、6、6 者彩名為鐵冠道士，3、5、6 者彩名為丹鳳穿花，3、6、6 者彩名為危橋跨澗，5、5、5 者彩名為未團圓，5、5、6 者彩名為十二天龍，此五式均合計為十四至十六點，俗稱老色，均贏一盃。（圖式 E 組）

6、擲得四個骰子中有一個四紅，三個為它色者，其中三個骰子為 1、6、6 者彩名為鶴頂珠，2、5、6 者彩名為繡頸野雞，此二式均合計為十三點，如庄家擲此色，憑客賽論。（圖式 F 組）

7、擲得四個骰子中無一四紅，但均兩兩成對者，此俗稱素葉，又名黑情龍、對子，贏一盃，此共有十式，彩名各為兩儀四象、雙燕啣泥、二虎爭雄、雙龍現珠、江燕引雛、浪捲浮萍、二喬觀書、疏影斜枝、臨潼鬥寶、風雲際會。（圖

〔註248〕郭雙林、蕭梅花，《中國賭博史》，頁 126～127；戈春源，《賭博史》，頁 37。

〔註249〕有言需六枚骰子和一份骰譜，見郭雙林、蕭梅花，《中國賭博史》，頁 127，此有誤。又有言唐宋元明時代的骰子賭博具體方法已無法詳考，見羅新本、許蓉生，《中國古代賭博習俗》（西安：陝西人民出版社，1994.6），頁 62，此亦有誤。

式 G 組）

凡賽色者，以除四紅的點數大小定輸贏，若庄擲九點，客賽九點，謂之兩平，客贏庄一盃；客若賽八點，俗稱踏腳，客自輸三盃，正色兩盃外，踏腳加一盃；客若賽十點，謂之壓倒，客贏庄二盃。若庄擲十一點，客賽十點，庄贏客一盃。若庄擲十二點，客賽十三點，則客贏庄三盃，正骰二盃外，加壓倒一盃。賽色各式亦有不同彩名，如：

1、擲得九點者，此共有四式，彩名爲柳葉兒、女冠子、鎖南枝、落霞孤鴈；擲得十點者，此僅一式，彩名爲落梅花。（圖式 H 組）

2、擲得十一點者，此共有四式，彩名爲夾十兒、畫眉不盡、梅梢月、鵲踏枝；擲得十二點者，此共有四式，彩名爲一剪梅、十二時、鶴鳴天、巫山段雲。（圖式 I 組）

凡輸色者，庄擲得庄自輸，客擲得客自輸，其區別程度如下：

1、擲得七點者，俗稱小七，此共有三式，彩名爲七國爭雄、散仙七子、竹林七杼，俗名爲川七兒、白七兒、夾七兒；擲得五點者俗稱若五，此共有二式，彩名爲五星聚奎、葫蘆兒；擲得四點者，彩名爲二聖降妖，均輸一盃。（圖式 J 組）

2、擲得六點者，共有二式，彩名爲魚遊春水、六出奇花；擲得八點者，共有三式，彩名爲五馬破曹、擂豉八漢、八方均化，俗名爲狗頭八、大王眼、灶門八，均輸二盃。（圖式 K 組）

3、擲得三點者，乃正硃窩，全輸之色，彩名三星聖瑞，俗名快活三，輸三盃。（圖式 L 組）

4、其餘凡擲得點數相同者，謂之分平，後擲者罰一盃；凡擲得少一點者，謂之踏腳，罰二盃；擲得多點，謂之壓倒，罰二盃〔註250〕。

硃窩玩法除上所述定輸贏外，尚有其它娛樂方式，係依不同譜式配合不同座次或不同身分者飲酒，其內容如下：

〔註250〕以上譜式參考下列資料整理而成：《五車拔錦》，萬曆 25 年序刊本，卷 29〈侑觴門〉，頁 1 上～4 下，「硃窩譜式」；《三台萬用正宗》，萬曆 27 年刊本，卷 19〈侑觴門〉，頁 2 上～4 下，「硃窩譜式」；《文林聚寶萬卷星羅》，萬曆 28 年序刊本，卷 29〈侑觴門〉，頁 1 上～4 下，「硃窩譜式」；《萬寶全書》，崇禎元年刊本，卷 11〈棋局門〉，頁 13 下～16 下，「硃窩譜式」；《龍頭一覽學海不求人》，明刊本，卷 14〈笑談門〉，頁 19 上～22 上，「硃窩骰式」；惟其中酒數賞罰有不同規定，譜名亦有些許變化。又顧鳴塘，《斗草藏鈎》，頁 175，有言四骰點數全同者爲"渾花"，兩兩成對爲"葉兒"，其中含四的五種稱"紅葉兒"，不含四的十種叫"素葉兒"。

青空紅色，合席皆飲一杯　　　　萬里封侯，自飲一盃

風掃漢番，兩邊各陪一杯　　　　鴻雁來賓，鄰皆飲

八仙過海，坐敬第八位飲　　　　商山四皓，舉年高有德者一盃

月上海棠，主人陪一盃　　　　　雙蝶戀花，連坐者飲一盃

蓼灘又雁，自飲一盃　　　　　　五月石榴，坐對面者同飲

櫻唇杏臉，坐上年少者一盃　　　劉阮天臺，連坐者二盃

張敞畫眉，連坐各一盃　　　　　十二金釵，奉有撰者飲一盃

回回進空，飲二盃　　　　　　　扳持不宮，飲一盃

學士登瀛，飲三盃　　　　　　　兩儀四象，上下左右各吃一盃

雙燕啣泥，上下手者各吃一盃　　二虎爭雄，連一者各吃一盃

雙龍現珠，奉棹中長者各一盃　　江燕引雛，奉子歲者飲一盃

浪捲浮萍，奉忕為商者飲一盃　　二喬現書，奉首坐者二位一盃

疏影斜枝，席坐下手者飲一盃　　繡頸野雞，穿未頂者飲一盃

雙鳳齊鳴，上下左右對面者飲一盃　鶴頂丹砂，年高者飲一盃

香山九老，年高者一盃　　　　　九卿四相，普席一盃

鵲踏落梅，奉東一盃　　　　　　紅梅半謝，謝東一盃

臨潼鬥寶，排行慎五者一盃　　　風雲撥會，普席皆歡

十二天冠，有年一盃　　　　　　元夜孤燈，自飲一盃

丹鳳穿花，中席一盃　　　　　　危橋斷板，久江湖一盃

鐵冠道士，奉一大一能一無能各一盃　落霞孤雁，自飲一盃

五鬼鬧判，在西吃一盃　　　　　四科十哲，普飲一盃

梅稍月，坐下者一盃　　　　　　畫眉不盡，唱奉一盃

金門待漏，下坐一盃　　　　　　六年春色，皆飲一盃

合併六國，皆一盃　　　　　　　五馬破曹，自飲二盃

擂鼓八漢，罰自三盃　　　　　　八方均化，普席二盃

七國爭雄，左右一盃　　　　　　散仙七子，第七位一盃

竹林七杼，抓七者一盃　　　　　魚落春水，自飲一盃

咬牙四，罰三盃　　　　　　　　五供養，上坐一盃

葫蘆兒，下坐者一盃　　　　　　粉蝶兒，普席一杯

快活三，兩邊各飲一盃〔註251〕

〔註251〕《萬用正宗分類學府全編》，萬曆35年刊本，卷26〈酒令門〉，頁4上～7下，「碌窩令譜」。

大致而言，硃窩雖名稱粗俗，各式彩名卻頗為典雅，多為曲牌名；惟其玩法及規範，純憑擲得點數定勝負，較偏運氣成分，欠缺才智運用；而雙陸雖亦屬擲骰博戲，但因須根據局面形勢採取不同行馬步數以占有利地位而取勝，非只憑擲骰運氣，故可算是一種鬥智重於鬥巧之戲。而明清時期民間日用類書有關雙陸與硃窩的內容刊載，在明代版本中，包含基本玩法說明與譜式圖二部分；發展至清代前期三十卷版本及清代後期二十卷版本中，亦均含有此二部分，惟雙陸之戲的基本玩法說明已不若以往詳細而完整。

硃窩譜式

A.

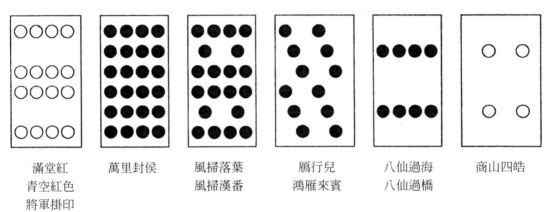

滿堂紅	萬里封侯	風掃落葉	鴈行兒	八仙過海	商山四皓
青空紅色		風掃漢番	鴻雁來賓	八仙過橋	
將軍掛印					

B.

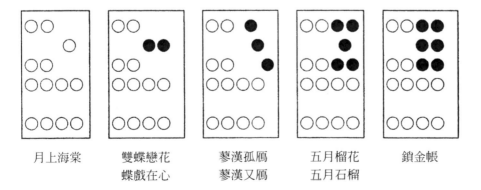

| 月上海棠 | 雙蝶戀花 | 蓼漢孤鴈 | 五月榴花 | 鎖金帳 |
| | 蝶戲在心 | 蓼漢又鴈 | 五月石榴 | |

C.

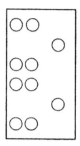 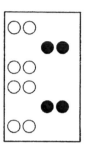 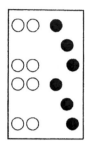 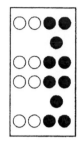 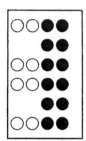

櫻唇杏臉　　劉肇天台　　張敞畫眉　　花落芳草　　十二金釵
楊唇杏臉　　劉阮天台　　弘葉兒　　　落花芳草
　　　　　　紅葉兒　　　　　　　　　金菊芙蓉
　　　　　　　　　　　　　　　　　　穿煩色衣

D.

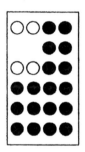 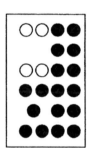 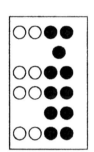

學十登瀛　　回回進寶　　蟾宮攀桂
十八豹　　　回回進空　　扳持不宮
　　　　　　十七舉　　　四五六

E.

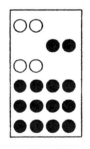 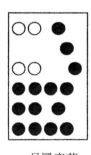 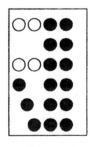 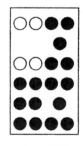 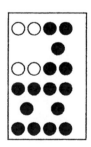

鐵冠道士　　丹鳳穿花　　危橋跨澗　　十二天龍　　未團圓
　　　　　　穿花鳳　　　危橋斷板　　十六天龍
　　　　　　　　　　　自鵬舞　　　黑十六

F.

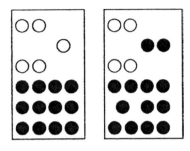

鶴頂珠　　　繡頸野雞
鶴頂丹砂

G.

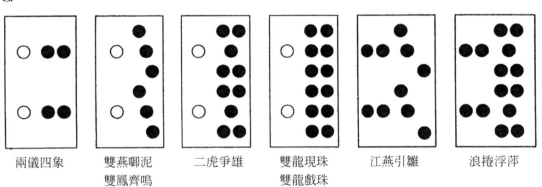

兩儀四象　　雙燕啣泥　　二虎爭雄　　雙龍現珠　　江燕引雛　　浪捲浮萍
　　　　　　雙鳳齊鳴　　　　　　　　雙龍戲珠

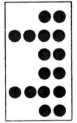

二喬觀書　　疏影斜枝　　臨潼鬥寶　　風雲際會
二喬現書　　　　　　　　晦潼鬥寶　　風雲撥會

H.

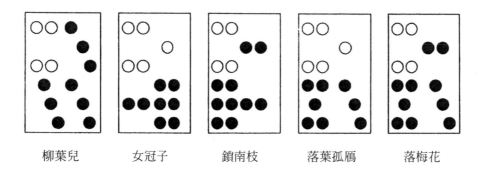

柳葉兒　　　女冠子　　　鎖南枝　　　落葉孤鴈　　　落梅花

I.

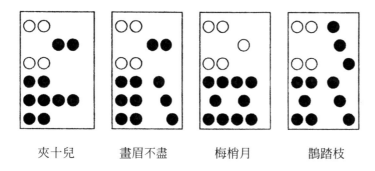

夾十兒　　　畫眉不盡　　　梅梢月　　　鵲踏枝

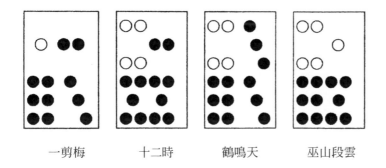

一剪梅　　　十二時　　　鶴鳴天　　　巫山段雲

J.

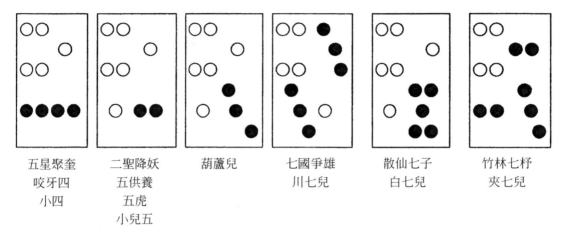

五星聚奎
咬牙四
小四

二聖降妖
五供養
五虎
小兒五

葫蘆兒

七國爭雄
川七兒

散仙七子
白七兒

竹林七杼
夾七兒

K.

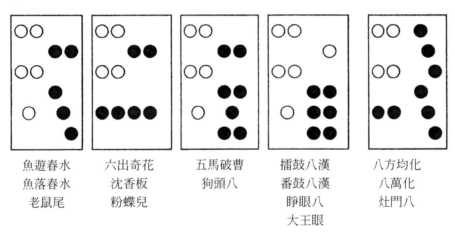

魚遊春水
魚落春水
老鼠尾

六出奇花
沈香板
粉蝶兒

五馬破曹
狗頭八

擂鼓八漢
番鼓八漢
睜眼八
大王眼

八方均化
八萬化
灶門八

L.

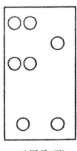

三星聖瑞
快活三

三、牌　術

　　明清時期民間還流行一種由骰子演變而來的牌術，因以骨、牙製成，故稱骨牌、牙牌，又傳言此牌源於北宋徽宗宣和年間，亦稱之為"宣和牌"〔註252〕。

　　骨牌呈長方形，每扇牌面由骰子的兩個面拼成，共三十二扇，正牌有二十四扇，雜牌有八扇；正牌兩兩成對共十二種，各有不同名目，饒富意義，如天牌二扇二十四點，象徵天之二十四氣；地牌二扇四點，代表地之東西南北；人牌二扇十六點，意指人之仁義禮智，發而為惻隱、羞惡、辭讓、是非之心；和牌二扇八點，暗諭太和之氣，流行於八節之間；其它還有天圓地方、天地分、天念三、楚漢爭鋒、錦屏風、巫山十二峰、雙蝶戲梅、疊勝還兒等牌名〔註253〕。（圖式Ａ、Ｂ）

　　除正牌、雜牌外，骨牌另有許多不同牌名，如：雙腳撈、雙小不同、雙騎馬奪錢五、雙飛燕、雙龍尾、順天不同、地不同、天不同、人不同、和不同、蝶翅不起（同）、梅花不同、孤紅一捻香、孤么鶴頂珠、大四對、四大對、八不就、（圖6-2-2，上部）八黑、八紅沈醉西施、七紅沈醉楊妃、斷么、絕六、櫻桃九熟、公領孫、七星劍、三綱五常、晝夜停、踏梯望月、劍行十道、鴈唧珠、鐵索纜孤舟、火燒梅、十月應小春、二姑把蠶、火煉丹、二士入桃園、梅稍月、觀燈十五、寒鵲爭梅、霞天一隻鷹、二郎遊五獄、□入菱窠、烏龍斬眼、洪範九疇、天地交泰、貪花不滿三十、蘇秦背劍、魚遊春水、河圖十五、五嶽朝天、將軍掛印、落花紅滿地、花開蝶滿枝、二龍戲珠、恨點不到、雪消春水來、三斗混雜、二十四氣、金菊對芙蓉、禿爪龍、拗馬軍、桃紅柳綠、綠暗紅稀、合禿爪龍、紫燕穿簾幙、龍虎風雲會、正馬軍、正雙飛、九溪十八洞、雙龍入海、扚雙飛、鍾馗抹額、酒瓶蓋、隔子眼、順水魚兒、錦裙欄、合酒瓶蓋、孩兒十、碎米粟、劈破蓮蓬、一枝花、折足鴈、小不同、揉碎梅花、合一枝花、賓鴻中彈〔註254〕、上天梯、臨老入花叢等等〔註255〕。

　　骨牌玩時，三人鋪牌，每人八扇，以三扇合成一牌，牌鋪定則輪流各出一不用之牌，並取旁人丟出之牌，以與己牌配合，最後按三扇所成之大牌配上不成色之雜牌計賞色分勝負。

　　各牌色賞籌不同，如得天不同、地不同、八黑不紅，賞十籌；（圖式Ｃ）斷么、

〔註252〕《萬寶全書》，萬曆42年序刊本，卷12〈八譜門〉，「出牌因格」。又有關骨牌的產生參見史良昭，《博奕遊戲人生》，頁56；顧鳴塘，《斗草藏鉤》，頁74～75；尚秉和，《歷代風俗事物考》（臺北：臺灣商務印書館，1979.5，臺5版），頁473；郭雙林、蕭梅花，《中國賭博史》，頁167。

〔註253〕《三台萬用正宗》，萬曆27年刊本，卷10〈五譜門〉，頁1上。

〔註254〕《三台萬用正宗》，萬曆27年刊本，卷10〈五譜門〉，頁3上～7下。

〔註255〕《五車拔錦》，萬曆25年序刊本，卷15〈八譜門〉，頁3上、5上、5下。

絕六、孤么、孤紅、八不就，賞五籌；（圖式 D）天、地、人、和四牌，賞四籌；天念三、天地分賞三籌；對子不論紅黑，賞二籌；（圖式 E）若出色全無大牌者，只數點數定輸贏，多一點，賞一籌；然雜牌點數合計須達十四點以上方可計數，若十三點以下，謂之亡牌〔註 256〕。

　　骨牌玩法頗為簡易，然因以骰子兩枚之面為牌色，變化較大，牌色亦多，故玩時須隨時按牌譜查覆，很難全部記清，不似牦窩譜式較為簡單，故有人以為此實限制其普及性〔註 257〕。然此戲在明清時期民間日用類書中普遍刊載，其相關內容在明代版本包含基本玩法說明及鋪牌圖式二部分；發展至清代前期三十卷版本及清代後期二十卷版本中，則僅餘鋪牌圖式而無玩法說明。

骨牌譜式

A.正牌

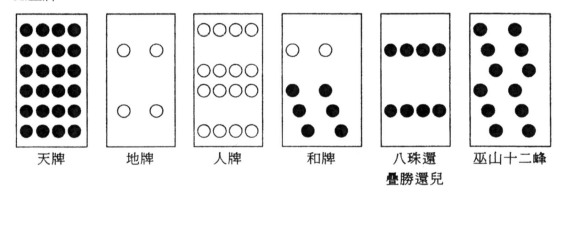

天牌　地牌　人牌　和牌　八珠還疊勝還兒　巫山十二峰

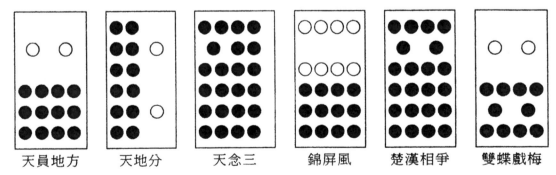

天員地方　天地分　天念三　錦屏風　楚漢相爭　雙蝶戲梅

〔註 256〕《五車拔錦》，萬曆 25 年序刊本，卷 15〈八譜門〉，頁 1 上～2 上，「鋪牌體格」。
〔註 257〕郭雙林、蕭梅花，《中國賭博史》，頁 169。

B.雜牌

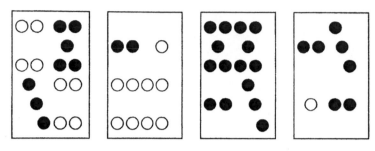

C.

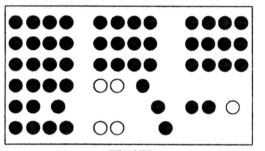

天不同

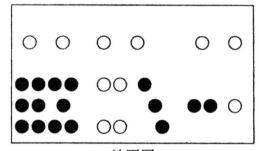

地不同

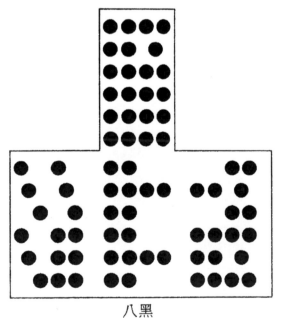

八黑

D.

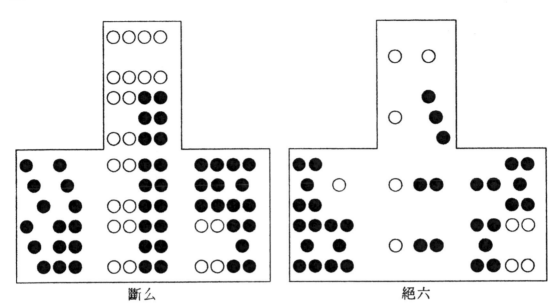

斷幺　　　　　　　　　　　　絕六

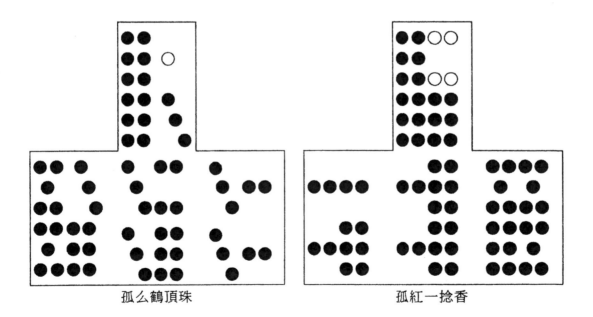

孤幺鶴頂珠　　　　　　　　　孤紅一捻香

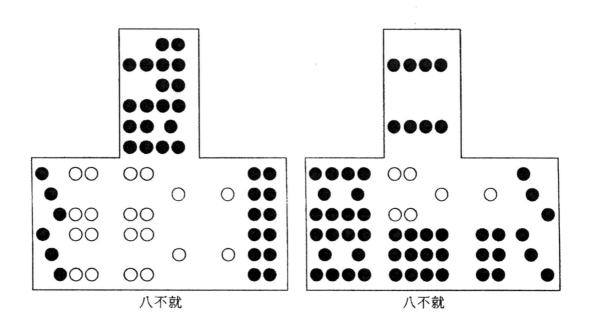

八不就　　　　　　　八不就

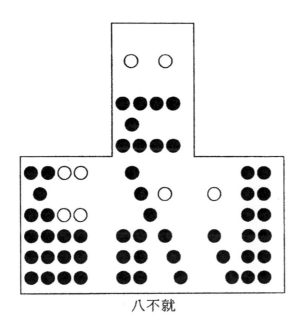

八不就

E.

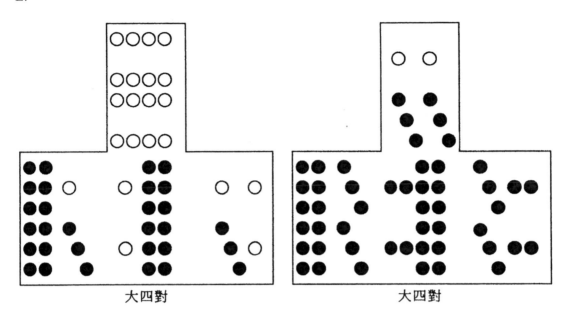

資料來源：《五車拔錦》，萬曆 25 序年刊本，卷 15〈八譜門〉，頁 2 下-4 下。

四、技　法

　　明清時期民間流行的技法娛樂可分投壺、蹴踘與戲術三種。

　　投壺乃射禮中衍化出來的一種游戲，先秦時已有，春秋時期普遍用於交聘宴饗中，流行於士大夫階層，而明清時期民間日用類書已普遍載有此種游戲之內容〔註258〕，且以為此種游戲可治心脩身，乃至觀人，因善投壺者必要掌握中道原則，「不使之過，亦不使之不及」，才能命中壺內，達到目標；而能達此中道原則者，實為正人君子〔註259〕。

　　明清時期的投壺游戲不限傳統形制，如壺型除以往之高壺式外，還有新式的鞦韆壺，前者壺口徑三寸，耳徑一寸，高一尺；後者則將三個似筒之壺，如鞦韆般地

〔註258〕有關投壺之起源及其發展可參見瞿宣穎纂，《中國社會史料叢鈔》（臺北：臺灣商務印書館，1965.8），甲集下冊，頁 681；顧鳴塘，《斗草藏鉤》，頁 11～14；潘孝偉，《唐代體育》（西安：西北大學出版社，1995.12），頁 56～57；王永平，《唐代游藝》，頁 112～114；黃偉、盧鷹，《中國古代體育習俗》，頁 67～68、99～100、207～209；然其中未明其自何時流行民間；又有言投壺戲自宋以後少有記載，吳曾德，〈投壺趣談〉，收入劉德謙等著，《古代禮制風俗漫談（二）》（臺北：國文天地雜誌社，1990.2），頁 317，此有誤。

〔註259〕《三台萬用正宗》，萬曆 27 年刊本，卷 10〈五譜門〉，頁 13 下，「投壺總括旨要」。

懸於架上，有二耳，有四耳〔註260〕。（圖 6-2-1，上部）投壺玩法係將長二尺四寸之箭以不同方式投入壺內決定勝負，其形式甚多，各式要求皆有不同；當時流行的招勢主要有下列數種：

及第登科勢：二人對坐，每人手執三箭，離座三尺，將箭重擲於地，再跳入壺，箭頭向上，凡三次者為上。

雙鳳朝陽勢：二人平立，將壺橫架於高柱上，用二箭手托送射入，中壺為正，入左右為偏出，故君子以位中正，取乎中也。

三教同流勢：三人品坐，每人手執四箭，分中左右三口，同將箭一齊擲入壺口方為上巧，若左右亂雜，罰酒。

戴冠拖入勢：將壺頓於几，退三步，用方巾頂架箭一根，行三步，近壺將巾頭低垂下，箭入壺中者為妙〔註261〕。

轅門射戟勢：將壺置於高處，先以箭射，略橫置左右壺口，再木縛鐵圈居中為界，將箭從鐵圈擲入中壺，搖動左右二箭，落地方為上妙。

雙龍入海勢：每人將二箭高高丟起，雙雙投入壺中為妙，此箭不宜緊拿，亦不宜快去，只可緩緩丟起投入。

雙桂聯芳勢：二人對坐，每人手執一箭，向左者擲左耳，右向者擲右耳，齊齊入口中壺，則為獨占春魁，依時而行可也。

背用兵機勢：二人背坐，以壺置椅座後，離八尺地，正當脊梁，手執箭，從額門丟入，則正對中壺，若左右手須稍偏移，此勢自當通變。

蛇入燕巢勢：將壺倒放磚地，以箭從地上投入壺中為妙；若左右耳為敗〔註262〕。

（圖 6-2-3）

　　蹴踘，又名蹴鞠、蹙鞠、蹋鞠、踏鞠、蹴球、踢鞠、蹴毬，即今日足球游戲〔註

〔註260〕《萬書萃寶》，萬曆 24 年刊本，卷 17〈八譜門〉，頁 1 下～2 上，「投壺制法」；頁 2 下，「高壺式」、「鞁韆壺式」。

〔註261〕此式又稱戴冕拋毬勢，但壺安穩於地；見《萬寶全書》，萬曆 42 年序刊本，卷 12〈八譜門〉。

〔註262〕《萬寶全書》，崇禎年間刊本，卷 15〈八譜門〉，頁 371～375。

〔註263〕有說此乃打球或擊球遊戲，見楊蔭深，《中國古代游藝活動》（臺北：國文天地雜誌社，1989.11），頁 13；尚秉和，《歷代社會風俗事物考》，頁 449；然打球或擊球應稱之為擊鞠，參見若思，〈關於"波羅毬"一詞的商榷〉，《歷史研究》，1959／8（1959.8），頁 20；劉子健，〈南宋中葉馬球衰弱與文化變遷〉，《歷史研究》，1980／2（1980.4），頁 99～100；陳高華，〈宋元和明初的馬球〉，《歷史研究》，1984／4（1984.8），頁 179～180；呂藝，〈唐代的馬毬戲〉，收入陰法魯等著，《古代禮制風俗漫談（一）》（臺北：國文天地雜誌社，1990.2），頁 202。

263〕。相傳始於黃帝，然確切有史料記載乃在戰國時，爲當時流行民間的游戲，秦漢以後不但盛行民間，且流行宮中〔註264〕。蹴鞠活動發展至唐代，產生重大變化，首先是球的構造，由原來外包皮革，內實毛髮的實心球，改爲以胞爲裡，虛氣閉之的充氣球；其次，將漢代穿地爲域的鞠室改成以竹絡網架起，高達數丈的球門制，且有單球門與雙球門兩種；此外，玩法上除兩隊角逐，競爭勝負的踢法外，還有表演性質的踢法，表演時自一人至十人不等，均各有不同表演方式〔註265〕。此種模式自唐以後持續發展，宋元時代甚至出現專門的蹴鞠組織，稱"圓社"、"員社"或"齊雲社"等〔註266〕。

圖 6-2-3《學海群玉》，萬曆 35 年序刊本，卷 13〈八譜門〉，頁 3 下～4 上。

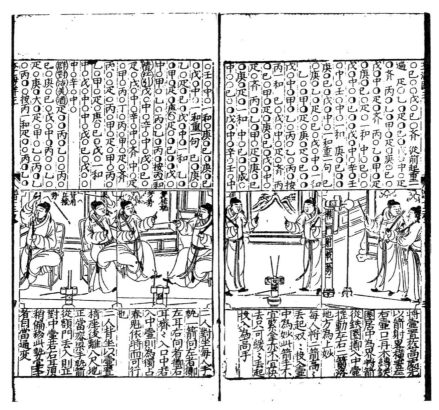

〔註264〕蹴鞠本爲練習武藝、軍事訓練，後則用於嬉戲、娛樂，參見張仁善，《中國古代民間娛樂》，頁 124；楊蔭深，《中國古代游藝活動》，頁 13。
〔註265〕王永平，《唐代游藝》，頁 78～80；黃偉、盧鷹，《中國古代體育習俗》，頁 125；潘孝偉，《唐代體育》，頁 57～59。
〔註266〕蔡國梁，〈燈市·圓社·卜筮·相面——《金瓶梅》反映的明代風習〉，《華東師範大學學報》，1981／6，頁 85。

　　明清時期，一般多認為此戲已沒落、被禁止、甚或不存〔註267〕，事實上，宮中或許不再流行，然民間日用類書自明代版本至清代版本則始終載有蹴鞠游戲，且習慣稱之為齊雲。當時人們認為學習此戲可令人「剛氣潛消」，使「芳心歡美」，惟學習者須具備三條件：一性格溫柔為人常情、二身材雅俊、三達道務知進退；而村俗不常性、不聽師教、不達圓情及無禮樂失其性者皆不可學習〔註268〕。

　　蹴鞠游戲玩時須備妥毬與毬門，毬又稱㺜色，乃十二香皮合成，象地而圓〔註269〕；種類甚多，如六錠銀、虎掌、人月圓、金錠古老錢、十二拗、葵花、天淨沙等等〔註270〕。毬門規制則固定為門徑一尺八寸，門柱高二丈二尺，門桁闊九尺五寸〔註271〕。（圖6-2-4，下部）

圖6-2-4《學海群玉》，萬曆35年序刊本，卷13〈八譜門〉，頁14下～15上。

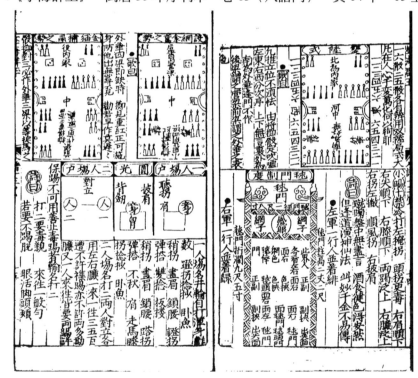

〔註267〕李岩齡等，《中國宮廷禮俗》，頁185；尚秉和，《歷代社會風俗事物考》，頁452；江淑玲，〈陶情怡性、移風易俗──傳統社會的民間娛樂〉，頁654。

〔註268〕《萬書萃寶》，萬曆24年刊本，卷17〈八譜門〉，頁1下～2上，「蹴鞠齊雲」。

〔註269〕《三台萬用正宗》，萬曆27年刊本，卷13〈蹴鞠門〉，頁10下～11上，「滿庭芳」。

〔註270〕《三台萬用正宗》，萬曆27年刊本，卷13〈蹴鞠門〉，頁4下，「㺜色」；頁5上，「㺜色名」。

〔註271〕《學海群玉》，萬曆35年序刊本，卷13〈八譜門〉，頁14下，「毬門制度」。

　　學習時要從基本動作開始練，此共有十種，即肩、背、拽、捺、控、膝、拐、搭、臁、尖〔註272〕，各種均有不同要領；如：

> 肩如手中持重物，用背慢下急回眸，拐要合膝折腰取，搭用伸腰不起頭，控時必使雙睛顧，捺用肩尖微指高，拽時且用身先倒，左膝低右略微高，出拍使之低頭覷，臁辭遠近著人僥〔註273〕。

又各種基本動作亦有不同招式，如肩可分「來右肩上高，急追左腳，左手微高，左腳尖虛虛放右肩腋下，如挾物迎頭，下右肩」的剌肩、「先起左肩，後退右肩，用左腳橫開下右肩，如小踢，用右肩過於下手，急虛招臁」的花肩、「右肩腳稍深急，使頭低著，眼覷右腳尖，使右肩扎起，從右肩上出」的偷扎肩、「先使左肩，後使左腳，次使右」的鮑老兒肩等等。又如拐可分「先退後腳，下右拐，次退左腳，下左拐，並居前面」的迎頭拐、「卻不退步，先使左拐，從頭上過下，右拐起」的鴛鴦合拍板拐、「右拐住輕輕，使左拐從後腰過，回頭使一右拐，付住」的正鎖腳拐，以及「毬從後右肩後落，轉身向左，使右眼看左拐上，使一左拐，輕輕臁住不過腰」的八鬣稍拐，乃至背劍十字拐、翻身倍料拐、稍拐、鴛覷鵠望拐、鳳翻身拐、復後臁拐、就論鎖腰拐、白倍料拐、暗臁拐、掣拐、聽拐、磨拐、挽拐、圓光拐、十字拐、纏身拐、招拐、夜丫板勒拐、魁搭拐等均各不相同〔註274〕。

　　而民間日用類書為便於學習者能迅速掌握要點且牢記在心，往往以口訣或詩訣法示意，如〈初學訣法〉曰：「踢不如撒，撒不如說，說不如看，看不如決，身要筆直，手如提石，心要旋安，腳要活立」〔註275〕；〈蹴踘訣法〉則言「蹴踘不易，全在用計，左顧右盼，前進後退，身要直不要軟，手要垂不要飛，腳要低不要起，踢要臁不要膝，撒不動不要頻，身直立左右分」〔註276〕。另外還有〈初開臁立身之法〉、〈跌法總訣〉〔註277〕、〈不打梁總訣〉〔註278〕、〈又訣法〉、〈訣論〉等〔註279〕。

　　又提出游戲時的戒慎之道，如〈十要緊〉中言：「要明師，要口決，要打點，

〔註272〕《萬書萃寶》，萬曆24年刊本，卷17〈八譜門〉，頁3上，「十踢名」。

〔註273〕《萬寶全書》，崇禎年間刊本，卷14〈笑談門〉，頁334，「右十踢決（訣）法」。

〔註274〕《三台萬用正宗》，萬曆27年刊本，卷13〈蹴踘門〉，頁14上～17上，「蹴踘訣法」。

〔註275〕《萬寶全書》，崇禎年間刊本，卷14〈笑談門〉，頁333，「初學訣法」。

〔註276〕《萬寶全書》，崇禎年間刊本，卷14〈笑談門〉，頁334，「蹴踘決（訣）法」。

〔註277〕《萬寶全書》，崇禎年間刊本，卷14〈笑談門〉，頁335，「初開臁立身之法」；頁335～336，「跌法總訣」。

〔註278〕《萬書萃寶》，萬曆24年刊本，卷17〈八譜門〉，頁3下，「不打梁總訣」。

〔註279〕《三台萬用正宗》，萬曆27年刊本，卷13〈蹴踘門〉，頁6上～下，「又訣法」；頁6下～7上，「訣論」。

要開發，要朋友，要論滾，要精明，要穿著，要講明，要信實」〔註280〕；〈十不可〉中言：「不可輕師，不可欠禮，不可失信，不可是非，不可傲慢，不可逞鬥，不可賭博，不可盜學，不可談朋，不可戲色」〔註281〕；〈十不踢〉則指出在「筵席前，飲食後，有風雨，泥水處，燈燭下，穿三青，無子弟，毬表破，心不暇，制服新」等情況下，不可踢毬〔註282〕。此外，還有〈小踢十禁〉、〈十二格樣〉、〈十不許〉、〈又廿二緊要〉、〈十不賽〉〔註283〕、〈官場十不許〉等〔註284〕。

同時，蹴踘游戲由一人獨樂至十人共享均可，其不同人數場名及踢法內容為：

> 一人場名井輪，自打渾身解數，蹬拐捻抄、臥魚、稍拐、畫眉、鎖腰、證拐、
> 彈搭、雙捻、板樓。
>
> 二人場名打二，兩人對立，各用左右臁，一來一往，三五百遭，不許雜踢，
> 亦不許兩多勘臁，又一人來往，皆要兩踢，許雜踢，不可用善止毒，踢者輸，
> 名打二。詩曰：打二要毒親，來往一般勻，若要不踢脫，眼活腳頭頻。
>
> 三人場名轉花枝，各依相立順行，子弟茶頭過泛，週而復始，只許一踢，
> 到泛無妨，兩踢不許從上。
>
> 四人場名流星趕月，用大小毽色一隻，不拘立作，以宮場論，一來一往，
> 週而復始，各依次序而轉。

其它還有五人場名皮破、六人場名大出尖、七人場名落花流水、八人場名八仙過海、九人場名踢花心，以及十人場名全論瞎瓜〔註285〕。（圖 6-2-5）

事實上，當時人們認為蹴踘學習不僅具娛樂健身功效，更重要的是能培養仁義禮智信五種德性，因蹴踘游戲須以仁存心，乃可虛心向學；以義制利，乃可同心協

〔註280〕《萬寶全書》，崇禎年間刊本，卷14〈笑談門〉，頁336，「十要緊」。又有不同內容
　　　　為「要和氣、要信實、要行止、要志誠、要溫良、要朋友、要慎重、要謙讓、要禮
　　　　法、要精神」，見《三台萬用正宗》，萬曆27年刊本，卷13〈蹴踘門〉，頁4下，「十
　　　　緊要」。
〔註281〕《萬書萃寶》，萬曆24年刊本，卷17〈八譜門〉，頁4下，「十不可」。
〔註282〕《萬寶全書》，崇禎年間刊本，卷14〈笑談門〉，頁336～337，「十不踢」。又有不
　　　　同內容為「網先裡、莫下網、燈光裡、圓光躁、泥水處、筵席前、飲酒後、風塵大、
　　　　雨下時、忙不踢」，見《三台萬用正宗》，萬曆27年刊本，卷13〈蹴踘門〉，頁5
　　　　下～6上，「十不踢」。
〔註283〕《三台萬用正宗》，萬曆27年刊本，卷13〈蹴踘門〉，頁3下～4上，「小踢十禁」、
　　　　「十二格樣」；頁4下～5上，「十不許」、「又廿二緊要」；頁5下，「十不賽」。
〔註284〕《萬書萃寶》，萬曆24年刊本，卷17〈八譜門〉，頁4下～5上，「官場十不許」。
〔註285〕《萬寶全書》，崇禎年間刊本，卷14〈笑談門〉，頁338～341，「各人立場方位」。
　　　　又五人場者也有名為小出尖者，見《三台萬用正宗》，萬曆27年刊本，卷13〈蹴
　　　　踘門〉，頁6下，「五人場戶」。

力；以禮行教，乃可盡得師承；以智取之，乃可獲致成功；以信爲主，乃可言行一致。凡無仁者不可與之同行，無義者不可與之同商、無禮者不可與之同居、無智者不可與之同謀、無信者不可與之同談。同時，亦能戒酒色財氣，因嗜酒、好色、貪財、動氣者，均難習好此技術〔註286〕。故明清時期人們對於蹴踘活動的態度，早已超越游戲娛樂範圍，而視其爲陶冶品德之方，修身養性之道。

圖6-2-5《三台萬用正宗》，萬曆27年刊本，卷13〈蹴踘門〉，頁6下～7上。

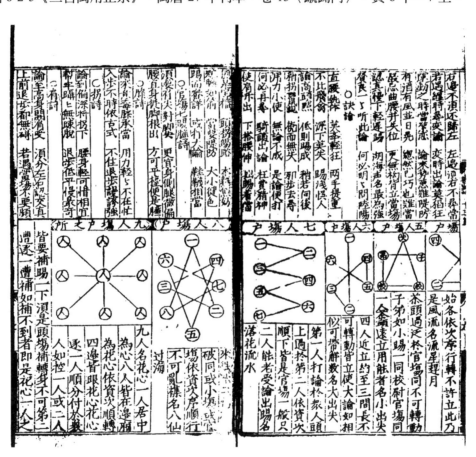

明清時期流行的技法娛樂，除投壺及蹴踘外，還有戲術。戲術在漢代已出現，又稱幻術或眩術，盛行於民間〔註287〕。流傳至宋元時變化百端，時有詩云：

〔註286〕《三台萬用正宗》，萬曆27年刊本，卷13〈蹴踘門〉，頁2上～3上，「鷓鴣天」；頁9下，「仁義禮智信」。

〔註287〕有關漢代戲術參見李建民，《中國古代游藝史——樂舞百戲與社會生活之研究》（臺北：東大圖書股份有限公司，1993.3），頁154～165；江淑玲，〈陶情怡性、移風易俗——傳統社會的民間娛樂〉，頁634；瞿宣穎纂《中國社會史料叢鈔》，甲集下冊，

點可（石）爲金也不難，神仙留訣在人間。剪成人物能吹火，畫出魚兒也上竿。白紙自然成黑字，明珠立地走金盤。韓湘去後知音少，泄破機緘是筆端〔註288〕。

可知戲術之巧。而明代流行的戲術內容，據民間日用類書的刊載，多達四十種不同項目，各式名稱及方法如下：

白雲歸洞：討葫蘆一個，開孔竅，取去穰，將磁石一小塊，用生漆粘在葫蘆内，

取鐵匠家磨刀，糟底下銷晒乾，安在香爐内，燒煙，倒將葫蘆向其煙上，煙則如線，盡入葫蘆中去。

皓月入房：用圓鏡一面，著在袖内，莫令人見，燈下照之，一輪皎潔在其壁上。

滾地葫蘆：中樣葫蘆一個，大開孔口，取去穰，將小鱔魚及鰍魚各一條，在葫蘆内，用水調些鹽末，塞葫蘆一口，放在地上，自滾走。

水上點燈：樟腦一兩碾爲末，用松油和爲丸，陰乾，點著，放水中，或手盛，或衣上，皆不損，火亦不滅。

紙蝴蝶飛：眞正陽起石，不拘多少，搗爛如粉，水調刷白紙，陰乾向日，剪成蝴蝶，片片飛去。

藥拂去字：蔓荊子二分，龍骨二分，南粉三文，百草霜二分，雀糞十粒，共爲末，先點水在字上，後下此藥末，掺向紙上，候乾，拂之，其字自脫。

喚蝴蝶來：諸般新花蕊，白馬尿浸三日，晒干爲末，周蜜調塗於手内，當風拍手掌，蝴蝶自然來。

盆内走魚：狗膽鯉魚膽二味，勻調紙上，放乾，剪成魚子，放在水盆中，須更其魚，自走不定。

分杯戲術：取獺膽塗在犀角篦上，將水一盞，用篦畫開，水分兩面。

使鬼捶門：天南星大者爲末，米醋調塗紙上，粘放門扇上，夜則如人打門之聲。

百步吹燈：撮上燈心一寸，許著水些小，然後放燈盞上，點著，約行一百步，回顧吹燈，其火即滅。

紙銚炒豆：將雞子清塗於紙上，向日正午時，將在火上炒得豆子熟，火不能燒其紙，只不可久也。

燒紙人起：牛筋一條，將紙包捲成人形，將火於足下燒，其牛筋急時即起。

紙上噴花（紙上畫花）：白礬一塊爲末，用湯泡，將淨筆蘸水，隨意畫花水紙上，

頁 659。

〔註288〕不明著者，《中國文明史話》（臺北：木鐸出版社，1983.9），頁 324～325。

候乾，摺在身畔，向人前展開，用水噴紙，其花燦然。

布線縛火：布線一條，雞子清塗之，向日正午能縛火，火燒不斷。

壁上移字：五倍子肉煎水，寫字於壁上，令乾，卻將泥礬水澆去，其字便見。

吹燈不滅：焰硝二文，硫黃二文，黃丹少許，共為末和勻，將紙捲作細條子，點燈，永吹不滅。

鬼吹火（鬼吹燈）：硝石硫黃等分細研，放在紙上，捲作一條，點火，似人吹火樣。

吹紙雞子：生雞子一個，開一小孔，向頭邊傾出清黃，令盡，將殼用醋浸一夜，去硬殼，存其軟皮，莫令擠破，戲時先將軟皮放口內，後將白紙假剪成雞子樣，放入口，換出真雞子皮，用氣吹開，圓圓則如紙化成雞子也。

飛　符　法：八月十五日夜，地下掘窟，深一尺許，許放蛤蟆二三個，上用竹絲紙一塊蓋之，候月出來，早晨收紙，剪用書符，日色上其符，自飛去，要月明方驗。

玉女傳書：碉砂三粒，用水勻，先以淨筆染書紙上，令乾，向火微炙，日晒如墨書。

暗傳書信：以巴豆研水，用干筆一枝書放紙上，陰乾，細碾鐵鍋，墨放紙上揉之，自聚於紙上，其字自見。

種菜便生：取水上小浮萍，些小和壁土拌勻，向人前撒開，土在地上，卻取些菜子種撒去，用水洒於菜，則見前萍如菜，即生也。

燈上見蛇影：小蛇子一條，打死取血，用燈心數條染血，候乾於燈上燒，則見蛇影也；如將二條蛇血染燈心，作二處點，則見二條蛇影也。

雞子上壁：雞子一個，如前取出清黃，取蟢子藏內竅，瞰住蟢子背上，其蟢子自馱上壁，人不知覺。

水中化石：白芨不拘多少為末，溫水調，任意捻成物，放冷水中浸，則堅如石。

留魚待客：春月取燕子，彈開小孔，取出清黃，將魚子在內，仍與伏之，後收藏而用，將盆盛水，內用些土，將魚放水盆中，其魚子漸成漸大。

手帕盛水（手帕盛酒）：胡粉五錢，槐膠二分，雞子清一個，水一盃，合研令勻，乾淨手帕一條，向日洗三五次，熨開盛水（酒）不漏。

活　魚　法：滑石、焰硝、朴硝石為細末，摻在魚身上，入湯中，取出冷水浸之，即活。

燈引雞子：雞子一個，用針開小竅，取清令盡候乾，捉小蟢子入雞子內，仍舊塞了，用時先就他人討雞子來，即將手中私換，假念咒，就於棹上，用

燈火引照，則雞子隨燈滾滾而走〔註289〕。

壁上安燈：蠟二小塊，頭髮二莖二頭粒在蠟，捻切餅子放在壁上，卻將燈盞一個，著放在頭髮上，一邊靠住，一還髮簇定，任便點燈不落。

燒檯羅樹：焰硝不拘多少，研水調白筆，點書紙上，候乾，用草枝子燒著，吹滅火焰，只去寫處，點有藥處燒出也。

手中雪下：明白松糖數塊粘一文重，澄清盞盛，慢火內熬成膏子，用些水在手，以大手指及點鹽，指以乾捻，如白雪飛下。

葫蘆提錢：小葫蘆一箇，開小孔子，將用時，先著小磁石一箇在葫蘆內，汙銅錢一貫，來把錢繩入在葫蘆口內，卻倒垂葫蘆，其石即來瞰住錢繩末，不落。

燈上龍見：五月五日取小蛇師一條，日中曬乾，研爲細末，以薄紙緊捲成條，桐油燈盞內燒之，其火焰如虹樣，其中有龍見。

碗玄吹箭：光弦磁器碗一隻，將水淨洗，莫染油膩，更須淨洗了手，用水打濕手，與碗團團揩轉，自然合宮商也，若乾時，再用水打溫。

火上炙黑字：硇砂末，水調書紙上，候乾，火炙之，其字便見。

聚戲蝴蝶：茴香麝香等分，爲米飯飲作丸，於二三月間向風頭，手掌拗碎，令香隨風去，其蝴蝶皆至。

剪　　燈：硫黃焰硝，右二味搭在剪刀上，剪之即如剪燈也。

燃　　雲：朴硝焰硝，右二味爲末，摻向湯瓶中，即化雲。

燈上彈蝴蝶：焰硝一文，海金沙二文，碾爲細末和勻，將手捻些末，於燈上彈之，如蝴蝶樣〔註290〕。

由上述內容可知，明清時期民間戲術的變化內容多爲今日簡易物理、化學知識或單純技巧之應用。

事實上，當時民間日用類書與戲術刊於同一門類中的還有各式洗衣、藏衣法及除蟲辟獸法；如洗衣、藏衣法包括收翠花法、洗珍珠法、洗象牙等物、洗黃泥污衣、洗蟹黃污衣、洗皂衣法、洗青黛烏衣法、洗血污衣、洗白衣、洗綵衣、洗焦葛、洗羅絹衣、洗漆污衣、洗糞污衣、洗麻衣、洗黑污衣、洗油污乾紅衣、洗油污紅藍衣、洗牛脂污衣法、洗油污衣法、漿衣法、藏眞紅衣裳法、藏氈褥等物之法等等；而除

〔註289〕《萬寶全書》，萬曆42年序刊本，卷18〈戲術門〉，頁1下～5上；《五車拔錦》，萬曆25年序刊本，卷31〈玄教門〉，頁4下～9上；《萬用正宗分類學府全編》，萬曆35年刊本，卷30〈戲術門〉，頁2下～4上。

〔註290〕《三台萬用正宗》，萬曆27年刊本，卷40〈玄教門〉，頁7下～10下，「神仙戲術」。

蟲辟獸法則有畫貓辟鼠、鼠自咬鼠、辟犬法、辟蛇法、辟燕子法、辟蟻法、辟蚊蟲法、除木虱法、除狗蚤法等〔註291〕；可見當時民間所稱之戲術，還包括一些今日廣為人知，但當時卻少有人了解之日常生活中除污去垢、防蟲避獸的方法。

而發展至清代末期的戲術內容則與以往大為不同，非但沒有洗衣、藏衣及除蟲辟獸等法，且技巧頗為新穎，往往配合複雜道具及靈活手法，故民間日用類書記載時須圖文並列，且文字說明務必詳細，乃可使人明其要領及方法；如有名為「招財進寶」之戲法，其文字說明如下：

> 解曰，以空護帖匣一隻，蓋之，開視則變來銀元寶式，皆高一寸內矣，再蓋之，元寶不見，換以金元寶六枚來矣。

> 嶄法，金漆（黑漆而描金花者也）護帖匣一隻（俗名拜匣，用厚板作），底蓋同式，皆高一寸五分，闊五寸長九寸，其底面皆不用板而用銅片代之（取其薄也，外罩黑漆則一色也），另以銅作夾底盤二隻，皆高三分，闊四寸六分，長八寸六分（裏外皆用黑漆），於一邊口上開二缺，如曲尺形（二缺相去四寸），其匣之底蓋之邊上，各作二銅橫銷（由外通入匣內），可以移動，外做白銅定勝（如蠶豆大），內做軋頭（如米大，亦罩黑漆），另以藤絲（如燈草粗），盤成元寶式，外糊薄絹，使其壓之則扁（只一二分高），放之自縱起（有二寸六分高），絹外貼銀箔，照樣四隻（其大以四只適滿一匣為度），再做貼金箔者，照樣六隻（其大比銀略小，以六只適滿一匣為度），各置夾底盤內，將銀寶之盤合於匣蓋之內，將金寶之盤合於匣底之內，各將銅銷之定勝移動，使軋頭嵌入曲尺彎內（即軋牢不脫），宛似空匣，毫無痕跡，底蓋之邊不用銅搭，而用一太極圖示，中間曲分為二（白銅為之，如盃口大），底蓋各釘半個旋，使合攏，旋使分開則散（所以然者，使匣蓋底一色，使轉反正皆是正面也），變時將匣開示與人看過，然後仍蓋好，暗將蓋上定勝移轉（使轉頭轉出曲尺彎），則蓋內之盤落在匣底中，然後開視（藤絲元寶縱起矣），則銀元寶四隻滿裝匣內也，既而仍然蓋好，將匣取起，吹氣一口，暗乃翻轉放下（使匣底在上，而蓋在下），即於放下之時，將底上定勝移轉（亦軋頭轉出曲尺彎），則底內之盤落在匣蓋中（將前盤內銀寶壓扁，而金寶縱起也），開視則銀寶不見，而換以金元寶六隻來矣。

文字說明上端尚附有夾層盤及彩匣圖示。（圖6-2-6）

〔註291〕《積玉全書》，明刊本，卷27〈戲術門〉，頁9上～12上，「附收藏洗滌」。

圖 6-2-6《萬寶全書》，光緒 24 年刊本，續編卷 5〈戲法門〉，頁 2 下～3 上。

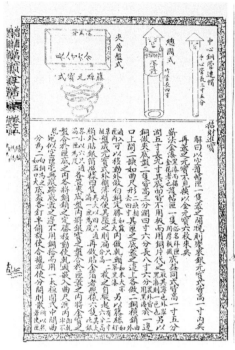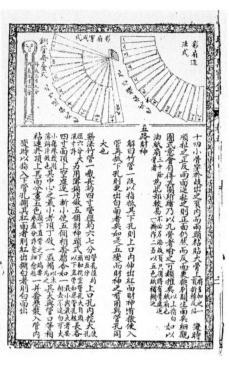

其它新戲法招式還有鋼針刺舌、甕中作劇、空中吊筋、來去飛米、移山倒海、仙人脫靴、五色花扇、五路財神、仙人吃食、仙人擺渡、雙杯取酒、金錢變蝶、雙碗堆花、白綾變兔、將軍掛印、蓮生桂子、雲帕取果、壺酒不竭、繡鞋變雀、富貴不斷、牽牛下井、仙人立掌、仙人採豆、仙人開鎖、仙人穿梭、仙人解帕、萬米歸倉、合杯取果、神仙點戲、單解金錢、雙解金錢、大變金錢、小變銀錢、諸葛加兵、霸王卸甲、韓信點兵、蘇武牧羊、孔明擺陣、九子仙棋、四時對果等，各式亦均有相應之道具〔註292〕。

綜觀明清時期民間日用類書有關技法活動可分投壺、蹴踘與戲術三種。其中，投壺與蹴踘的內容刊載，主要有三部分，即游戲旨意陳述或性質闡釋，游戲規制、玩法與訣要，以及各種招勢的介紹說明。而明版民間日用類書三者內容完備，且文字說明配以圖示範例；其中，文字說明還含有許多便於記憶的口訣或歌訣式要領，使人易於掌握。但發展至清代前期三十卷版本及清代後期二十卷版本中，已無投壺及蹴踘兩種游戲的旨意陳述或性質闡釋，僅基本格制、玩法的介紹，及若干招勢說明，雖亦不乏圖文並茂地呈現，惟內容實不如以往詳細完整。

〔註292〕《萬寶全書》，光緒 24 年刊本，續編卷 5〈戲法門〉，頁 1 上～15 上。

　　相較於投壺、蹴踘二戲在清版民間日用類書的內容刊載不若明版豐富而多樣化，戲術的內容刊載情況則有不同。明代版本及清代前期三十二卷版本民間日用類書均設有專門門類介紹戲術，且內含各式洗衣、藏衣及除蟲辟獸法；然發展至清代前期三十卷版本及清代後期二十卷版本中，則不見此一門類；再至清代末期的續編版本中，又有專門門類的設立，且內容顯著增加與變化。若就新戲術手法之巧妙，及道具種類的繁多與精緻而論，此時的戲術實屬現代西方魔術之範疇，而所以會有如此變化，應為清末外來勢力影響，西風東漸下之結果。

五、風　月

　　明清時期民間日用類書最受人矚目的部分即風月門，此係提供嫖妓之道。內容主要有三，一是打動妓心的文情並茂書信範例，二是增進性行為歡娛的各式春藥方，三則為各種嫖妓原則與規範。

　　打動妓心的文情並茂書信範例，如〈寄情婦書〉中所載：

> 某寄跡江湖，怡情風月，遨遊上國，久慕芳名，曩者天意，有在人願，僅從拜訪煙樓，淂覯丰采，恭惟芳卿夫人粧次，秋水為神玉為骨，傾國傾城，芙蓉如面柳如眉，欺花欺月，所謂窈窕淑女，君子好逑者也，僕幸側身玉樹，倚翠猥紅，共枕牙床，攜雲帶雨，解凍東風，紅雨亂飛，春浩蕩偷香粉蝶，花房深宿夜風流，罄人間未有之歡，極人生不窮之趣，歡今未終，白雲長念，掩淚握別，回首銷魂，一日十二時，時時悵望，五更三四點，點點生愁，滿目江山，何處是鳳凰之棲止，一天星斗，幾時成牛女之歡期，此情此恨，惟天可表，後今難期，佳期不再，裁書附鴈，楮快神飛。

另尚有〈與情妓書〉、〈與情友書〉等等〔註293〕。

　　而增進性行為歡娛的各式春藥方，不僅列出藥名、調製法，且有用方、解法，某些還附上挑逗性的誘人詩文，引人遐思；如神聖固臍膏附詩文曰：

> 美月追風才子，偷香竊玉佳人，若還有意洞房春，倒鳳顛鸞有定；常思千合鬥要，金鎗不倒尤宜，管教雲雨到天明，兩下歡娛惟盡。
>
> 細想歡中之意，果然賽過金丹，鶯鶯一見便心歡，惹得張生心亂；能使才郎情動，須教玉女思凡，風流才子莫辭閑，縱有千金不換〔註294〕。

而各式春藥種類甚多，表列於下：

〔註293〕《萬用正宗分類學府全編》，萬曆35年刊本，卷23〈風月門〉，頁2上～8下，〈寄情婦書〉、〈與情妓書〉、〈與情友書〉。

〔註294〕《萬寶全書》，萬曆42年序刊本，卷10〈風月門〉，頁1上。

	男　　用	女　　用
服　食	金鎗方、神仙一粒金丹、百戰丹、立效丸（力效方）、固精丸、千金秘精方、鐵鉤丸、滋陰壯陽丹、陶眞人青娥丸（四眞人青娥丸）、金鎗不倒方、漢武帝御製遍宮恩、千金不易方、神仙至妙訣	惹意牽情散、春意奇方、一度終身想
貼　劑	神聖固臍膏、貼臍膏	
塗　劑	興陽丹、玉陽丹（玉陰丹）、金鎖玉連環、徹夜恣情散、萬聲嬌、四時雙美丹（四時雙美散、四時雙美方）、長相思、金鎗不倒丹	自送佳期求配方
洗　劑	浴盆雙妙用（浴盆雙妙散）	浴盆雙妙用（浴盆雙妙散）、妲姬潤户方、浴爐散
塞　劑		熱爐丹（燒爐方）、窄陰方、四時雙美丹（四時雙美散、四時雙美方）、立效丸（立效方）、廣嗣方、煖爐丹、雙美丹、相思鎖〔註295〕

　　由上表可知，其春藥有男用、有女用、或兩者均可用，有內服、有外用，而外用還可分爲貼劑、塗劑、洗劑、塞劑等，種類之繁，花樣之多，實令人瞠目。

　　至於嫖妓原則與規範更是洋洋灑灑百餘條，大致可分成下列幾大類：

　　（一）強調嫖客與妓家關係本質上乃一種金錢交易行爲，故嫖客切不可認眞；如「子弟錢如糞土，粉頭情若鬼神」、「有百年之夫婦，無一世之情人」、「搜枯令以報酒仇，認眞情遂爲嫖縛」〔註296〕、「鴇子創家，威逼佳人生巧計；搣丁愛鈔，勢催女子弄奸心」、「誇己有情，是設挣家之計；說娘無狀，預施索鈔之方」、「初擴是其體面，久處決少眞情」、「久念不馴曾著閃，纔調即順恐非眞」、「黑頭鴇子偏多事，黃面佳人最沒情」、「爲財者，十常八九；爲情者，百無二三」、「玉顏容易淂，今可

〔註295〕《五車拔錦》，萬曆25年序刊本，卷30〈風月門〉，頁8上～11上，「附洞房春意妙方」；《文林聚寶萬卷星羅》，萬曆28年序刊本，卷31〈風月門〉，頁7上～11上，「附洞房春意妙方」；《萬用正宗分類學府全編》，萬曆35年刊本，卷23〈風月門〉，頁9上～12下，「附洞房春意妙方」；《萬寶全書》，萬曆42年序刊本，卷10〈風月門〉，頁1上～9下；《萬寶全書》，崇禎元年刊本，卷19〈風月門〉，頁2上～10下，「洞房春意妙方」。
〔註296〕《文林聚寶萬卷星羅》，萬曆28年序刊本，卷31〈風月門〉，13上、13下、12上。

比之摘花；紅粉最難馴，古亦謂之縛虎」、「通宵快樂，猶如馬上執鞭；頃刻歡娛，卻似江中撒溺」〔註297〕、「使鈔便宜，慷慨討情，全在工夫」、「潘安孔方同路而淂妓歡，翼德味道並驅不遭人議」、「須是片時稱子建，不可一日無鄧通」、「癡心男子廣，水性婦人多」、「枕席雖盡乎情，彼此各了其事」〔註298〕。

（二）說明妓女之弱點，方便嫖客攫奪妓心，無往不行；如「好色親三代，盛容僅十年」、「蒼顏子弟世人頗多，白髮花娘人間少有」、「聲名出于眾，致使眼高，顏色不如人，慣將物賂」、「聰俏更無虛度日，村愚常有空閑時」〔註299〕、「男女雖異，愛慾則同；男貪女美，女慕男賢」、「調情須在未合之先，允物不待已索之後」、「欲買其心，先投所好」、「志誠感默，叫跳動狂」、「初會處色，久會處心；困妓慕財，時妓慕俏」、「三年一歲添，半載兩誕遇」〔註300〕、「對新妓勿談舊妓之非，則新妓生疑；調蒼姬勿憐雛姬之小，而蒼姬失意」、「伴黑者休言白者之美，對貧者勿說富者之華」、「事要乘機，言當中節」、「村客遇俏姬，而俏姬情不在中人；請下妓，而下妓心反專」、「其趣在欲合未合之際，一合則已；其情在要嫁未嫁之時，既嫁則休」、「驕性易馴，一馴而易失；蒼心難好，一好而難滅」、「虛囂者易跌，尊重者難調」、「討好則千日不足，搜過而一時有餘」、「莫以勢壓，當以情親」、「他奸要識，鄰美休誇」、「探實言於倉卒，勘虛意於尋常」、「怨日色之落遲，以實人意；恨雞聲之報早，巧誘客心」〔註301〕。

（三）分析妓家之種種職業現象，以利嫖客了解實際狀況；如「外僕忽來知探信，家人屢至必相招」、「抱枕晝眠，非傷春即病；酒挑燈夜坐，不候約便思人」、「纔飲便呼巨盃，是催客去；倚門常望凝眸，為盼人來」〔註302〕、「偏宜多置酒，莫怪不陪茶」、「彼若傳情須接應，不然失望；伊如逆意要知道，否則遭閃」、「酒筵逢歌唱，勿久他談；妓館挾朋遊，休言交易」、「跳躍相迎真是厚，叮嚀致意豈為疏」、「吁氣多因心不愜，出神定有事相關」、「鴇子來陪定然有故，友人替念必受其私」、「寄信寄書，乃發催錢之檄；贈巾贈扇，真拋引玉之磚」、「大凡著意，終是虛工；若到

〔註297〕《五車拔錦》，萬曆25年序刊本，卷30〈風月門〉，頁1上、5下、10下、11上、12下、13上。
〔註298〕《萬寶全書》，萬曆42年序刊本，卷10〈風月門〉，頁5上、6下、8上。
〔註299〕《文林聚寶萬卷星羅》，萬曆28年序刊本，卷31〈風月門〉，頁12上、12下、13上。
〔註300〕《五車拔錦》，萬曆25年序刊本，卷30〈風月門〉，頁1上、1下、2上、4上、7下。
〔註301〕《萬寶全書》，萬曆42年序刊本，卷10〈風月門〉，頁2上、2下、3上、4上、4下、5下、6上、6下、7上、7下。
〔註302〕《文林聚寶萬卷星羅》，萬曆28年序刊本，卷31〈風月門〉，頁11下、13下。

無言，方爲妙境」、「攢眉而笑，總是屈情；揉眼而悲，卻非本意」、「門戶早關，必今宵之有客；尊卑晏起，決昨夜之無人」〔註303〕、「合意人，出言便及；忤情客，矢口不談」、「屢問不言爲意背，纔呼即應爲情親」、「頻頻喚酒不來，厭坐房中之久；疊疊呼茶不至，欲堂上之速行」、「贈香茶乃情之所使，投果核則意欲相調」、「坐起不常，知心中之事忤；驚疑不定，恐意內之人來」〔註304〕。

同時，還將嫖客之各式嫖妓行爲加以分類以爲參考，如「有等地虎在子妓家未施恩義，專一豪強錢鈔且慳，饕餮亦甚，稍不遂心，便生歹意，此謂之狼虎嫖；使錢應手，出言合局，不論老幼相見欣然，此謂之和合嫖」、「善嫖者，先將鴇子買轉，則粉頭無不屈從，此謂之作家嫖；不善嫖者，止知與表（婊）子調情，更不顧鴇子怨望，此謂之雛嫖」、「棄祖產之屋，結親朋之債，傾敗至斯，尚貪美貌，此謂之癡嫖；朝則披霜，暮則帶月，跋踄扳情，此謂之苦嫖」、「惡他人來往之頻，要自家獨擅其美，移向幽室誠恐人知，此謂之自在嫖；情濃不捨，意熟難開，搬乎吳，則隨乎吳，搬乎楚，則隨乎楚，此謂之遊方嫖」、「堆黃金而供家垜，白捨金以纏頭，惟買笑顏，更無各色，此謂之死嫖；身在江湖，心存營運，特偷閑暇之期，以償風流之債，此謂之江湖嫖」、「放杓欄之債，一月加三欺，軟弱之人，獨尊無二，近還止放利息，久久又換文書，如此施爲娼家，屈待此爲之□□，經年在外，常無放蕩之心，擇日還鄉，忽起娼狂之念，此謂之解纜嫖」、「白頭之客，此心不休，倍使錢鈔，專尋小姬，此謂之強嫖；老年妓者，設若開門，髮雖白而態度存，年雖邁而風情在，下橋子弟，方有此緣，飲無名之酒，尋倒貼之錢，此謂之獲利嫖」〔註305〕、「初到叢林，貪戀美鮮，不惜錢鈔，但要買心，此謂之小官嫖；伶俐之士，豈肯久貪，纔得其趣，即便抽身，此謂之乖嫖」、「銀海者，眼也，出道藏書，穿華麗之衣，攜俊俏之友，平康街市，逐日遊嬉，此謂之眼嫖；對人說妓，個個有情，及至相逢，曾無一宿，此謂之口嫖」、「昨宵抱李妓，今夜宿張娼，如此頻換，俗稱跳槽，謂之嘗湯嫖；其性既投，其情定密，而不忍他爲，百中纔一，此謂之專門嫖」、「情既相厚，蓋不由人，不走三番，真成腳癢，此謂之點卯嫖；十日一會，合半月一歡娛，卻似謁廟參神，專期朔望，此謂之燒香嫖」、「去年寒食曾相會，今歲清明始敘情，如鵲橋之約，一載一逢，此謂之牛女嫖；一日兩頭眠妓館，五番三次宿章臺，如人之病瘧，間日一轉，此謂之瘧疾嫖」、「有等相□之人，見其與妓情厚，言揭孤老過失，

〔註303〕《五車拔錦》，萬曆25年序刊本，卷30〈風月門〉，頁3下、6上、9下、10上、10下、11上、12上、12下、13上。

〔註304〕《萬寶全書》，萬曆42年序刊本，卷10〈風月門〉，頁2下、6上、8上。

〔註305〕《萬寶全書》，萬曆42年序刊本，卷10〈風月門〉，頁8下，稱此爲「當家嫖」。

或家事不齊，或行止有虧，使那孤老傾囊不顧，以掩其愧，此謂之忿氣嫖〔註306〕；或遇行短貪猾之鴇，駕言□處，客其特來與鴇作生日，或羨送某物件于此，紛紜不能枚舉，往往癡人以賽相尚，因而承諾或賄財□娶，或罄貲奮用，此謂之鬥志嫖」、「識風塵之意趣，賞絲竹之佳音，豈肯獨專，必攜友樂，謂之敲嫖；為懼內不帶僕人，因吃醋不攜朋友，暮則遮面而來，朝則抱頭而去，如此不謂之嫖，乃借宿也」〔註307〕。

　　由上述內容可知，明清時期嫖妓已是民間普遍行為，人們不但不因此而羞慚，亦不以此為可恥，甚至在民間日用類書中公開傳授種種嫖妓方法，包括動之以情的書信範例，動之以色的各種春藥方，乃至實際進入妓院與老鴇、妓女接觸之種種狀況，均清楚說明以為嫖客參考，此可與昔日之以「花榜」興盛、《嫖經》出現及花柳病診斷發現等現象論證當時妓風之盛相互配合說明，以洞悉真況〔註308〕。

　　然明清時期民間日用類書有關風月內容的刊載，自明代版本至清代版本有不同發展。在明版民間日用類書中，尤其是萬曆年間版本，設有專門的風月門詳細介紹相關內容，不論是情書範例、春意妙方或嫖妓原則，均以相當篇幅仔細說明。然至崇禎年間版本時，較無專門風月門的設立，而是將風月內容附在戲術門或茶論門中的一部分，故內容自然大為縮減，僅保留各式春藥方及若干嫖妓原則。又至清代前期三十卷版本已無風月門的設立，而是將此一內容併入酒令門中，內容不出前述範圍。以後再發展至清代後期二十卷版本則不僅無專門的風月門，亦不見相關內容刊載於其它門類中。若將此情形相較於明代各版民間日用類書中之有風月門，或相關內容的豐富刊載，公開傳授嫖妓秘方，而清代後期版本則無風月門或相關內容的刊載，似可說明清代後期的民間嫖妓風氣應不若明末時期如此地公開化。

　　綜觀明清時期民間日用類書有關娛樂活動的內容可分棋藝、骰戲、牌術、技法及風月五項。其中，不論是棋藝中的圍棋、象棋，骰戲中的雙陸、硃窩，牌術中的骨牌，乃至技法中的投壺、蹴踘等，明清時期各版本民間日用類書的相關記載從未間斷，且內容變化不大，只有較深奧的性質說明，或理論闡釋等內容被刪除，其餘各項記載均為實際玩法的介紹、玩時必備道具解說或致勝口訣等，可見這些娛樂項目在民間的普遍程度。而戲術因涉及一些當時不為人們熟知的物理、化學之變化原

〔註306〕《萬寶全書》，萬曆42年序刊本，卷10〈風月門〉，頁9上，稱此為「逞強嫖」。
〔註307〕《五車拔錦》，萬曆25年序刊本，卷30〈風月門〉，頁8上～9下。
〔註308〕參見劉達臨，〈明代的「花榜」、「嫖經」與花柳病診斷〉，《歷史月刊》，107（1996.12），頁48～52。

理，對一般人而言雖覺得好玩、有趣，卻不易經常且親自從事，故在民間日用類書的刊載情形不若前述各項來得普遍。至於風月內容的縮減到刪除則與社會風氣的變化有關。

又若將怡情養性與娛樂活動兩種民間休閒興趣的內容略作比較，可知怡情養性部分被刪除的內容較多，不似娛樂活動部分自明代至清代版本民間日用類書大致均有保留。由此可見民間喜好的休閒興趣，其主要特點為簡單、方便、娛樂性大，此實因民間物質生活條件有限，且民間休閒活動乃工作之餘的調劑，故有趣、好玩、足以舒緩工作辛勞等因素，實為大眾選擇娛樂活動最重要之考量。而較靜態的怡情養性部分，對市井小民而言，似過於高雅、文氣，非大部分群眾所能感悟，故其在民間獲得之認同不若較動態的娛樂活動來得廣泛而普遍。

結 論

　　今日流通市面的家庭生活手冊或俗稱的家庭生活小百科，實源於以往的類書而非曆書。類書本始自魏晉南北朝時蒐羅各式相關材料，爲王公大臣治事用或文人雅士行駢文之助，亦即方便上層社會檢索古事、名物之用者；唐宋時因科舉考試普遍而廣爲流行，至南宋時更發展出刊載今事、今物，可供日常生活需要用的日用類書。

　　最早的日用類書應爲南宋時陳元靚的《事林廣記》，以後陸續有元代的《啓箚青錢》、《居家必用事類全集》，乃至明代前期的《多能鄙事》、《便民圖纂》、《居家必備》、《家居要覽》等書；此種日用類書與以往傳統類書的最大不同，在於其內容的實際而生活化，且爲便於人們了解使用，內容多以圖例說明；同時，日用類書的卷數也有縮減，方便應用，不似傳統類書多卷秩浩繁，檢索費時；而爲配合日常生活之變化，日用類書內容亦不斷增刪以供新需求，故相同書名的日用類書時有不同版本刊行。唯此時日用類書的主要適用者應仍偏文人雅士等上層社會，並未普及四民大眾；因其雖已刊載各式日常生活內容，然其中仍含許多適於上層社會使用的禮儀、聖賢、宮室、學校、文籍、儒教、辭章、器用、文藝、官制、刑法、仕進、榮達、姓氏源流及各式飲食等部分，且書旨及書名並未標示爲四民通用或士民便用之意；故此種書籍雖大部分爲坊刻本，然仍有少數官刻本，且部分書籍後來仍爲《四庫全書》及文人藏書所網羅而保存至今〔註1〕。

〔註 1〕如四庫全書中即收有《居家必用事類全集》、《多能鄙事》、《便民圖纂》；文淵閣書目中有《事林廣記》、《居家必用》；千頃堂書目中有《事林廣記》、《居家必用事類全集》、《日用便覽事類全集》；皕宋樓藏書中有《事林廣記》；八千卷樓及五十萬卷樓藏書中均有《居家必用事類全集》等書；見四庫全書編纂委員會編，《四庫全書存目叢書》，子部，117冊、118冊；〔明〕楊士奇，《文淵閣書目》（臺北：廣文書局有限公司，1969.2），頁474～475；〔清〕黃虞稷，《千頃堂書目》（上海：上海古籍出版社，1990.5），頁400；〔清〕陸心源，《皕宋樓藏書志‧續志》，11（臺北：

　　真正專供士農工商等四民大眾日常生活便用的民間日用類書，應產生於明代後期的萬曆年間，如《萬書萃寶》、《五車拔錦》、《博覽不求人》、《三台萬用正宗》、《文林聚寶萬卷星羅》、《萬象全編不求人》、《諸書博覽》、《學海群玉》、《萬用正宗分類學府全編》、《萬書淵海》、《萬寶全書》、《便覽全書》、《萬錦全書》、《博覽全書》、《萬事不求人博考全編》、《萬珠聚囊不求人》、《一事不求人》等。

　　此種民間日用類書與以往的日用類書最大差異有五：一是其內容將主要屬於上層社會使用的部分大量刪除或縮減，以更符合士農工商等四民大眾的需求。二是其編輯方式爲上下雙層排印，而非以往傳統類書和日用類書的單層排版；此一方面可節省空間，縮小篇幅，方便攜帶使用；同時，亦可降低成本，減輕人們的經濟負擔。三是其排印多採俗體字的應用，並增加圖示，顯現民間通俗背景；且書籍品質粗精不一，適於不同層級、不同生活背景需要與經濟能力的四民大眾各自選用。四是其書籍在書的總名稱或各卷名稱上，以及編書旨意中，均特別標示或注明爲四民通用或士民便用之意。五是其出版量之大，僅次於曆書；幾乎年年均有刊印，且同一年不限一家書坊的出版品，而同一家書坊每年亦不限一個版本的刊行；又由於市場競爭激烈，僞刻、盜版風熾，書商往往普遍刊登廣告指責不法業者，維護自身權益，並提醒顧客認清商標，選購正品。

　　民間日用類書所以產生於明代後期的萬曆年間，且興盛於明清時期，實與當時商品經濟的蓬勃興盛，造成生活環境的變遷與社會大眾的需求有關。由於宋代以來的經濟發展，至明代後期達到頂點，造成人們食衣住行等日常生活的多樣化，也促成城鄉人口流動，並帶動社會風氣變遷；爲適應新的生活環境、學習生活中的新事物，人們需要有實際的生活指引或參考資料。而經濟的發展，亦促成平民地位提昇，平民的實際生活需要受到重視；同時，經濟的繁榮，也使得教育普及、人們收入增加，平民有足夠的識字能力與物質能力消費如書籍般的文化商品。此外，伴隨經濟發展而來的書籍生產技術提高及文人世俗化，使得民間日用類書的編輯、出版不虞匱乏。在上述種種主、客觀條件配合下，民間日用類書終於明代後期的萬曆年間應運而生，且持續發展到清代，乃至民國以後的今日。

廣文書局有限公司，不明出版時間），頁 2658～2659；丁仁編，《八千卷樓書目》（臺北：廣文書局有限公司，1970.6），下冊，卷 13，子部，雜家類，頁 1 上；吳伯驥，《五十萬卷樓藏書目錄初編》（臺北：廣文書局有限公司，不明出版時間），5 冊，頁 1264～1265。此外，清代的藏書家毛晉、沈曾植均藏有不同版本的《事林廣記》，見胡道靜，〈元至順刊本《事林廣記》解題〉，頁 250～251。另有其他關於文人收藏日用類書情形者參見吳蕙芳，〈口腹之欲：明版日用類書中的葷食〉，《中國歷史學會史學集刊》，35（2004.1），頁 105～106，註 9。

　　由於民間日用類書屬四民大眾生活中實際參考及使用的材料，故其價值之高不容忽視。而透過此種材料之研究民間生活情況，實可跳脫以往主要經由話本、小說、寶卷、戲曲等文學作品或善書、經卷、陰騭文、功過格等宗教材料，自另一個角度觀察民間生活之各式風貌。大致而言，明清時期民間日用類書所反映出的民間生活主要有四大內涵，即文化基礎的傳承、實用智能的學習、社交活動的歷鍊及休閒興趣的培養。亦即民間日用類書的內容，實涵蓋人們日常生活的四個層面──生活環境、物質生活、社會生活及精神生活。

　　首先，就生活環境而言，明清時期民間對所生存環境的了解與適應，包括自然環境中時間觀念之熟識應用，以及人文背景中歷史與地理、官府與律令的了解。其中，對於時間觀念的認識除經由正統古籍中之天文、氣象及曆日形成之學理性解說外，民間更有許多因傳統陰陽五行、迷信思想及長期生活經驗累積而成之各式天文祥異、氣候雜占及天時瑣占等內容，為人們掌握時間觀念、了解天文曆法的主要憑藉，而後者往往更為民間普遍熟悉且習慣使用。歷史常識是透過對歷代政權更迭演變及前人懿行善舉之了解，以明白人類發展情況，並選擇學習典範，甚或以之作為童蒙教育之絕佳教材；地理常識則主要是對當朝疆域及全國交通網的掌握，以為人們經商、應考、行旅、仕宦等不同目的之出行需要作準備；同時，也有對外國情形的初步瞭解，其中雖有不少確實的說明，亦不乏大量的想像成分，尤其是《山海經》一書中所建構的世界更為民間理解其陌生環境的主要依據。官府及律令的了解，主要是官府各部門及文武官員的介紹、為官須知及律令刑罰的解說與應用，此不僅是為將朝仕宦之途發展者預作準備，更是四民大眾若涉及法律訴訟或各式糾紛時必備的知識，其內容是頗為實際而便用的。值得注意的是：史地常識與官秩律令二項往往因政權更替而有變，故只要改朝換代，民間日用類書上即可見新朝代、新行政區劃、新行政部門或新行政措施等內容的介紹說明；蓋政治變動所造成的民間生活環境之改變，在此一層面上是最明顯而易見的。

　　其次，就物質生活而言，明清時期民間的物質生活包括為謀生存而需具備一定的工作技術；大致而言，當時的農業生產，不論是在農作物、農地、農具、農技等各方面訊息的掌握均甚為完備，尤其是涉及基本民生需求的穀物栽種與蠶桑養殖兩者，而茶的生產飲用在民間已達藝術化階段；又與農業生產相關的飼畜活動也頗受人們重視，特別是為提供農業生產活動主要勞動力的牛馬飼養、獸疫防治，更是疏忽不得，而某些蟲鳥禽獸的飼養已屬休閒興趣範圍，並非治生目的。此時商業的發展亦引人注意，各種相關了解，不論是貨幣、度量衡、商品、商稅、經商技巧、經營方法等都是經商者的必備知識。同時，為應付四民大眾日常生活中隨時要用的計

數需求，珠算的學習使用更是非常普遍。由於現實生活中不免壓力與挑戰，民間往往須乞助超自然力量的玄理術數，故無論是探索命運順悖的命理、辨識福禍的相法、區別陰宅陽宅好壞的風水術、選擇吉時避災的擇日，乃至預知吉凶的各式雜占等，均在民間廣爲流行，亦對人們日常生活造成相當的限制與影響。此外，爲維持身體健康，以順利進行治生活動，四民大眾也要注意養生保健與醫療衛生觀念；明清時期人們在此一方面的注意，從事前的保養——含飲食限制與行爲規範、健身——含運氣脩身與武術強身，到發生疾病後的治療，不論是被視爲正統的，且有分婦（產）、兒、內、眼等科的一般治療法，或被視爲迷信色彩甚濃的民俗治療法等，均有相當豐富而多樣化的內容。值得注意的是，民間物質生活中，基於經濟條件限制，實用是最重要的考量原則，而表現在實際生活上的狀況就是：作物栽培著重基礎食物的造作及貯存，而非山珍海味；飲食目的不求美味美觀，但求維身養生，而養生亦僅止於食禁要求，不達食補標準；穿著不求華麗爭豔，但求洗滌清潔；居住不求華屋豪宅，但求穩固吉利；出行不講究交通工具，唯思擇吉日出門以避災遠禍；人之長相不要貌美好看，但求福氣長壽，尤其是女性，形貌舉止之宜家宜室、多子多孫更是男性擇偶之首要條件。

再就社會生活而言，明清時期民間的社會生活包括在家庭教育與社會教育中學習的日常禮儀與行爲規範，以及實際進入社會與人接觸，爲因應不同交往情況而必須採用的束帖、關禁契約及呈結訴狀等文書之練習。其中，家庭教育首先經由童蒙教養方式培育子弟基本品德修養、生活行爲規範及識字能力，以爲日後進一步地學習奠基；次以冠、婚、喪、祭四種傳統家禮的施行維持家教，傳承家風、家學，而兩者最終目的均是爲家庭人際關係之和諧及求家庭、家族之穩定發展。至於勸諭則屬社會教育範疇，係透過個人品性修養、家庭倫理、社會倫理，以及宗教倫理之要求標準，使人言行舉止有一定限制，不恣意行爲，共同維持和諧的社會關係及穩定社會之秩序。至於實際進入社會與人接觸後而產生的私人交情文書，如書信、請帖，或涉及官府部門、法律關係之各種公文書，如關書、禁文、契書、執照、呈狀、結（保）狀及訴狀等，均是人們必須了解且學習的內容。大致而言，明清時期民間社交往來互動中，性別差異、血緣親疏、尊卑貴賤等觀念之影響甚爲普遍；如童訓教養中之強調男女有別的教育內容、冠禮儀式時嫡庶子的差別待遇，以及書信束帖上稱呼及遣詞用字之特別注意等，而涉及官府部門或法律關係之各種公文書撰寫，更有其既定格式、規範必須遵行，不得違反；明清時期民間社會生活中對於因性別差異、血緣關係、身分背景之不同而有之禮貌與儀節是頗爲重視的。

最後，就精神生活而言，明清時期人們爲舒緩現實生活中之壓力，往往在工作

之餘培養各式休閒興趣，以爲生活之調劑。當時民間流行的休閒興趣包括寫字、繪畫、彈琴、唱歌、欣賞詩文、行酒令、猜謎語、講笑話、說故事等較偏靜態的休閒活動，及下圍棋與象棋、打雙陸、玩砵窩與骨牌、投壺、踢球、變戲法、嫖妓等較偏動態的娛樂活動，內容可謂五花八門，應有盡有。而基於經濟因素考量，這些休閒興趣大體上無需太多花費，不必複雜道具，能獨享亦可共樂，能分別進行亦可聯合玩耍，實符合民間一物多用途，簡單方便，經濟實惠等實際、實利、實用之原則。

又透過明清時期民間日用類書的內容除可反映民間生活四大內涵外，配合書籍出版的其它相關事項，亦可顯現明清時期民間生活具有下列數項特色：一是儒學的普遍與世俗化；明清時期民間日用類書中處處可見儒學傳統遺跡，如天文理論中太極解釋之引用《漢律曆誌》、《三五曆紀》、《易係疏》、《周子通書》等書，兩儀理論之引用《易經》、《晉天文志》等書，還有引用《周髀》、《淮南子》、《漢天文志》、《晉志》、《書經》、《說文》、《春秋說題》、《五經通義》、《公羊》、《大戴禮》等書以解說其它天文理論或氣象成因者；而文字游戲中之酒令、謎語內容更是普遍採用《千字文》、《千家詩》、《百家姓》、《論語》、《蒙求》、《書經》、《詩經》、《孟子》、《大學》、《中庸》等四書五經或儒家蒙學教材爲其內容。此外，童訓教養中品德修養之強調禮義道德、孝悌忠信，生活教育之重視言行適當、舉止合儀，以及知識教育中之以古先聖賢爲學習典範，還有四禮規範中冠、婚、喪、祭四種家禮學習以維繫家風、家教，乃至勸諭內容中個人品性修養、家庭倫理及社會倫理的要求，束帖運用中各式稱呼及遣詞用字之強調禮節，甚至投壺及蹴踘等游戲中亦含仁義禮智信及中庸等思想，此均爲儒學傳統下的結果。

二是陰陽五行思想的盛行，且雜有佛道思想；明清時期民間日用類書中陰陽五行思想最顯而易見者即在玄理術數項目中，不論是命理、相法、陽宅陰宅風水、擇日及各式雜占內容，均含大量此種思想；同時，民間普遍相信的天文祥異內容亦屬陰陽五行思想範疇，而養生部分的飲食調整、健身部分的運氣脩身及醫療部分的醫學理論，尤其是婦（產）科方面的受孕成胎緣由，乃至民俗醫療法的各式祛病方式等，均是以陰陽五行思想爲基礎而開展的。至於佛道思想則主要見之於脩身中之服食丹藥，勸諭中之各式宗教倫理，如命定論、福禍論與因果報應說，以及文字游戲中充滿善惡報應觀念的各種故事等內容。

三是士庶文化的交流；明清時期民間士庶文化交流情形除證於前述之各式天文理論及氣象成因之以儒學經典解說於四民大眾，以及民間文字游戲中酒令、謎語之普遍以四書五經爲其內容外，尚可見之於童訓教養及四禮規範所提及之各式家庭教育內容中，不論是品德教育、生活教育、知識教育的要求，或冠、婚、喪、祭四種家禮之學

習，原來均屬上層社會教育其子弟，維繫家門及延續家風必採之道，如今亦見之於士民通用的民間日用類書中，以為四民共同參考使用。同時，各種怡情養性及娛樂活動項目，亦可見士庶文化交流情形，如書法、繪畫、音樂、詩文及戲令等較偏靜態的休閒興趣本屬文人雅士之文娛活動，明清時則已普及為四民大眾共同從事；而圍棋、象棋、雙陸、骨牌、投壺、蹴踘等較動態的休閒活動，原來亦為上層社會所享受；甚至風月之事，也是文人之風流雅事，明清時期則均已為四民大眾廣泛採用。另一方面，民間亦有許多基於庶民大眾實際經驗累積而產生，且普遍流行、廣泛應用之種種日用生活知識，如天文曆法中之各式氣候雜占、天時瑣占及貓眼計時法，飼畜中之各式治牛馬病經驗方，以及不具學理根據，但頗為民間相信而採用的各種迷信內容，包括天文部分的天文祥異，飼畜時以各式特殊顏色相牲口法，合婚時以筆畫數算好壞，陽宅造屋中以間數定吉凶，出門時手書字以求順心如意，養生時之種種飲食禁忌，婦（產）科中之求受孕日與男胎法，以及民俗治療法之各式袪病方等。可見人們日常生活中士庶文化內容實已混合不分，而為四民大眾通用之。

四是民間文化的一致性；明清時期民間日用類書主要由福建、江蘇兩地書坊編製印行，特別是福建建陽一地的書坊，在明代民間日用類書的出版上幾乎獨占鰲頭，而江蘇書坊在清代民間日用類書的出版上則一枝獨秀，然這些書坊出版品之消費者並不限於當地人，而是全國的行銷網路，故民間日用類書的使用者是遍布全國，而非侷限一隅。此外，民間日用類書在書名或卷名上，乃至書內之序言說明，均特別標示或注明為四民便用或士民通用，而觀其內容確有為士農工商等四民皆備的部分，如農桑門之為農民，商旅門之為經商者，官品門、律法門、體式門則既為有志仕宦者預作準備，亦可為一般人涉及官司訴訟時的必備知識；同時，不僅不同職業者可一體適用，且無論城市住戶或鄉間居民亦均可參考，只是基於經濟能力、識字程度的差異，而有親自查閱或由鄉間儒師等中間者代為引介使用之別。事實上，早有學者指出：民間日用類書致力於構造關乎個人日用的世界，最終創造了一個大體上超越社會階層，甚至城鄉差距和區域性差異的共同的話語與實踐的領域〔註2〕。而透過民間日用類書的出版、流通、書名、序言等內容確可呈現超越社會階層、地區差異及城鄉區別之特色。

除以橫切面觀察明清時期各版民間日用類書之內容以明其生活內涵與特色外，若自縱剖面考察明清時期各版民間日用類書的變化，尚可發現其有逐漸簡化與定型化，乃至制式化的情況；其中，簡化是指民間日用類書內容的逐漸縮減與刪除，

〔註2〕Shang Wei，"The Making Of The Everyday World：Jin Ping Mei Cihua And The Encyclopedias For Daily Use"，P.1。

而定型化、制式化則是指民間日用類書內容的漸趨固定，乃至毫無變化。

　　大致而言，自明代到清代後期版本的民間日用類書在內容上的變化主要有二種。一是從有內容到無內容者；如律法、農業、商業、命理（四柱推命法、圖示法）、風水（陰宅、陽宅）、擇日、雜占（袁天罡覆射課、諸葛孔明馬前課、戚都翁傳未卜先知課、劉海蟾先生靈課、李淳風六壬課、夾竹梅花六壬課、靈龜逐盜失物法、八卦、九天玄女卦、關大王馬前靈筶、鬼谷子嚮卜法、逐時斷肉顫法、面熱法、眼跳法、耳熱法、耳鳴法、心驚法、涕噴法、逐時斷衣留法、逐時斷火逸法、諸禽吉凶法、邵康節先生觀梅數）、保養、健身（運氣脩身）、醫療（醫學、兒科、內科、眼科）、童訓教養、四禮規範、關禁契約、呈結訴訟、詩文、戲令（酒令、謎語、故事）、戲術、風月。一是仍保有內容但內容減少者；如天文曆法、史地常識、官品、飼畜、籌法、命理（秤命法、小兒關煞）、相法、雜占（占燈花、見怪、解夢）、健身（武術）、醫療（婦科）、祛病、勸諭、柬帖運用、書法、繪畫、音樂、笑話、棋藝（圍棋、象棋）、骰戲（雙陸、硃窩）、骨牌、技法（投壺、蹴踘）。

　　而觀其內容所以被刪除者的原因不外乎，一是過於專業，如律法、農業、商業、風水（陰宅、陽宅）、醫療（醫學、兒科、內科、眼科）、關禁契約（文契式）等；二是層次過高、艱深，如健身（運氣脩身）、童訓教養（知識教育）、關禁契約（學關體式、分關體式、鄉約體式）、詩文、戲令（酒令、謎語）等；三是太過複雜、繁瑣，如保養、命理（四柱推命法）、雜占（袁天罡覆射課、諸葛孔明馬前課、戚都翁傳未卜先知課、劉海蟾先生靈課、李淳風六壬課、夾竹梅花六壬課、八卦、九天玄女卦、關大王馬前靈筶、鬼谷子嚮卜法）等；四是不合時代需要，如四禮規範、呈結訴訟、風月等；五是有重複而足資取代者，如童訓教養中的品德教育與生活教育多與勸諭內容重複、擇日功能則可由通書替代等。

　　再察其內容被保留但遭縮減者的原因，則主要是關於理論闡釋、淵源探究、性質解說、歷史發展等較艱澀、複雜，且與實際應用方面關係較不密切的部分；如天文曆法中解釋天文的理論、闡述曆日的由來、說明計時器的淵源與演變，及各種定出年、月、日、時乃至四季、節氣、甲子等時間週期的方法；飼養牲口方面的有關牛馬身體各部位結構及器官的了解、病症產生之緣由；珠算學習之關於算法源流、傳統計算方式的分類介紹，及較複雜的面積、體積及載重量的計算方法；武術健身的武藝淵源、古人前例介紹及各種射藝、棍（棒）、鎗、鈀、槌、刀法的詳細解說；醫學治療中婦（產）科的成胎理論、孕婦維持情緒穩定之因，及兒科的痘疹源起、每日變化成因；柬帖運用中有關柬帖構成之各部分及相關要領解說；怡情養性與娛樂活動中的習字原理、樂器由來與旨意、樂理闡釋、圍棋理論、投壺與蹴踘的旨意

陳述及性質闡釋等部分。保留下來的多為最基本、簡單、容易明瞭，且一遇問題即可立刻應用，實際解決困難的部分；如天文曆法中的氣候雜占、天時瑣占，及重要耕種日之推算法；飼養牛馬常見之病症及其藥方；珠算學習時對算盤的基礎認識與指法運用、實際操作時加減乘除四則運算的方法及實例說明；武術健身中的拳術防身法；醫學治療中婦（產）科的受孕生子法、占男女訣法，及十月懷胎過程中各階段母體內嬰兒變化情形與相應藥方；柬帖運用中之各式實際範例參考；怡情養性與娛樂活動中字帖與畫稿之臨摹示範，琴的基本認識與指法、音譜練習，以及圍棋、象棋、雙陸、砗窩、骨牌、投壺、蹴踘游戲之規則與玩法要訣等。

由此變化過程可知，明版民間日用類書先是將相關四民生活的日用知識予以系統化，當時，這種書籍編纂的主要原則在求全、求備，故各種知識刊載時，不僅有實際應用的部分，亦往往將相關此知識之淵源、背景、性質、學理基礎等內容交代清楚，使四民在使用時不僅知其然，亦可知其所以然；而清版民間日用類書則是將相關四民生活的日用知識予以普及化，書籍編纂的主要原則已轉為求簡、求便，故各種知識刊載時，只強調實際解決問題的方法，而不再解說何以該如此做，如此乃可使書籍更為簡便，更為一般大眾認同而普遍採用。

有學者認為清版民間日用類書，因「喪失其種類的多樣性」、「書的質、量均降低減少，豐富的生活內容消失」，而稱「清刊的日用類書多為殘卷」〔註3〕；這種說法並不能確切解釋清版民間日用類書所以與明版民間日用類書在內容上有如此大幅度刪除及縮減的真正原因及其變化意義；因為，清版民間日用類書並非只是明版民間日用類書隨意下的殘存篇幅。事實上，就前述分析已可得知，民間日用類書自明代到清代版本的發展，就其性質而言，實是由「生活知識的系統化」逐漸朝「生活知識的普及化」這一方向轉變；再就目的而論，則明版民間日用類書除實用性質外，因其內容尚涉及許多淵源、性質、背景及學理等部分，故還略帶若干教育性質意味，此乃何以日本學者如酒井忠夫或本田精一等人多在其研究成果中賦予這些資料以教育目的之原因；然發展至清版民間日用類書時，其事實上已轉型為純實用目的，不再具有教育意涵，沿襲至今日的民間日用類書亦如是。

此外，清版民間日用類書與明版民間日用類書另一極大差異即其定型化，乃至制式化。此種定型化及制式化除見之於民間日用類書卷數的固定不變，如清代前期民間日用類書主要是三十二卷或三十卷版本，而清代後期民間日用類書則主要為二十卷版本；同時，這些三十二卷、三十卷或二十卷版本的民間日用類書中各卷之類

〔註3〕小川陽一，〈日用類書──『萬用正宗』『萬寶全書』『不求人』など〉，頁62。

目名稱、內容刊載均固定不變，不似明代民間日用類書的各版本不僅卷數不同、各卷類目名稱互異、內容亦頗有差別。此種民間日用類書在清代的定型化及制式化固然與前述的書籍轉型成普及化性質及實用之目的有關，因民間日用類書以定型化及制式化方式生產更能減輕成本、降低售價而廣為四民大眾購買使用。唯值得注意的是，此種定型化及制式化並非只是發生於個別書坊的出版品，而是整個清代各個不同地方的書坊均生產相同內容的民間日用類書，亦即民間日用類書發展至清代後期似乎只有一個版本，而由各地不同的書坊刊印發售，民眾採購時則無選擇性，因內容均是一致的；無怪乎清版民間日用類書不必如明版民間日用類書，需要以一定的篇幅刊載廣告，以維持市場競爭力，保住顧客群；直到清末外力入侵後，民間日用類書的內容才又有了變化。

　　由於民間日用類書是提供四民大眾日常生活中遭遇問題時的解決之道、應急之方，故其在清代的定型及制式化若置於民間生活範疇之觀察中則別具意義。因為，如此定型而制式化內容的民間日用類書，是否真能提供四民大眾日常生活中的實際幫助？答案如果是否定的話，那麼四民大眾該如何解決生活上之困難？倘若當時的人們在面對困境時並非參考這些民間日用類書，而是以其它的書籍或管道取得方法來處理問題，則民間日用類書在清代何以還需如此頻繁地印刷出版？這些書坊出版的文化商品若無實際市場需求，商人何以要大量生產？而答案如果是肯定的話，則是否可據以推論明代後期萬曆、崇禎時的民間社會，實較清代的民間社會來得活潑而多樣化？因為，清代前期康熙至道光年間版本的民間日用類書已開始有定型化現象，而愈往清代後期發展則愈明顯，特別是到咸豐、同治年間，民間日用類書幾固定為一個版本，這是否反映出民間社會發展至此時幾呈停滯狀態，人們生活內容沒有變化而為固定模式，故民間日用類書中無需新內容的增加、不同需求的調整，甚至以簡化而制式化的知識即可供四民大眾日常生活之用，而人們以舊有的知識，即可應付熟悉且一成不變的生活環境及發生其中之種種問題；直到清末外力入侵，生活環境因此產生變動，人們生活內容亦多所變化而有新的需求，促使民間日用類書必須有新內容的增補而發生改變，故光緒24年版民間日用類書開始有續卷增加；民國以後仍配合社會變化之需求而持續增補，甚至有更多新的、不同種類民間日用類書之刊印。亦即民間社會在明代後期是非常活潑而多樣化的；然發展至清代前期則漸趨沈寂而制式化，民間生活內容未突破明代後期之範圍；再發展至清代後期則民間社會更形僵化，而無創新；直至清末因外力刺激影響而超越原有格局，進一步地擴展。若上述推論能夠成立，則日後對於晚明至清末——即十六世紀末至廿世紀初——三百多年的民間社會，實應予以區隔成明代後期（萬曆、崇禎年間）、清代前期

（道光以前）、清代後期（咸豐、同治、光緒年間）及清末（光緒 24 年以後）四個不同發展階段來看待，而不可視之爲一個整體。

　　總之，透過民間日用類書的淵源、演變與發展情形，及明清時期各版民間日用類書的內容分析，實可爲了解民間社會之變遷發展提供另一途徑；因此，對於民間日用類書這種以往較爲人們忽略，而實具有重要價值的史料應廣爲蒐求，且以其爲基礎作更進一步地利用研究，亦爲往後的社會文化史工作者深具意義且刻不容緩的努力方向及目標。

附錄：明清時期各版《萬寶全書》目錄

書名、收藏處、卷數、 冊數、長寬、類目內容	版本、編者、刊者

01.《新鍥天下備覽文林類記萬書萃寶》

明神宗萬曆 24 年（1596）刊本

藏日本東京大學東洋文化研究所

43 卷，23.3×13 公分

殘存 9 卷 2 冊（12～14、16～21）

中央研究院歷史語言研究所

據上複製而成紙燒本，1 冊

日本東洋文庫

殘存 10 卷 2 冊（1～3、31～37）

23.2×13.4 公分

日本早稻田大學中央圖書館

殘存 7 卷 1 冊（31～37）

24×13.4 公分

日本大阪杏雨書屋

43 卷 8 冊〔註 1〕，25.2×16 公分

01 天文、02 時令、03 地輿、04 人紀、05 諸夷、06 爵祿、07 雜字、08 翰式、09 雲箋、
10 冠婚、11 喪祭、12 民用、13 琴學、14 棋譜、15 書法、16 畫譜、17 八譜、18 律例、
19 矜式、20 武備、21 採要、22 相宅、23 堪輿、24 易卦、25 星平、26 數命、27 相法、
28 醫學、29 婦道、30 保嬰、31 衛生、32 勸諭、33 訓童、34 脩眞、35 格言、36 籌法、
37 農桑、38 侑觴、39 笑談、40 風月、41 夢課、42 僊術、43 雜覽

02.《新鍥全補天下四民利用便觀五車拔錦》

明神宗萬曆 25 年（1597）序刊本

〔註 1〕此版目錄書上載爲 10 冊，實際應爲 8 冊；見財團法人武田科學振興財團編，《杏雨
書屋藏書目錄》（京都：臨川書店，1982.6），頁 830。

藏日本東京大學東洋文化研究所　　　　　　錦城紹錦徐三友校正

33 卷 10 冊，24×14 公分　　　　　　　　閩建雲齋鄭世魁梓行

中央研究院歷史語言研究所

據上複製而成紙燒本，5 冊

美國國會圖書館　　　　　　　　　　　　書林鄭氏雲齋繡梓

20.8×12.2 公分〔註2〕

01 天文、02 地輿、03 人紀、04 諸夷、05 官職、06 律例、07 文翰、08 啓箚、09 婚娶、
10 喪祭、11 琴學、12 棋譜、13 書法、14 畫譜、15 八譜、16 塋宅、17 剋擇、18 醫學、
19 保嬰、20 卜筮、21 星命、22 相法、23 詩對、24 體式、25 籌法、26 武備、27 養生、
28 農桑、29 侑觴、30 風月、31 玄教、32 法病、33 修眞

03.《天下全書博覽不求人》

　　　　　　　　　　　　　　　　　　明神宗萬曆 26 年（1598）刊本

藏日本京都陽明文庫　　　　　　　　　　書林詹氏進賢堂梓

20 卷 4 冊，24.8×13.6 公分

01 天文、02 輿地、03 人紀、04 諸夷、05 文翰、06 民用、07 官品、08 剋擇、09 星命、
10 相法、11 卜筮、12 律法、13 胎產、14 保嬰、15 拳勢、16 塋葬、17 博奕、18 籌法、
19 談笑、20 侑觴

04.《新刻天下四民便覽三台萬用正宗》

　　　　　　　　　　　　　　　　　　明神宗萬曆 27 年（1599）刊本

藏日本東京大學東洋文化研究所　　　　　三台館主人仰止余象斗纂

43 卷 10 冊，24.2×13.2 公分　　　　　　書林雙峰堂文台余氏刊

日本名古屋市蓬左文庫

43 卷 8 冊〔註3〕

01 天文、02 地輿、03 時令、04 人紀、05 諸夷、06 師儒、07 官品、08 律例、09 音樂、
10 五譜、11 書法、12 畫譜、13 蹴踘、14 武備、15 文翰、16 四禮、17 民用、18 子弟、

〔註2〕王重民，《中國善本書提要》（臺北：明文書局，1983.12），頁 383～384；王重民輯
　　　　錄，《美國國會圖書館藏中國善本書目》（臺北：文海出版社，1972.6），頁 745～746。
〔註3〕名古屋市蓬左文庫編，《名古屋市蓬左文庫漢籍分類目錄》（名古屋：名古屋教育委
　　　　員會，1975.3），頁 98。

19 侑觴、20 博戲、21 商旅、22 算法、23 眞修、24 金丹、25 養生、26 醫學、27 護幼、
28 胎產、29 星命、30 相法、31 卜筮、32 數課、33 夢珍、34 營宅、35 地理、36 剋擇、
37 牧養、38 農桑、39 僧道、40 玄教、41 法病、42 閑中記、43 笑謔

05.《新鍥燕臺校正天下通行文林聚寶萬卷星羅》

	明神宗萬曆 28 年（1600）序刊本
藏日本名古屋市蓬左文庫	撫金華亭徐會瀛彙輯
40 卷 6 冊〔註 4〕	書林茂齋詹聖謨梓行
東京大學東洋文化研究所	書林靜觀堂詹懋齋梓行
36 卷，25×14 公分	
殘存 33 卷 14 冊（2～19、22～36）	五雲豪士天樂生序
中央研究院歷史語言研究所	
據上複製而成紙燒本，7 冊	

01 天文、02 地輿、03 人紀、04 時令、05 農桑、06 文翰、07 啓箚、08 婚娶、09 喪祭、
10 諸夷、11 官職、12 律例、13 琴學、14 棋譜、15 書法、16 畫譜、17 八譜、18 塋宅、
19 剋擇、20 醫學、21 保嬰、22 卜筮、23 星命、24 相法、25 體式、26 算法、27 武備、
28 詩對、29 侑觴、30 談笑、31 風月、32 奇策、33 養生、34 修眞、35 記巧、36 法病、
37 調唇、38 戲術、39 釋夢、40 雜覽

06.《新鍥燕臺校正天下通行文林聚寶萬卷星羅》

	明神宗萬曆 28 年序刊本
藏中國北京圖書館	〔明〕徐會瀛輯
39 卷 10 冊，21.3×12.8 公分	書林余獻可刻
中國上海圖書館	
殘存 9 卷 2 冊（2～8、17、18）〔註 5〕	
23.5×13.2 公分	

01 天文、02 地輿、03 人紀、04 時令、05 農桑、06 文翰、07 啓箚、08 婚娶、09 喪祭、

〔註 4〕名古屋市蓬左文庫編，《名古屋市蓬左文庫漢籍分類目錄》，頁 98。
〔註 5〕此書與它版合冊，相關說明參見吳蕙芳，〈上海圖書館所藏《萬寶全書》諸本——兼
論民間日用類書中的拼湊問題〉，《書目季刊》，36／4（2003.3），頁 55。值得注意的
是此版卷 7 爲〈書畫門〉而非〈啓箚門〉，且卷頭書名題爲《新刻提頭萬事全書類聚
文林摘錦》；又卷 6 爲〈畫譜門〉而非〈文翰門〉。

10 諸夷、11 官職、12 律例、13 琴學、14 棋譜、15 書法、16 畫譜、17 八譜、18 塋宅、
19 剋擇、20 醫學、21 保嬰、22 卜筮、23 星命、24 相法、25 體式、26 籌法、27 武備、
28 詩對、29 侑觴、30 談笑、31 風月、32 奇策、33 養生、34 修眞、35 記巧、36 法病、
37 戲術、38 釋夢、39 雜覽

07.《新鍥三才備考萬象全編不求人》

明神宗萬曆 30 年（1602）刊本

藏日本東北大學圖書館狩野文庫　　　　藝林陳耀吾梓

　　25 卷 11 冊

　　殘存 22 卷 11 冊（1～9、13～25）〔註 6〕

　　01 天文、02 地輿、03 人紀、04 時令、05 剋擇、06 手東、07 諸夷、08 爵祿、09 八譜、
　　10 相法、11 體式、12 書法、13 詩對、14 酒令、15 笑談、16 演武、17 秤命、18 勸世、
　　19 夢書、20 種子、21 農桑、22 戲術、23 課訣、24 算法、25 雜覽

08.《新鋟萬軸樓選刪補天下捷用諸書博覽》

明神宗萬曆 32 年（1604）刊本

藏日本內閣文庫　　　　　　　　　　承明甫編

　　37 卷 7 冊，23.5×13.5 公分　　　潭邑楊欽齋繡梓

　　殘存 31 卷 7 冊（1～21、28～37）　書林輿耕堂

　　01 天文、02 地輿、03 人紀、04 雲箋、05 錦翰、06 諸夷、07 官品、08 律例、09 八譜、
　　10 琴譜、11 棋譜、12 畫譜、13 書法、14 冠婚、15 喪祭、16 詩對、17 狀式、18 星命、
　　19 相法、20 笑談、21 涓吉、22 民用、23 斷易、24 酒令、25 堪輿、26 相宅、27 衛生、
　　28 保嬰、29 醫學、30 訓童、31 籌法、32 農桑、33 勸諭、34 玄教、35 夢書、36 病法、
　　37 雜覽

09.《新刊翰苑廣記補訂四民捷用學海群玉》

明神宗萬曆 35 年（1607）序刊本

藏日本東京大學東洋文化研究所　　　京南武緯子撰、補訂、序

〔註 6〕東北大學附屬圖書館編，《東北大學所藏和漢書古典分類目錄（漢籍）》（仙台市：東
　　　　北大學附屬圖書館，1975.3），頁 321～322；惟目錄書上載刊年爲萬曆 3 年（1575），
　　　　有誤，見小川陽一，《日用類書による明清小說の研究》，頁 125、245。

23 卷 4 冊，25.2×14 公分　　　　　閩建熊沖宇梓行

殘存 17 卷 4 冊（1～14、21～23）　　潭陽熊氏種德堂刊

中央研究院歷史語言研究所

據上複製而成紙燒本，4 冊

中國北京圖書館

殘存 8 卷 1 冊（1～8）

24.7×14.5 公分

日本京都大谷大學圖書館

40 卷 4 冊，23.8×13.7 公分〔註 7〕

01 天文、02 地輿、03 人紀、04 時令、05 婚禮、06 喪祭、07 官品、08 律法、09 狀式、10 諸夷、11 書啓、12 雲箋、13 八譜、14 琴學、15 書法、16 棋譜、17 畫譜、18 武備、19 涓吉、20 農桑、21 夢書、22 卜筮、23 星命、24 相法、25 醫學、26 保嬰、27 脩眞、28 養生、29 訓童、30 勸諭、31 籌法、32 詩對、33 酒令、34 笑談、35 風月、36 玄教、37 塋宅、38 祛病、39 牛經、40 雜覽

10.《鼎鋟崇文閣彙纂士民萬用正宗分類學府全編》

　　　　　　　　　　　　　　　　　明神宗萬曆 35 年刊本

藏日本東京大學東洋文化研究所　　　明神宗萬曆 37 年（1609）序

35 卷 12 冊，26×16.2 公分　　　　　京南龍陽子精輯

中央研究院歷史語言研究所　　　　　潭陽余文台梓行

據上複製而成紙燒本，6 冊

美國國會圖書館　　　　　　　　　　藝林□□□梓行

9＋12.5×11.8 公分〔註 8〕　　　　　喬山堂劉少崗繡

日本內閣文庫

35 卷 10 冊，26.4×16 公分　　　　　余文台梓

日本京都陽明文庫〔註 9〕

〔註 7〕亦有資料指出《學海群玉》爲 26 卷：見葉樹聲、余敏輝，《明清江南私人刻書業史略》（合肥：安徽大學出版社，2000.5），頁 80。

〔註 8〕王重民輯錄，《美國國會圖書館藏中國善本書目》，頁 743～744；王重民，《中國善本書題要》（上海：上海古籍出版社，1983.8），頁 382。

〔註 9〕坂出祥伸、小川陽一編，《中國日用書集成 10、11——萬用正宗不求人》（東京：汲古書院，2003.5、7）。

35 卷 12 冊，26.5×16.4 公分　　　　　余文台梓

日本京都大學人文科學研究所

據上複製而成，3 冊

日本國會圖書館　　　　　　　　　　潭陽劉太華梓行

35 卷 14 冊（合 7 冊），24×14.5 公分　龍陽子精輯

日本東北大學圖書館

35 卷 11 冊〔註 10〕

日本尊經閣文庫

35 卷〔註 11〕

日本成簀堂文庫　　　　　　　　　　藝林劉太華梓

35 卷 8 冊〔註 12〕

日本東京都立中央圖書館市村文庫

35 卷 12 冊，26.5×16 公分

殘存 29 卷 12 冊（1～5、11～15、17～35）〔註 13〕

日本龍谷大學圖書館〔註 14〕

01 天文、02 地輿、03 人紀、04 時令、05 體式、06 書啓、07 婚娶、08 喪祭、09 耕佈、
10 官爵、11 卜員、12 律法、13 諸夷、14 筭法、15 八譜、16 書法、17 畫譜、18 種子、
19 剋擇、20 武備、21 相法、22 占課、23 風月、24 笑談、25 星命、26 酒令、27 法病、
28 養生、29 脩眞、30 戲術、31 塋宅、32 斷易、33 醫學、34 詩聯、35 雜覽

11.《新刻全補士民備覽便用文林匯錦萬書淵海》

　　　　　　　　　　　　　　　　　　明神宗萬曆 38 年（1610）刊本

藏日本尊經閣文庫〔註 15〕　　　　　徐企龍編輯

〔註 10〕東北大學附屬圖書館編，《東北大學所藏和漢書古典分類目錄（漢籍）》，頁 321。
〔註 11〕尊經閣文庫編，《尊經閣文庫漢籍分類目錄》（東京：尊經閣文庫，1934.3），頁 730。
〔註 12〕川瀨一馬編，《（お茶の水圖書館藏）新修成簀堂文庫善本書目》（東京：（財）石川
　　　　文化事業財團お茶の水圖書館，1992.10），頁 1102。
〔註 13〕東京都立日比谷圖書館編，《市村文庫目錄》（東京：東京都立日比谷圖書館，1963.3），
　　　　頁 82；目錄書上載此書爲 11 冊，有誤，應爲 12 冊，惟其中有一冊版面較小。
〔註 14〕龍谷大學圖書館編，《龍谷大學和漢書分類目錄》（京都：龍谷大學出版部，1941.3），
　　　　頁 104。
〔註 15〕坂出祥伸、小川陽一編，《中國日用類書集成 6、7——萬書淵海》（東京：汲古書院，
　　　　2001.2、4）。

37 卷 6 冊

日本京都大谷大學圖書館　　　　　　　　　杭州禎寓余興國校

40 卷 10 冊，22.8×13 公分　　　　　　　　閩建清白堂楊欽齋梓

01 天文、02 地輿、03 人紀、04 官品、05 諸夷、06 律例、07 雲箋、08 啓箚、09 民用、
10 冠婚、11 喪祭、12 八譜、13 琴學、14 棋譜、15 書法、16 畫譜、17 狀式、18 星命、
19 相法、20 醫學、21 易卦、22 涓吉、23 堪輿、24 相宅、25 農桑、26 衛生、27 笑談、
28 酒令、29 籌法、30 詩對、31 婦人、32 保嬰、33 訓童、34 勸諭、35 武備、36 夢課、
37 法病、38 僊術、39 風月、40 雜覽

12.《新鐫精採天下便用博聞勝覽考實全書》

　　　　　　　　　　　　　　　　　　　明神宗萬曆 39 年（1611）刊本

36 卷　　　　　　　　　　　　　　　　　〔明〕江三汲輯

　　　　　　　　　　　　　　　　　　　余氏存慶堂刻本〔註 16〕

13.《新板全補天下便用文林妙錦萬寶全書》

　　　　　　　　　　　　　　　　　　　明神宗萬曆 40 年（1612）刊本

藏日本東京大學總合圖書館南葵文庫　　　　建邑雙松劉子明編輯

38 卷 10 冊，23.5×13.5 公分　　　　　　　書林劉氏安正堂繡梓

日本神戶大學圖書館

38 卷〔註 17〕

日本京都建仁寺兩足院〔註 18〕

38 卷 10 冊

美國哈佛大學燕京學舍圖書館

38 卷 9 冊〔註 19〕

01 天文、02 地輿、03 人紀、04 諸夷、05 官品、06 律法、07 武備、08 八譜、09 琴學、

〔註 16〕中國古籍善本書目編輯委員會編，《中國古籍善本書目（子部）》，下冊，頁 867；此
　　　　余氏應爲余金豹，見葉樹聲、余敏輝，《明清江南私人刻書業史略》，頁 77。
〔註 17〕神戶大學附屬圖書館編，《神戶大學附屬圖書館漢籍分類目錄》（神戶：神戶大學附
　　　　屬圖書館，1975.3），頁 224。
〔註 18〕坂出祥伸、小川陽一編，《中國日用類書集成 12、13、14——妙錦萬寶全書》（東京：
　　　　汲古書院，2003.9、11，2004.10）。
〔註 19〕莊芳榮編，《中國類書總目初稿》（臺北：臺灣學生書局，1983.10），頁 67；裘開明，
　　　　〈四庫失收明代類書考〉，頁 57。

10 棋譜、11 書法、12 畫譜、13 文翰、14 啓劄、15 伉儷、16 喪祭、17 體式、18 詩對、
19 涓吉、20 卜筮、21 星命、22 相法、23 塋宅、24 脩眞、25 養生、26 醫學、27 全嬰、
28 訓童、29 籌法、30 農桑、31 勸諭、32 侑觴、33 笑談、34 風月、35 玄教、36 卜員、
37 法病、38 雜覽

14.《新鍥搜羅萬卷合併利用便覽全書》

明神宗萬曆 41 年（1613）序刊本

藏日本京都大谷大學圖書館　　　　　　臨川饒順卿精選
　　不分卷 9 冊，23×13.5 公分　　　　福林黃耀宇精梓
　　　　　　　　　　　　　　　　　　書林餘慶堂黃耀宇梓

　　冊 1 天文、冊 2 琴法、棋譜、牙牌、投壺、雙陸、簫笛、冊 3 四禮、冊 4 人紀、
冊 5 籌法、冊 6 外夷、冊 7 武備、冊 8 相法、秤命、冊 9 時令、畫譜

15.《新刻鄴架新裁萬寶全書》

（《鼎鐫龍頭一覽學海不求人》）　　　　明神宗萬曆 42 年（1614）序刊本
藏日本東京大學東洋文化研究所　　　　羊城沖懷編輯
　　34 卷 4 冊，23.5×13.4 公分　　　　書林熊對山繡梓
　　殘存 24 卷 4 冊（1～9、18～32）

　　01 天文、02 地輿、03 人紀、04 西夷、05 時令、06 官品、07 四禮、08 華翰、09 民用、
10～17 缺、18 戲術、19 武備、20 塋葬、21 談笑、22 謎令、23 雜覽、24 馬經牛經、
25 翎毛、26 尅擇、27 對聯、28 籌法、29 關王筶、30 尅擇、31 牛馬、32 雜用、33～
34 缺

16.《新刻搜羅五車合併萬寶全書》

明神宗萬曆 42 年序刊本

藏日本東京教育大學、宮內廳書陵部　　予章羊城徐企龍（徐筆洞）編輯
　　34 卷 8 冊　　　　　　　　　　　古閩書林樹德堂梓行
　　中央研究院近代史研究所　　　　　存仁堂梓
　　據上影印而成，3 冊

　　01 天文、02 地輿、03 人紀、04 諸夷、05 時令、06 官品、07 四禮、08 柬札、09 民用、
10 風月、11 書畫、12 八譜、13 醫林、14 夢員、15 相法、16 詞狀、17 籌法、18 戲術、

19 武備、20 塋葬、21 笑談、22 謎令、23 雜覽、24 馬經、25 翎毛、26 剋擇、27 筶譜、28 耕佈、29 星命、30 陽宅、31 祈嗣、32 種子、33 脩眞、34 筆法

17.《新刊天下民家便用萬錦全書》

明神宗萬曆年間刊本

藏日本東京大學東洋文化研究所

10 卷 2 冊，24×13.5 公分

01 天文、02 地理、03 人紀、04 官品、05 詩對、06 牛經馬經、07 四禮、08 諸夷、09 民用、10 啓札

18.《新刊天下四民便覽萬寶全書》

明神宗萬曆年間刊本

32 卷　　　　　　　　　　　　周文煥、周文煒編

殘存 31 卷（1～22、24～32）　　秀水余氏雙桂堂藏本

萬卷樓刻本〔註 20〕

19.《博覽全書》

明神宗萬曆年間刊本

藏日本名古屋市蓬左文庫　　　　朱鼎臣編

12 卷 4 冊〔註 21〕　　　　　　潭邑書林前溪熊氏梓行

天文、星宿、國都、地理、諸夷、山海、剋擇、龍穴、諸家秘課、金書、五星、星命、琴學、博變、農桑、書法、眞草、字法、筆法、演武、武備、臣紀、名賢

20.《鼎鐫十二方家參訂萬事不求人博考全編》

明神宗萬曆年間抄本

藏中國北京圖書館　　　　　　　〔明〕博覽子輯

6（大）卷 4 冊，25×15.5 公分〔註 22〕　〔明〕蕭少渠師儉堂刻本

〔註 20〕陳學文，《明清時期商業書及商人書之研究》，頁 240、257；陳學文，〈明代中葉民情風尚習俗及一些社會意識的變化〉，頁 1230；中國古籍善本書目編輯委員會編，《中國古籍善本書目（子部）》，頁 867。

〔註 21〕名古屋市蓬左文庫編，《名古屋市蓬左文庫漢籍分類目錄》，頁 98。

01 天文時令、02 地輿彙編、03 人紀官品、04 生育耕織籌法、05 禮柬彙編、06 命相醫卜

21.《新刻增補士民備覽萬珠聚囊不求人》

藏日本山形縣米澤市立圖書館

不分卷（26 門類）4 冊〔註23〕

明神宗萬曆年間刊本

〔明〕葆和子輯

興耕堂朱仁齋刊本

天文、地輿、人紀、官品、諸夷、律法、四禮、醫學、卜筮、星命、相法、涓吉、文翰、民用、詩對、武備、農桑、侑觴、養生、解夢、算法、種子、八譜、僊術、笑談、雜覽

22.《新刻群書摘要士民便用一事不求人》

藏日本京都大學谷村文庫

22 卷 4 冊，24.3×13.7 公分

明神宗萬曆年間刊本

雲錦陳允中編輯

書林熊沖宇繡梓

書林種德堂

01 天文、02 地輿、03 人紀、04 時令、05 官品、06 諸夷、07 四禮、08 翰札、09 民用、10 選擇、11 塋葬、12 八譜、13 醫林、14 卦命、15 相法、16 算法、17 靈驗、18 書畫、19 風月、20 笑談、21 酒令、22 雜覽

23.《新刻艾先生天祿閣彙編採精便覽萬寶全書》

藏日本東京大學東洋文化研究所

37 卷 5 冊，25.5×15 公分

中央研究院歷史語言研究所

據上複製而成紙燒本，5 冊

日本東京大學總合圖書館

明思宗崇禎元年（1628）刊本

古臨千子艾南英彙編

潭邑以信陳懷軒梓行

書林存仁堂陳懷軒梓

陳繼儒序

徐筆洞精纂

〔註22〕此書又為鄭振鐸私人所藏，見謝國楨，《明清筆記談叢》（上海：中華書局，1960.7），頁 354。

〔註23〕吉池慶太郎編，《米澤善本の研究と題解》（山形縣：市立米澤圖書館，1958.8），頁 151；山根幸夫，〈明代史研究會の步み〉，收入明代史研究會、明代史論叢編輯委員會編，《山根教授退休紀念明代史論叢》，頁 1437。

37 卷 4 冊（合 2 冊），24×13.3 公分

日本國會圖書館　　　　　　　　　徐筆洞精纂

37 卷 8 冊，24×13.5 公分　　　　　存仁堂梓

美國哈佛大學燕京學舍圖書館〔註 24〕　華亭眉公陳繼儒編輯

01 天文、02 地理、03 人紀、04 文翰、05 體式、06 官品、07 諸夷、08 律法、09 農桑、
10 時令、11 棋局、12 酒令、13 笑談、14 字法、15 種子、16 筭法、17 畫譜、18 勸諭、
19 風月、20 相法、21 狀法、22 夢解、23 玄術、24 營造、25 醫學、26 養生、27 命理、
28 秤命、29 地理、30 通書、31 卜筮、32 法病、33 訓童、34 卜筶、35 對聯、36 歌曲、
37 雜用

24.《新刻眉公陳先生編輯諸書備採萬卷搜奇全書》

　　　　　　　　　　　　　　　明思宗崇禎元年刊本

藏日本國會圖書館　　　　　　　　華亭眉公陳繼儒編輯

　37 卷 6 冊，24×13.5 公分　　　　書林懷軒陳恭敬梓行

　日本大阪關西大學內藤文庫　　　　存仁堂陳懷軒梓

　37 卷 6 冊，23.5×13.8 公分

01 天文、02 地理、03 人紀、04 文翰、05 體式、06 官品、07 諸夷、08 法律、09 農桑、
10 時令、11 棋經、12 酒令、13 笑談、14 字法、15 種子、16 筭法、17 畫譜、18 勸諭、
19 風月、20 相法、21 狀法、22 夢解、23 玄教、24 營造、25 醫學、26 養生、27 命理、
28 秤命、29 地理、30 剋擇、31 卜筮、32 袪病、33 訓童、34 關王筶、35 對聯、
36 歌調、37 雜用

25.《新刻天如張先生精選石渠彙要萬寶全書》

　　　　　　　　　　　　　　　明思宗崇禎 9 年（1636）刊本

藏日本東京都立中央圖書館特別買上文庫　太倉天如張溥彙編

　34 卷 4 冊，23.5×13.5 公分　　　　書林含初陳張孫梓行

　　　　　　　　　　　　　　　　書林存仁堂梓

01 天文、02 地理、03 人紀、04 時令、05 農桑、06 文翰、07 體式、08 勸諭、09 官品、
10 茶經、11 外夷、12 酒令、13 醫學、14 夢解、15 狀法、16 剋擇、17 命理、18 相法、

〔註 24〕裘開明，〈四庫失收明代類書考〉，頁 57。

19 秤命、20 棋經、21 笑談、22 種子、23 營造、24 堪輿、25 字法、26 卜筮、27 對聯、
28 籌法、29 畫譜、30 祛病、31 養生、32 關王筶、33 牛馬、34 雜用

26.《新刻人瑞堂訂補全書備考》

明思宗崇禎 14 年（1641）序刊本

藏日本京都大學人文科學研究所　　　　　〔明〕鄭尚玄訂補、序

　　34 卷 5 冊，23.2×13.5 公分　　　　　富沙鄭尚玄幼白氏訂梓

　　殘存 31 卷 5 冊（1～16、18～20、22、25～34）

日本名古屋市蓬左文庫　　　　　　　　　醉花居士鑒定

　　34 卷 6 冊〔註 25〕　　　　　　　　富沙鄭氏人瑞堂藏板

美國國會圖書館

　　34 卷 6 冊

　　8.1＋11.8×11.5〔註 26〕

中央研究院歷史語言研究所

據上印製成微捲

01 天文、02 地理、03 人紀、04 時令、05 農桑、06 文翰、07 外夷、08 畫譜、09 四譜、
10 字法、11 體式、12 勸諭、13 品級、14 採茶、15 酒令、16 籌法、17 狀法、18 剋擇、
19 夢書、20 命理、21 風鑑、22 秤命、23 笑談、24 種子、25 塋造、26 堪輿、27 卜筮、
28 對聯、29 醫學、30 祛病、31 養生、32 關王筶、33 牛馬、34 雜用

27.《新刻天如張先生精選石渠萬寶全書》

　　（《鐫古潭山人二酉外紀》）　　　　　明思宗崇禎 14 年刊本

藏日本東京大學東洋文化研究所　　　　　張溥撰

　　24 卷 3 冊，23×13 公分　　　　　　　〔明〕古潭山人撰

　　殘存 20 卷 3 冊（4～8、10～24）　　　吳初煦梓

01～03 缺、04 人紀、05 諸夷、06 風水、07 醫學、08 卜筮、09 缺、10 相法、11 律法、
12 籌法、13 八譜、14 婚娶、15 翰柬、16 書翰、17 雜劇、18 雜覽、19 祛病、20 祛病、
21 秤命、22 採茶、23 養生、24 六十花甲子

〔註 25〕名古屋市蓬左文庫編，《名古屋市蓬左文庫漢籍分類目錄》，頁 97。
〔註 26〕王重民，《中國善本書題要》，頁 383。

28.《新刻艾先生天祿閣採精便覽萬寶全書》

藏日本內閣文庫

　35 卷 6 冊，23.5×13.5 公分

　中央研究院近代史研究所

　據上影印而成，3 冊

　日本京都大學人文科學研究所

　據上影印而成，2 冊

　日本名古屋市蓬左文庫

　35 卷 6 冊〔註 27〕

　日本早稻田大學中央圖書館

　35 卷 8 冊，26.5×15.6 公分

　日本大阪關西大學泊園文庫

　35 卷 5 冊，22.8×13.4 公分

　日本東京大學東洋文化研究所

　殘存 25 卷 5 冊（1～19、30～35）

　23.2×13 公分

明思宗崇禎年間刊本

古臨千子艾南英彙編

書林三槐堂王泰源梓行

潭邑以信王泰源梓行

有長州明卿陳仁錫題的萬寶聚碧序

書林立正堂梓

01 天文、02 地理、03 時令、04 法律、05 對聯、06 文翰、07 冠婚、08 種子、09 外夷、10 狀法、11 官品、12 字法、13 籌法、14 笑談、15 八譜、16 畫譜、17 關王笤、18 酒令、19 勸諭、20 相法、21 人紀、22 農桑、23 夢解、24 地理、25 醫學、26 營造、27 命理、28 秤命、29 卜筮、30 剋擇、31 牛馬、32 詩謎、33 袪病、34 養生、35 茶論

29.《鼎鐫李先生增補四民便用積玉全書》

藏中國北京圖書館

　32 卷 5 冊，24×15.5 公分

　日本東京大學東洋文化研究所

　32 卷 5 冊，26×15.5 公分

明思宗崇禎年間刊本

〔明〕李光裕輯

忠賢世家刻本

雲居山人孫□光序

劍邑贊廷李光裕校訂、增補

潭邑書坊劉興我繡梓

01 天文、02 地輿、03 人紀、04 諸夷、05 官品、06 兵法、07 牙牌、08 琴譜、09 棋譜、

〔註 27〕名古屋市蓬左文庫編，《名古屋市蓬左文庫漢籍分類目錄》，頁 98。

10 書法、11 畫譜、12 書啓、13 冠婚、14 喪禮、15 律例、16 狀式、17 對類、18 星命、19 相法、20 尅擇、21 卜筮、22 醫學、23 婦人、24 全嬰、25 衛生、26 解夢、27 春方戲術、28 笑談酒令、29 筭法、30 童蒙、31 關約、32 雜覽

30.《新刻眉公陳先生編纂諸書備採萬卷搜奇全書》

明思宗崇禎年間刊本

藏日本尊經閣文庫　　　　　　　　　　陳眉公編纂

16 卷〔註 28〕

31.《新刻天如張先生石渠精採萬寶全書》

明思宗崇禎刻本

藏中國上海圖書館

不明卷數，殘存 13 卷 2 冊（22～34）〔註 29〕

23.5×12.5 公分

22 醫學、23 種子、24 人紀、25 官品、26 狀法、27 夢解、28 勸諭、29 營造、30 酒令、31 採茶、32 農桑、33 時課、34 雜用

32.《萬寶全書》

明末書林王泰源刊本

藏日本大阪杏雨書屋　　　　　　　　〔明〕徐九一精纂

32 卷 8 冊〔註 30〕，23.5×13.5 公分　　三槐堂梓

金谿江梅摘補

劉啓化參閱

建寧孫丕顯校釋

建陽范耀□精鋟

01 天道、02 諸夷、03 地輿、04 人紀、05 文翰、06 體式、07 婚禮、08 星命、09 相法、10 卜筮、11 尅擇、12 四體、13 琴譜、14 閨粧、15 醫學、16 幼學、17 師儒、18 品級、

〔註 28〕尊經閣文庫編，《尊經閣文庫漢籍分類目錄》，頁 723。

〔註 29〕此書與它版合冊，相關說明參見吳蕙芳，〈上海圖書館所藏《萬寶全書》諸本——兼論民間日用類書中的拼湊問題〉，頁 55。

〔註 30〕此版目錄題爲 28 卷，實際內容有 32 卷。

19 武學、20 農桑、21 營造、22 遷葬、23 籌法、24 占病、25 夢珍、26 脩養、27 秤命、
28 對聯、29 勸諭、30 歌曲、31 關王筶、32 畫學

33.《鼎鍥龍頭一覽學海不求人》

明刊本

藏日本東京大學東洋文化研究所

　　22 卷 5 冊，24.3×13.5 公分

　　殘存 21 卷 5 冊（1～8、14～22，其中 15～18 重複）

　　01 天文、02 地輿、03 西夷、04 風水、05 玉洞金書、06 星命、07 博奕、08 農桑、
　　09～13 缺、14 笑談、15 花果、16 喪服、17 籌法、18 律法、15 闢吉、16 博奕、
　　17 遷術、18 解夢、19 籌法、20 笑談、21 侑觴、22 雜覽

34.《新刻四民便覽萬書萃錦》

明刊本

藏中國科學院圖書館

　　卷數不詳，殘存 6 卷（2～7）〔註31〕

　　中國上海圖書館，殘存 3 卷 1 冊（20～22）

　　24×14 公分

　　日本山口大學圖書館〔註32〕　　　　　　　　趙植吾編

　　36 卷 6 冊，25 公分　　　　　　　　　　　詹林我刊

　　20 衛生、21 醫學、22 婦人、23 保嬰

35.《新板全補天下便用文林妙錦萬寶全書》

明刊本

藏中國北京圖書館

　　卷數不詳，殘存 7 卷 3 冊（8～14）

　　25×14 公分

〔註31〕中國科學院圖書館編，《中國科學院圖書館藏中文古籍善本書目》（北京：科學出版社，
　　　　1994.3），頁 334。
〔註32〕山口大學附屬圖書館編，《棲息堂文庫目錄》（山口大學圖書館，1986.3），頁 91。

36.《新板增補天下便用文林妙錦萬寶全書》

　　　　　　　　　　　　　　　　　明刊本

　藏中國北京圖書館
　　卷數不詳，24×13.5 公分
　　殘存 5 卷 1 冊（22～26）

37.《新刻勛溪堂訂補全書備考》

　藏中國上海圖書館　　　　　　　明刻本
　　不明卷數，殘存 6 卷 1 冊（25～30）
　　23.5×13.5 公分
　　24 種子、25 營造、26 堪輿、27 卜筮、28 對聯、29 醫學、30 袪病

38.《龍頭一覽學海不求人》

　（《新刻四民便用不求人博覽全書》）　　明刊本
　　　　　　　　　　　　　　　　　羊城沖懷朱鼎臣編輯
　藏日本國會圖書館　　　　　　　潭邑書林前溪熊氏梓
　　20 卷 4 冊，24×13.7 公分　　清華堂刊
　　殘存 19 卷 4 冊（1～4、6～20）

　　01 天文、02 國都、03 諸夷、04 尅擇、05 諸家秘課、06 星命、07 博奕、08 農桑、
　　09 書法、10 行書、11 武備、12 畫譜、13 文籍、14 笑談、15 花果、16 喪服、17 籌法、
　　18 律法、19 夢兆、20 胎產

39.《敬堂訂補萬寶全書》

　（《文會堂增訂不求人真本》）　　清聖祖康熙年間刊本
　　　　　　　　　　　　　　　　　煙水山人纂輯、序
　藏日本東京大學東洋文化研究所　文會堂增訂
　　24 卷 4 冊，21.6×13.8 公分　　醉蒼居藏板
　　日本鹿兒島大學玉里文庫
　　34 卷〔註 33〕

───────────────

〔註 33〕鹿兒島大學附屬圖書館編，《玉里文庫漢籍分類目錄》（鹿兒島大學附屬圖書館，1994.3），
　　　頁 35。

01 天文、02 地理、03 人紀、04 時令、05 農業、06 文翰、07 外夷、08 畫譜、09 四譜、10 字法、11 體式、12 勸諭、13 品級、14 採茶、15 酒令、16 籌法、17 夢解、18 狀法、19 剋擇、20 命理、21 相法、22 秤命、23 笑談、24 種子

40.《萬寶全書》

清高宗乾隆 4 年（1739）序刊本

藏美國哈佛大學燕京學舍圖書館　　　〔明〕陳繼儒撰

　20 卷 4 冊〔註 34〕　　　　　　　　〔清〕毛煥文增補序

　韓國成均館大學校中央圖書館　　　　經元堂刻本

　20 卷 4 冊，23.1×13.8 公分〔註 35〕

　中國北京大學圖書館

　20 卷 4 冊〔註 36〕

　教廷國梵蒂岡圖書館

　20 卷 4 冊〔註 37〕

01 天文、02 地理、03 人紀、04 諸夷、05 文翰、06 清字、07 字體、08 算法、09 爵祿、10 時令、11 畫譜、12 博奕、13 夢解、14 馬牛、15 勸諭、16 風鑑、17 數命、18 笑話、19 種子、20 祛病

41.《增補萬寶全書》

清高宗乾隆 4 年序刊本

藏日本東北大學圖書館　　　　　　　毛煥文增補

　20 卷 6 冊〔註 38〕　　　　　　　　積秀堂刊

42.《增補萬寶全書》

清高宗乾隆 4 年序刊本

〔註 34〕鄧嗣禹編，《中國類書目錄初稿》（臺北：古亭書屋，1970.11），頁 119。

〔註 35〕成均館大學校中央圖書館編，《古書目錄》（成均館大學校出版部，1979.3），頁 361
　　　　～362。

〔註 36〕此書在北京大學圖書館中存有書卡，然未見原書。

〔註 37〕高田時雄編，《梵蒂岡圖書館所藏漢籍目錄補編》（京都：京都大學人文科學研究所附
　　　　屬東洋文獻センター，1997.5），頁 20。

〔註 38〕東北大學附屬圖書館編，《東北大學所藏和漢書古典分類目錄（漢籍）》，頁 321。

藏日本東北大學圖書館　　　　　　　毛煥文增補

20 卷 4 冊〔註 39〕　　　　　　　　漁古山房刊

43.《繪圖萬寶全書》

　　　　　　　　　　　　　　　　　清高宗乾隆 4 年刊本

藏日本大阪關西大學內藤文庫　　　　陳眉公纂輯

20 卷 4 冊，22.8×13.6 公分　　　　　毛煥文增補

　　　　　　　　　　　　　　　　　三讓信記梓

01 天文、02 地理、03 人紀、04 外夷、05 文翰、06 滿漢合書、07 字法、08 籌法、
09 品級、10 時令、11 畫譜、12 四譜、13 夢解、14 牛馬、15 勸諭、16 相法、17 秤命、
18 談笑、19 種子、20 袪病

44.《增補萬寶全書》

　　　　　　　　　　　　　　　　　清高宗乾隆 4 年刊本

藏中國上海圖書館　　　　　　　　　毛煥文增補識

20 卷 6 冊，23×14.5 公分

01 天文、02 地理、03 人紀、04 諸夷、05 文翰、06 滿字、07 字法、08 算法、09 爵祿、
10 時令、11 畫譜、12 博奕、13 夢解、14 馬牛、15 勸諭、16 風鑑、17 數命、18 笑話、
19 種子、20 袪病

45.《增補萬寶全書》

　　　　　　　　　　　　　　　　　清高宗乾隆 4 年刊本

藏中國北京大學圖書館　　　　　　　世德堂刊本

6 大卷（30 卷）6 冊，25.5×15.5 公分

01 天文、02 地理、03 人紀、04 諸夷、05 文翰、06 農業、07 滿漢合書、08 字法、
09 籌法、10 品級、11 時令、12 畫譜、13 四譜、14 採茶、15 酒令、16 解夢、17 牛馬、
18 勸諭、19 通書、20 命書、21 相法、22 評命、23 談笑、24 種子、25 宅經、26 堪輿、
27 卜筮、28 對聯、29 醫學、30 袪病

〔註 39〕東北大學附屬圖書館編，《東北大學所藏和漢書古典分類目錄（漢籍）》，頁 321。

46.《增補萬寶全書》

清高宗乾隆 5 年（1740）刊本

〔清〕毛煥文增補

世德堂刊本〔註 40〕

47.《增補萬寶全書》

藏臺灣大學圖書館伊能文庫

　　殘存 16 卷 2 冊，23.8×13.5 公分

清高宗乾隆 9 年（1744）刊本

蕭魁宇識

寶綸堂、萬古堂刊本

有乾隆 23 年芝郡萬卷樓序

　　01 天文、02 地理、03 人紀、04 狀法、05 外夷、06 民用、07 詩對、08 種子、09 雜用、

　　10 侑觴、11 相法、12 農桑、13 八譜、14 僊術、15 笑談、16 武備

48.《敬堂訂補萬寶全書》

清高宗乾隆 11 年（1746）刊本

煙水山人序

藏日本大阪大學懷德堂文庫

　　34 卷 6 冊，23×13 公分

　　01 天文、02 地理、03 人紀、04 法律、時令、05 農桑、06 文翰、07 外夷、08 畫譜、

　　09 四譜、10 字法、11 體式、12 勸諭、13 品級、14 採茶、15 酒令、16 籌法、17 夢解、

　　18 狀法、19 剋擇、20 命理、21 相法、22 秤命、23 笑談、24 種子、25 營造、26 堪輿、

　　27 卜筮、28 對聯、29 醫學、30 祛病、31 養生、32 關王笤、33 牛馬、34 雜用

49.《增補萬寶全書》

清高宗乾隆 11 年刊本

毛煥文增補

金閶書業堂刊

有清高宗乾隆 12 年（1747）

毛煥文增補序

藏日本東京大學東洋文化研究所

　　30 卷 6 冊，25×15.8 公分

　　日本京都大學人文科學研究所

　　30 卷 6 冊，24.8×15.5 公分

　　日本國會圖書館

〔註 40〕楊家駱主編，《中國音樂史料》（臺北：鼎文書局，1975.5），4 輯，目錄，頁 18。

30 卷 6 冊（合 2 冊），24.5×15.5 公分

01 天文、02 地理、03 人紀、04 外夷、05 文翰、06 農桑、07 滿漢合書、08 字法、
09 筭法、10 品級、11 時令、12 畫譜、13 四譜、14 採茶、15 酒令、16 夢解、17 牛馬、
18 勸諭、19 剋擇、20 命理、21 相法、22 秤命、23 笑談、24 種子、25 營造、26 堪輿、
27 卜筮、28 對聯、29 醫學、30 袪病

50.《增補萬寶全書》

藏日本龍谷大學圖書館〔註41〕   清高宗乾隆 16 年（1751）刊本
30 卷   〔清〕毛煥文增補

51.《新鐫增補萬寶全書》

        清高宗乾隆 23 年（1758）序刊本
藏中央研究院歷史語言研究所 〔明〕張一溥撰
 32 卷 4 冊，15.5×10.7 公分
 韓國成均館大學校中央圖書館
 30 卷 5 冊，16.8×10.9 公分
 殘存 23 卷（1～17、25～30） 三元堂藏板〔註42〕

01 天文、02 地理、03 人紀、04 養生、05 外夷、06 民用、07 詩對、08 種子、09 雜用、
10 侑觴、11 相法、12 農桑、13 八譜、14 仙術、15 談笑、16 武備、17 秤命、18 琴譜、
19 宅經、20 書柬、21 筭法、22 營葬、23 法律、24 品級、25 勸諭、26 袪病、27 時令、
28 畫譜、29 字法、30 牛馬、31 狀式、32 解夢

52.《增補萬寶全書》

        清高宗乾隆 23 年刊本
藏香港沙田圖書館   太倉天如張溥彙編
 32 卷 2 冊，16.7×11.5 公分 謙亨堂藏板
        繡谷蘭陵蕭思訓梓行
        侄孫蕭大勳允恭甫輯

〔註41〕龍谷大學圖書館編，《龍谷大學和漢書分類目錄》，頁 105。
〔註42〕成均館大學校中央圖書館編，《古書目錄》，頁 355；然目錄刊印有誤，上刊全書共 23
  卷，下明其細目則列有 30 卷。

01 天文、02 地理、03 人紀、04 養生、05 外夷、06 民用、07 詩對、08 種子、09 雜用、
10 侑觴、11 相法、12 農桑、13 八譜、14 仙術、15 談笑、16 武備、17 秤命、18 琴譜、
19 宅經、20 書柬、21 籌法、22 營葬、23 法律、24 品級、25 勸諭、26 祛病、27 時令、
28 畫譜、29 字法、30 牛馬、31 狀式、32 解夢

53.《增補萬寶全書》

清高宗乾隆 30 年（1765）刊本

藏日本東京靜嘉堂文庫　　　　　　　　有乾隆 4 年毛煥文增補識

6 大卷（31 卷）6 冊〔註 43〕　　　　　世德堂梓

24×15 公分

01 天文、02 地輿、03 人紀、04 外夷、05 文翰、06 農桑、07 滿漢合書、08 字法、
09 籌法、10 品級、11 時令、12 畫譜、13 四譜、14 採茶、15 酒令、16 夢解、17 牛馬、
18 勸諭、19 剋擇、20 命理、21 相法、22 秤命、23 笑談、24 琴學、25 種子、26 營造、
27 堪輿、28 卜筮、29 對聯、30 醫學、31 祛病

54.《增補萬寶全書》

清高宗乾隆 34 年（1769）刊本

藏中國社會科學院歷史所　　　　　　　毛煥文增補

30 卷 2 冊，25.8×15.5 公分　　　　　致和堂、聚錦堂梓

01 天文、02 地理、03 人紀、04 諸夷、05 文翰、06 農桑、07 清字、08 字體、09 籌法、
10 爵祿、11 時令、12 畫譜、13 博奕、14 茶經、15 酒令、16 夢解、17 勸諭、18 馬牛、
19 通書、20 鐵笪、21 風鑑、22 數命、23 笑話、24 種子、25 宅經、26 堪輿、27 筮卜、
28 對聯、29 醫學、30 祛病

55.《增補萬寶全書》

清高宗乾隆 36 年（1771）刊本

藏日本京都陽明文庫　　　　　　　　　寶翰樓梓

30 卷 6 冊，24.9×15.7 公分　　　　　毛煥文增補序

01 天文、02 地理、03 人紀、04 外夷、05 文翰、06 農桑、07 滿漢合書、08 字法、

〔註 43〕此版目錄載爲 30 卷，實際內容爲 31 卷。

09 籌法、10 品級、11 時令、12 畫譜、13 四譜、14 採茶、15 酒令、16 夢解、17 牛馬、
18 勸諭、19 剋擇、20 命理、21 相法、22 秤命、23 笑談、24 種子、25 營造、26 堪輿、
27 卜筮、28 對聯、29 醫學、30 袪病

56.《新刻天如張先生精選石渠彙要萬寶全書》

藏日本鹿兒島大學玉里文庫　　　　　　清高宗乾隆 36 年刊本
　　34 卷〔註 44〕　　　　　　　　　　〔明〕張溥編

57.《增補萬寶全書》

藏中國北京大學圖書館　　　　　　　　清高宗乾隆 37 年（1772）刊本
　　30 卷 6 冊，24.5×15 公分　　　　　毛煥文增補
　　　　　　　　　　　　　　　　　　二南堂、光霽堂梓
　　01 天文、02 地理、03 人紀、04 諸夷、05 文翰、06 農桑、07 清字、08 字體、09 籌法、
　　10 爵祿、11 時令、12 畫譜、13 博奕、14 茶經、15 酒令、16 夢解、17 勸諭、18 馬牛、
　　19 通書、20 鐵筭、21 風鑑、22 數命、23 笑話、24 種子、25 宅經、26 堪輿、27 筮卜、
　　28 對聯、29 醫學、30 袪病

58.《增補萬寶全書》

藏日本東京大學東洋文化研究所　　　　清仁宗嘉慶 11 年（1806）刊本
　　30 卷 4 冊，23.6×15 公分　　　　　〔清〕毛煥文增補
　　日本東京大學總合圖書館　　　　　　博古堂刊本
　　30 卷 2 冊，23.2×14.2 公分
　　30 卷 6 冊（合 1 冊），23.2×14.2 公分
　　日本山形縣米澤市立圖書館
　　30 卷〔註 45〕
　　日本東北大學圖書館
　　30 卷 6 冊〔註 46〕

〔註 44〕鹿兒島大學編，《玉里文庫漢籍分類目錄》，頁 35。
〔註 45〕吉池慶太郎編，《米澤善本の研究と題解》，頁 215。

01 天文、02 地理、03 人紀、04 外夷、05 文翰、06 農桑、07 滿漢合書、08 字法、
09 籌法、10 品級、11 時令、12 畫譜、13 四譜、14 採茶、15 酒令、16 解夢、17 牛馬、
18 勸諭、19 剋擇、20 命理、21 相法、22 秤命、23 笑談、24 種子、25 營造、26 堪輿、
27 卜筮、28 對聯、29 醫學、30 祛病

59.《增補萬寶全書》

	清仁宗嘉慶 11 年刊本
藏日本東北大學圖書館	毛煥文增補
30 卷 4 冊〔註 47〕	致和堂刊本

60.《增補萬寶全書》

	清仁宗嘉慶 13 年（1808）刊本
作者自藏	李贊廷輯
32 卷不明冊數	〔清〕張溥重輯
殘存 13 卷 1 冊（1～13）	書林劉鴻鋪刻

01 天文、02 地理、03 人紀、04 養生、05 諸夷、06 民用、07 詩對、08 種子、09 雜覽、
10 侑觴、11 相法、12 農桑、13 八譜、14 僊術、15 笑談、16 武備、17 數命、18 琴學、
19 宅經、20 書柬、21 算法、22 堪輿、23 清律、24 爵祿、25 勸諭、26 祛病、27 時令、
28 畫譜、29 字法、30 牛馬、31 狀法、32 解夢

61.《增補萬寶全書》

	清仁宗嘉慶 16 年（1811）刊本
藏日本東北大學圖書館	毛煥文增補
30 卷 4 冊〔註 48〕	致和堂重刊

62.《增補萬寶全書》

	清宣宗道光 3 年（1823）刊本
藏日本東京大學東洋文化研究所	〔清〕毛煥文增補

〔註 46〕東北大學附屬圖書館編，《東北大學所藏和漢書古典分類目錄（漢籍）》，頁 321。
〔註 47〕東北大學附屬圖書館編，《東北大學所藏和漢書古典分類目錄（漢籍）》，頁 321。
〔註 48〕東北大學附屬圖書館編，《東北大學所藏和漢書古典分類目錄（漢籍）》，頁 321。

20 卷 6 冊，23.8×15 公分　　　　　　金閶經義堂藏板

日本神戶大學圖書館　　　　　　　　陳眉公纂輯

20 卷〔註 49〕

日本東北大學圖書館

20 卷 6 冊〔註 50〕

日本長崎大學圖書館經濟學部分館

20 卷〔註 51〕

01 天文、02 地理、03 人紀、04 外夷、05 文翰、06 滿漢合書、07 字法、08 籌法、
09 品級、10 時令、11 畫譜、12 四譜、13 夢解、14 牛馬、15 勸諭、16 相法、17 秤命、
18 談笑、19 種子、20 祛病

63.《新增懸金萬寶全書》

清宣宗道光 4 年（1824）刊本

藏日本沖繩縣石垣市立八重山博物館

2 大卷 2 冊〔註 52〕

64.《增補萬寶全書》

清宣宗道光 8 年（1828）刊本

藏日本大阪關西大學增田涉文庫　　　毛煥文增補

4 大卷（30 卷）4 冊　　　　　　　　貴文堂梓行

24.2×15.8 公分

01 天文、02 地輿、03 人紀、04 品級、05 諸夷、06 滿漢合書、07 字法、08 文翰、
09 對聯、10 籌法、11 談笑、12 畫譜、13 博奕、14 酒令、15 茶經、16 勸諭、17 占時、

〔註 49〕神戶大學附屬圖書館編，《神戶大學附屬圖書館漢籍分類目錄》，頁 224。
〔註 50〕東北大學附屬圖書館編，《東北大學所藏和漢書古典分類目錄（漢籍）》，頁 321。
〔註 51〕東京大學東洋文化研究所附屬東洋學文獻センター編，《長崎大學附屬圖書館經濟學
　　　　部分館漢籍分類目錄》（東京：東京大學東洋文化研究所附屬東洋學文獻センター，
　　　　1980.3），頁 140。
〔註 52〕有關此版類目及內容分析可參見小川陽一，〈日用類書『新增懸金萬寶全書』につい
　　　　て〉，收入《平成 8、9、10 年度文部省科學研究費補助金基盤研究成果報告（課題
　　　　番號 08309006）：久米島における東アジア諸文化の媒介究象に關する總合研究》（京
　　　　都：京都大學人文研究所，1999.8，2 刷）；三浦國雄，〈沖繩に傳來した『萬寶全書』
　　　　について〉，《文藝論叢》，62（2004.3）。

18 農桑、19 解夢、20 相法、21 醫學、22 種子、23 牛馬、24 通書、25 命理、26 秤命、27 卜筮、28 宅經、29 堪輿、30 袪病

65.《增補萬寶全書》

藏中國北京故宮博物院圖書館
20 卷 4 冊

清宣宗道光 21 年（1841）刊本
〔明〕陳繼儒纂輯
〔清〕毛煥文增補
文誠堂刻本

66.《增補萬寶全書》

藏日本東洋文庫
4 大卷（30 卷）4 冊，25×16 公分
韓國高麗大學校中央圖書館〔註53〕
4 卷 4 冊，24.3×15.7 公分

清宣宗道光 30 年（1850）刊本
有乾隆 4 年毛煥文增補識

01 天文、02 地輿、03 人紀、04 品級、05 諸夷、06 滿漢合書、07 字法、08 文翰、09 對聯、10 籌法、11 笑談、12 畫譜、13 博奕、14 酒令、15 茶經、16 勸諭、17 占時、18 農桑、19 夢解、20 相法、21 醫學、22 種子、23 牛馬、24 剋擇、25 命理、26 秤命、27 卜筮、28 營造、29 堪輿、30 袪病

67.《增補萬寶全書》

藏日本東洋文庫
20 卷 4 冊，22.5×14 公分

清文宗咸豐元年（1851）刊本
毛煥文增補
三讓信記刊本
昧經堂重鐫〔註54〕

01 天文、02 地理、03 人紀、04 外夷、05 文翰、06 滿漢合書、07 字法、08 籌法、09 品級、10 時令、11 畫譜、12 四譜、13 夢解、14 牛馬、15 勸諭、16 相法、17 秤命、

〔註53〕高麗大學校中央圖書館編，《華山文庫漢籍目錄》（高麗大學校中央圖書館，1976.7），頁 160。

〔註54〕王振忠文章曾提及一《萬寶全書》似亦屬此版，見王振忠，〈徽州文書所見種痘及其相關習俗〉，《民俗研究》，2000／1，頁 63，註 10。

18 笑談、19 種子、20 袪病

68.《新增萬寶全書》

清穆宗同治 10 年（1871）刊本

藏中央研究院近代史研究所　　　　毛煥文增補
　　20 卷 4 冊，24×15 公分
　　中國北京中華書局圖書館　　　　陳眉公輯
　　20 卷 4 冊，24.5×14.5 公分
　　韓國成均館大學校中央圖書館
　　20 卷 4 冊，24.1×15 公分〔註 55〕　　積慶堂藏板

　　01 天文、02 地理、03 人紀、04 外夷、05 文翰、06 滿漢合書、07 草法、08 籌法、
　　09 品級、10 時令、11 畫譜、12 四譜、13 解夢、14 牛馬、15 勸諭、16 相法、17 評命、
　　18 談笑、19 種子、20 袪病

69.《增補萬寶全書》

清穆宗同治 13 年（1874）刊本

藏日本東京大學總合圖書館　　　　〔清〕毛煥文增補
　　20 卷 3 冊，22.5×13.5 公分　　愛日堂刊本
　　日本東北大學圖書館
　　20 卷 6 冊〔註 56〕
　　中國瀋陽遼寧圖書館〔註 57〕　　　　〔清〕陳眉公輯
　　20 卷 6 冊

　　01 天文、02 地理、03 人紀、04 外夷、05 文翰、06 滿漢合書、07 字法、08 籌法、
　　09 品級、10 時令、11 畫譜、12 四譜、13 夢解、14 牛馬、15 勸諭、16 相法、17 秤命、
　　18 笑談、19 種子、20 袪病

70.《增補萬寶全書》

清德宗光緒 12 年（1886）刊本

〔註 55〕成均館大學校中央圖書館編，《古書目錄》，頁 361。
〔註 56〕東北大學附屬圖書館編，《東北大學所藏和漢書古典分類目錄（漢籍）》，頁 321。
〔註 57〕該書僅存書卡，不見原書。

藏日本東京大學東洋文化研究所　　　　　〔清〕毛煥文增補

　20 卷 6 冊，23.6×15 公分　　　　　　掃葉山房藏板

　日本岡山大學圖書館農業生物研究所分館　陳眉公纂輯

　20 卷 6 冊〔註 58〕

　韓國成均館大學校中央圖書館

　20 卷 6 冊，23.1×14.7 公分〔註 59〕

　中國北京故宮博物院圖書館　　　　　　〔明〕陳繼儒纂輯

　20 卷 6 冊　　　　　　　　　　　　　〔清〕毛煥文增補

　　　　　　　　　　　　　　　　　　　掃葉山房刻本

01 天文、02 地理、03 人紀、04 外夷、05 文翰、06 滿漢合書、07 字法、08 籌法、
09 品級、10 時令、11 畫譜、12 四譜、13 夢解、14 牛馬、15 勸諭、16 相法、17 秤命、
18 笑談、19 種子、20 祛病

71.《繪圖萬寶全書》

　　　　　　　　　　　　　　　　　　　清德宗光緒 12 年刊本

　　　　　　　　　　　　　　　　　　　積秀堂重刊〔註 60〕

72.《增補萬寶全書》

（《新增繪圖萬寶全書》）

　　　　　　　　　　　　　　　　　　　清德宗光緒 20 年（1894）刊本

　藏中國北京故宮博物院圖書館　　　　　〔明〕陳繼儒輯

　20 卷續 5 卷 6 冊　　　　　　　　　　〔清〕毛煥文增補

　　　　　　　　　　　　　　　　　　　上海書局石印袖珍本

73.《增補萬寶全書》

　　　　　　　　　　　　　　　　　　　清德宗光緒 21 年（1895）刊本

〔註 58〕岡山大學附屬圖書館農業生物研究所分館編，《大原漢籍文庫目錄》（岡山：岡山大學
　　　附屬圖書館農業生物研究所分館，1965.10），頁 7。

〔註 59〕成均館大學校中央圖書館編，《古書目錄》，頁 361。

〔註 60〕張志公，《張志公文集（4）──傳統語文教學研究》（廣州：廣東教育出版社，1991.1），
　　　頁 173。

藏中國北京師範大學圖書館　　　　　　〔明〕陳繼儒輯

　20 卷 4 冊〔註61〕　　　　　　　　　〔清〕毛煥文增補

　作者自藏　　　　　　　　　　　　　學庫山房刻本

　20 卷 4 冊，23.5×13.5 公分

　01 天文、02 地理、03 人紀、04 外夷、05 文翰、06 滿漢合書、07 字法、08 籌法、
　09 品級、10 時令、11 畫譜、12 四譜、13 夢解、14 牛馬、15 勸諭、16 相法、17 秤命、
　18 笑談、19 種子、20 祛病

74.《增補萬寶全書》

　　　　　　　　　　　　　　　　　　清德宗光緒 24 年（1898）刊本

藏中國北京首都圖書館　　　　　　　　上海六先書局石印本

　20 卷續 5 卷 6 冊，14.2×8.9 公分

　日本東北大學圖書館　　　　　　　　〔清〕陳淏子編

　20 卷續 5 卷 6 冊〔註62〕

　01 天文、02 地理、03 人紀、04 諸夷、05 文翰、06 篆書、07 字學、08 算法、09 爵祿、
　10 時令、11 畫譜、12 博奕、13 夢解、14 馬牛、15 勸諭、16 風鑑、17 數命、18 笑話、
　19 種子、20 祛病、
　續 1、續 2、續 3、續 4、續 5

75.《增補萬寶全書》

　　　　　　　　　　　　　　　　　　清德宗光緒 27 年（1901）刊本

藏日本國會圖書館　　　　　　　　　　陳眉公纂輯

　20 卷續 1 卷 6 冊，22.8×13.5 公分　　毛煥文補

　　　　　　　　　　　　　　　　　　京都錦文堂梓

　01 天文、02 地理、03 人紀、04 外夷、05 文翰、06 滿漢合書、07 字法、08 籌法、
　09 品級、10 時令、11 畫譜、12 四譜、13 夢解、14 牛馬、15 勸諭、16 相法、17 秤命、
　18 笑談、19 種子、20 祛病、
　續 1 鼎甲錄

〔註61〕北京師範大學圖書館編，《北京師範大學圖書館中文古籍目錄》（北京：北京師範大學
　　　圖書館，1983.9），頁 304。
〔註62〕東北大學附屬圖書館編，《東北大學所藏和漢書古典分類目錄（漢籍）》，頁 321。

76.《增補萬寶全書》

藏日本東京都立中央圖書館特別買上文庫

　　20 卷續 6 卷 8 冊，15×8.6 公分

　　韓國成均館大學校中央圖書館

　　26 卷 8 冊，15.2×8.8 公分〔註 63〕

清德宗光緒 32 年（1906）刊本

上海龍文書局石印本

　　01 天文、02 地理、03 人紀、04 外夷、05 文翰、06 滿漢合書、07 字法、08 籌法、
　　09 品級、10 時令、11 畫譜、12 四譜、13 夢解、14 牛馬、15 勸諭、16 相法、17 秤命、
　　18 笑談、19 種子、20 祛病、
　　續 1、續 2、續 3、續 4、續 5、續 6

77.《增補萬寶全書》

藏中國北京故宮博物院圖書館

　　20 卷續 5 卷 8 冊

清末刊本

〔明〕陳繼儒纂輯

〔清〕毛煥文增補

西湖花隱陳渼子輯

上海鍊石書局石印袖珍本

78.《增補萬寶全書》

藏日本東洋文化研究所

　　20 卷續 6 卷 8 冊

　　15×8.8 公分

　　日本新潟縣立圖書館

　　20 卷續 6 卷 8 冊〔註 64〕

民國元年（1912）刊本

〔清〕陳渼子訂補

上海天機書局石印本

　　01 天文、02 地理、03 人紀、04 外夷、05 文翰、06 滿漢合書、07 字法、08 籌法、
　　09 品級、10 時令、11 畫譜、12 四譜、13 夢解、14 牛馬、15 勸諭、16 相法、17 秤命、
　　18 笑談、19 種子、20 祛病、

〔註 63〕成均館大學校中央圖書館編，《古書目錄》，2（成均館大學校出版部，1981.12），頁
　　　　112。
〔註 64〕新潟縣立新潟圖書館編，《新潟縣立新潟圖書館所藏漢籍目錄》，頁 72。

續 1、續 2、續 3、續 4、續 5、續 6

79.《增補萬寶全書》

（《改良新萬寶全書》）　　　　　　　民國元年刊本

藏中國上海圖書館　　　　　　　　　上海尚古山房石印本

　　20 卷續 5 卷 8 冊，14.5×9 公分

　　01 天文、02 地理、03 人紀、04 文學、05 諸夷、06 篆書、07 字學、08 算法、09 文翰、
　　10 時令、11 畫譜、12 博奕、13 夢解、14 馬牛、15 勸諭、16 風鑑、17 數命、18 笑話、
　　19 種子、20 祛病

　　續 1、續 2、續 3、續 4、續 5

80.《繪圖增補正續萬寶全書》

　　　　　　　　　　　　　　　　　　民國 9 年（1920）刊本

作者自藏　　　　　　　　　　　　　上海天寶書局印行

　　20 卷續 6 卷 8 冊，14.7×8.9 公分

　　01 天文、02 地理、03 人紀、04 外夷、05 文翰、06 篆書、07 字法、08 算法、09 爵祿、
　　10 時令、11 畫譜、12 博奕、13 夢解、14 牛馬、15 勸諭、16 風鑑、17 數命、18 笑談、
　　19 種子、20 祛病

　　續 1、續 2、續 3、續 4、續 5、續 6

81.《最新繪圖增補正續萬寶全書》

　　　　　　　　　　　　　　　　　　民國年間刊本

藏高麗大學校中央圖書館〔註 65〕

　　20 卷續 6 卷 7 冊，20.3×13.2 公分

　　日本大阪關西大學增田涉文庫　　　上海啓新書局石印本

　　20 卷續 6 卷 8 冊，20.3×13.3 公分〔註 66〕

〔註 65〕高麗大學校中央圖書館編，《華山文庫漢籍目錄》，頁 160。

〔註 66〕除上列版本外，筆者經由目錄書亦發現三個其它版本的綜合性民間日用類書，惟因目
　　　　錄刊載資料有限難以正確歸入上表，茲錄於此：
　　　　（1）《增補萬寶全書》，殘 6 卷（1～6），毛煥文增補，清世德堂刊本。見新瀉縣立新
　　　　　　瀉圖書館編，《新瀉縣立新瀉圖書館所藏漢籍目錄》，頁 72。

01 天文、02 地理、03 人紀、04 外夷、05 文翰、06 滿漢合書、07 字法、08 籌法、
09 品級、10 時令、11 畫譜、12 四譜、13 夢解、14 牛馬、15 勸諭、16 相法、17 秤命、
18 笑談、19 種子、20 祛病、

續 1、續 2、續 3、續 4、續 5、續 6

（2）《敬堂訂補萬寶全書》，34 卷 4 冊，〔明〕張溥撰，陳錫齡刊本。見神戶市立中
央圖書館編，《吉川文庫漢籍目錄》（神戶市：神戶市立中央圖書館，1985.3），
頁 62。

（3）《萬寶全書》，17 冊，27.6×17.8 公分。見高麗大學校中央圖書館編，《高麗大學
校中央圖書館漢籍目錄（舊藏）》（漢城：高麗大學校出版部，1984.9），頁 443。

後　記

　　博士學位拿到後半年，即能見到自己的論文付梓，心中充滿無限歡欣與感恩。此書之出版，除了感謝母校國立政治大學歷史系的提供機會外，對於許多個人與機構，亦需致上內心誠摯的謝意，因為，沒有大家的幫助，這本著作是不可能出現的。

　　首要感謝的是指導老師王爾敏教授，猶記四年多前，初次閱讀老師的《明清時代庶民文化生活》一書，即頗有感觸，後經數次登門拜訪，誠心請益，獲得老師指點迷津，終願帶領我投入明清時期民間日用類書的研究課題。從最初老師指定我閱讀，藏於中央研究院近代史研究所的兩個複製版本的明代民間日用類書，到後來自己多方探索，長途跋涉地遠征北京、香港、東京、京都、大阪等地，蒐集到的六十多個不同版本的明清時期民間日用類書；其間的辛勞艱困，固然令人身疲力竭，惟尋獲資料的喜悅，及因閱讀資料而豁然開朗的心境，亦非筆墨所能形容。這段成長歷程中，老師對我方向的指引、疑惑的解答、心得的交換，乃至為人處世的教導，都是我此生難以忘懷的。

　　其次，母校政治大學歷史系的張哲郎教授、臺灣師範大學歷史系的林麗月教授、中央研究院中山人文社會科學研究所的劉石吉教授及近代史研究所的熊秉眞教授，均於口試時貢獻心力，提出寶貴意見，讓我的論文更臻完善；而其中許多精闢的見解，實是我未來努力的目標。

　　此外，北京當代中國研究所的陳東林教授、中國社會科學院歷史研究所的赫治清教授、香港珠海書院的鄧德濂教授、東京東洋文庫的山根幸夫教授，以及大阪關西大學的松浦章教授，在我蒐集資料的過程中均給予莫大之幫助，令我在較短的時間內得順利達成目的。而與我有書信往來，卻從未謀面的大東文化大學的小川陽一教授，亦主動寄給我他參與主編的《中國日用類書集成》資料集，方便我資料卜的選用。

　　至於因蒐集資料而接觸的圖書館，包括臺北的國家圖書館、中央研究院歷史語言研究所、近代史研究所，北京的北京圖書館、北京大學、中國社會科學院歷史研究所、中華書局圖書館、北京市立首都圖書館，香港的沙田圖書館，東京的東京大學、東洋文化研究所、東洋文庫、早稻田大學、國會圖書館、東京都立中央圖書館、內閣文庫，京都的京都大學人文科學研究所、大谷大學、陽明文庫，大阪的大阪大學、關西大學等，均給予相當程度的配合，讓我方便取用資料。

　　博士學位攻讀期間，任教學校松山高中的歷任校長，不論是葉文堂先生、鄭英敏先生、鍾明樟先生，以及學校各處室的同仁們，均對我多所照顧，使我在有限的時間與體力內，得兼顧工作與學業。而長期以來戴師母薛慧珍女士的鼓勵進修，母親、姊妹們在生活上的照料，以及同窗、好友們彼此間的勉勵，都是促使我奮發向前的重要動力。

　　筆者不敏，在歷史的領域中雖沈浸二十年，仍感多所不足，有待更加努力；此書之問世，想必疏漏難免，尚乞同道先進大雅齊正，本人不勝感激。

吳蕙芳
記於臺中宿舍
2000 年 11 月 17 日

修訂版後記

　　《萬寶全書：明清時期的民間生活實錄》一書源自筆者 2000 年 5 月完成的博士論文〈明清時期民間日用類書及其反映之生活內涵—以《萬寶全書》為例〉，該文於 2001 年 7 月由母校國立政治大學歷史學系出版，至 2004 年初版售罄，基於經費因素考量，政大歷史學系未能再版本書，於是，2005 年轉由花木蘭文化工作坊編入「古典文獻研究輯刊」中印行；在此，首要感謝新出版社的提供機會，使修訂版得以問世，惟此書對花木蘭文化工作坊而言是初版印刷，然就書籍本身而論，則是修訂後的再次出版。

　　此次修訂版距本書之首次印行及原稿初成已有四、五年時間，其間相關的資料彙編與研究成果陸續出現，顯示民間日用類書資料及在此領域內之各式課題愈受學界重視與關注；同時，筆者亦有機會再次赴大陸與日本，除以往曾到過的北京、東京、京都外，又至上海、瀋陽等地，閱讀到以往未曾過目的原始資料；因而利用此次修訂再版機會，將新原始資料與研究成果融入其中，以為補充；惟未免更動幅度過鉅，影響原書架構及行文，故研究成果僅擇要增添，未能全部收錄，而原始資料則增列十餘個新發現的《萬寶全書》版本，提供學界參考利用。

　　又值修訂版付梓之際，遠居加拿大的恩師王爾敏教授，郵寄一則刊登於海外中文報紙之新聞提供筆者參考；新聞標題上行為「老水手駕仿古帆船，帶著古代羅盤、清朝萬寶全書」，下行載「綠眉毛渡廈金，體驗鄭和航線」，內容言及因本年適逢鄭和下西洋六百週年，為紀念此一人類歷史壯舉，中國於四月廿一日上午在廈金海域舉行「揚帆中華—紀念鄭和下西洋 600 周年，『綠眉毛』號仿古木帆船航海」活動，一艘仿明代鄭和下西洋船隊中的一種船型「綠眉毛」號的木帆船，由具三十年以上討海生活經驗的船員操控，緩緩從福建廈門和平碼頭出發，前往金門附近海域，緬懷當年鄭和的航行歷程，而擺放在船內駕駛艙桌上的物品，除古代羅盤外，另備有

一本清代的《萬寶全書》。（載於《世界日報》，Friday, April 22, 2005，B2版大陸新聞二）事實上，此一活動中以清版《萬寶全書》配上明代船隻的組合並不十分恰當，較適當的配合應放置明版《萬寶全書》，然或因現存明版《萬寶全書》多藏於日本，取之不易，又或因存於中國國家圖書館的明版《萬寶全書》過於稀少珍貴，亦難採用，也有可能是主事者未知今日尚有明版《萬寶全書》的存在，故以清版《萬寶全書》替代之，惟整個訊息凸顯出的深刻意義乃《萬寶全書》此種民間日用類書在明清時期對社會大眾提供知識的重要性與普遍性。

蓋明代的《萬寶全書》已發展為四民大眾共通使用的日常生活百科全書，普遍為社會各階層採行，而其內容包羅萬象，亦符合士農工商各行業所需要的生活知識，此一論點在筆者著作中已有詳細說明，而前述報紙新聞實透過追溯活動具體反映此一事實。關於明清時期航海者如何利用《萬寶全書》資料，以往未見史料記載，然查閱明清諸版《萬寶全書》內容往往有天文、時令、地輿、諸夷等門類涉及天時、地理知識的刊載，確可供航海者出海工作的專業需要，因而使得《萬寶全書》此種民間日用類書成為討海人手邊重要的知識來源。此則報紙訊息實具體而鮮明地呈現當時情況，並使《萬寶全書》的價值與意義由此更加確認。

本書自初版付梓後，又持續獲得多方關心與協助，包括大陸學界的中國人民大學韋慶遠教授、浙江省社會科學院歷史研究所陳學文教授、天津南開大學歷史系馮爾康教授、上海復旦大學中國歷史地理研究所王振忠教授，日本學界的大東文化大學文學部三浦國雄教授、京都大學人文研究所金文京教授、奈良大學文學部森田憲司教授、慶應義塾大學高橋智教授等人及臺灣大學、北京故宮博物院、遼寧圖書館、上海圖書館，東京慶應義塾大學、靜嘉堂文庫、大阪杏雨書屋等圖書館，他們或提供資訊及資料，或給予意見及鼓勵，讓筆者受益匪淺，更使拙著日臻完善。而任教學校國立臺灣海洋大學提供之主客觀環境與條件，實可令筆者開懷悠遊於內，暢意馳騁其間。

對於自己的著作，筆者往往將之視為學習過程的記錄，甚於研究成果的展現，由於個人的能力與時間有限，值得學習且需要學習的東西又是如此繁多，因而在學習過程中不免疏漏與缺失，對此，尚請同道先進不吝指正並賜教，筆者實不勝感激。

吳蕙芳
記於臺北拙廬
2005.05.12

徵引書目

一、類書、日用類書、民間日用類書、曆書、史料集

1. 《敦煌寶藏》（臺北：新文豐出版股份有限公司，1986），8、13、121、122、139
   冊。

2. 王言綸編，《日用百科全書》（上海：不明出版社，1923.11，12 版），2 冊。

3. 王書良編，《萬事不求人》（北京：中國國際廣播出版社，1991.9）。

4. 木也等撰，《萬寶囊》（石家庄：河北人民出版社，1991.12）。

5. 公警、醒鐸生編，《遊吉便覽》（吉林：吉林印書局，宣統 2 年〔1910〕）。

6. 不明編者，《天下全書博覽不求人》（明神宗萬曆 26 年〔1598〕刊本），20 卷 4
   冊，藏日本京都陽明文庫。

7. 不明編者，《日用便覽事類全集》（明世宗嘉靖 27 年〔1548〕序刊本），10 卷 10
   冊，藏日本京都陽明文庫。

8. 不明編者，《日用萬全新書》（上海：廣益書局，1921），12 冊。

9. 不明編者，《包羅萬有》（香港：天寶樓，丁丑年〔1997〕）。

10. 不明編者，《居家必用》（友于書堂刻，元世祖至元 5 年〔1268〕刊本），殘存 2
    卷 1 冊，藏中國國家圖書館。

11. 不明編者，《居家必用事類全集》（舊藏觀海堂），殘存 1 卷 1 冊，藏國立故宮博
    物院圖書館。

12. 不明編者，《居家必用事類》（京都：中文出版社，1984.12，據日本寬文 13 年
    〔1673〕松柏堂翻刻之和刻本影印）。

13. 不明編者，《居家必用事類全集》，見續修四庫全書編纂委員會編，《續修四庫全
    書》（上海：上海古籍出版社，1997，據明隆慶 2 年〔1568〕刊本，飛來山人刻），
    子部，雜家類，1184 冊。

14. 不明編者，《居家必用事類全集》，見四庫全書存目叢書編纂委員會編，《四庫全
    書存目叢書》（臺南縣：莊嚴文化事業有限公司，1995.9），子部，117 冊。

15. 不明編者，《居家必備》（明刊本），10 卷 12 冊，藏日本東京大學總合圖書館。

16. 不明編者，《居家必備》（明末刊本），10 卷 10 冊，藏國家圖書館。

17. 不明編者，《居家必備》（明末刊本），10 卷 16 冊，藏國家圖書館、中央研究院歷史語言研究所。

18. 不明編者，《家庭萬寶新書》（上海：中華新教育社，1927）。

19. 不明編者，《國民應用便覽》（上海：會文書局，1915），6 冊。

20. 不明編者，《鼎鍥龍頭一覽學海不求人》（明刊本），殘存 21 卷 5 冊，藏日本東京大學東洋文化研究所。

21. 不明編者，《新刻天如張先生石渠精採萬寶全書》（明思宗崇禎刻本），殘存 13 卷 2 冊，藏日本東京大學東洋文化研究所。

22. 不明編者，《萬事勝意》（香港：廣經堂，丙辰年〔1976〕）。

23. 不明編者，《萬事勝意》（香港：廣經堂，己未年〔1979〕）。

24. 不明編者，《萬事勝意》（香港：聚經堂，己巳年〔1989〕）。

25. 不明編者，《萬寶全書補》（不明出版地：不明出版社，1991.8）。

26. 不明編者，《敬堂訂補萬寶全書》（清高宗乾隆 11 年〔1746〕刊本），34 卷 6 冊，藏日本大阪大學懷德堂文庫。

27. 不明編者，《新刊天下民家使用萬錦全書》（明神宗萬曆年間刊本），10 卷 2 冊，藏日本東京大學東洋文化研究所。

28. 不明編者，《新板全補天下使用文林玅錦萬寶全書》（明刊本），殘存 7 卷 3 冊，藏中國國家圖書館。

29. 不明編者，《新板增補天下使用文林玅錦萬寶全書》（明刊本），殘存 5 卷 1 冊，藏中國國家圖書館。

30. 不明編者，《新刻四民便覽萬書萃錦》（明刊本），殘存 3 卷 1 冊，藏中國上海圖書館。

31. 不明編者，《新刻勷溪堂訂補全書備考》（明刻本），殘存 6 卷 1 冊，藏中國上海圖書館。

32. 不明編者，《新增懸金萬寶全書》（清宣宗道光 4 年〔1824〕刊本）。

33. 不明編者，《新編萬事不求人》（鄭州：中州古籍出版社，1995.1）。

34. 不明編者，《新鍥天下備覽文林類記萬書萃寶》（明神宗萬曆 24 年〔1596〕刊本），殘存 9 卷 2 冊，藏日本東京大學東洋文化研究所。

35. 不明編者，《新鍥天下備覽文林類記萬書萃寶》（明神宗萬曆 24 年刊本），殘存 10 卷 2 冊，藏日本東洋文庫。

36. 不明編者，《新鍥天下備覽文林類記萬書萃寶》（明神宗萬曆 24 年刊本），殘存 7 卷 1 冊，藏日本早稻田大學中央圖書館。

37. 不明編者，《新鍥天下備覽文林類記萬書萃寶》（明神宗萬曆 24 年刊本），43 卷 8 冊，藏日本大阪杏雨書屋。

38 不明編者，《增補萬寶全書》（世德堂刊，清高宗乾隆 4 年〔1739〕刊本），6 大卷（30 卷）6 冊，藏中國北京大學圖書館。

39. 不明編者，《增補萬寶全書》（上海六先書局石印本，清德宗光緒 24 年〔1898〕刊本），25 卷 6 冊，藏中國北京首都圖書館。

40. 不明編者，《增補萬寶全書》（上海龍文書局石印本，清德宗光緒 32 年〔1906〕刊本），26 卷 8 冊，藏日本東京都立中央圖書館特別買上文庫。

41. 不明編者，《增補萬寶全書》（上海天機書局石印本，民國元年〔1912〕刊本），26 卷 8 冊，藏日本東京大學東洋文化研究所。

42. 不明編者，《增補萬寶全書》（上海尚古山房石印本，民國元年刊本），25 卷 8 冊，藏中國上海圖書館。

43. 不明編者，《增補萬寶全書》（上海啓新書局石印本，民國年間刊本），26 卷 8 冊，藏日本大阪關西大學增田涉文庫。

44. 不明編者，《繪圖增補正續萬寶全書》（上海天寶書局印，民國 9 年〔1920〕刊本），26 卷 8 冊。

45. 不著撰人，《新編事文類聚啓劄青錢》（明景帝景泰 6 年〔1455〕刊本），殘存 5 卷 1 冊，藏國家圖書館。

46. 〔元〕不著撰人，《居家必用事類全集》（明司禮監刊本），10 卷 20 冊，藏國家圖書館。

47. 〔清〕毛煥文增補，《增補萬寶全書》（清高宗乾隆 4 年刊本），20 卷 6 冊，藏中國上海圖書館。

48. 〔清〕毛煥文增補，《增補萬寶全書》（金閭書業堂刊，清高宗乾隆 11 年刊本），30 卷 6 冊，藏日本東京大學東洋文化研究所。

49. 〔清〕毛煥文增補，《增補萬寶全書》（金閭書業堂刊，清高宗乾隆 11 年刊本），30 卷 6 冊，藏日本京都大學人文科學研究所。

50. 〔清〕毛煥文增補，《增補萬寶全書》（金閭書業堂刊，清高宗乾隆 11 年刊本），30 卷 6 冊（合 2 冊），藏日本國會圖書館。

51. 〔清〕毛煥文增補，《增補萬寶全書》（世德堂刊，清高宗乾隆 30 年〔1765〕刊本），31 卷 6 冊，藏日本東京靜嘉堂文庫。

52. 〔清〕毛煥文增補，《增補萬寶全書》（致和堂、聚錦堂刻，清高宗乾隆 34 年〔1769〕刊本），30 卷 2 冊，藏中國社會科學院歷史所。

53. 〔清〕毛煥文增補，《增補萬寶全書》（寶翰樓梓，清高宗乾隆 36 年〔1771〕刊本），30 卷 6 冊，藏日本京都陽明文庫。

54. 〔清〕毛煥文增補，《增補萬寶全書》（二南堂、光霽堂刻，清高宗乾隆 37 年〔1772〕刊本），30 卷 6 冊，藏中國北京大學圖書館。

55. 〔清〕毛煥文增補，《增補萬寶全書》（博古堂刊，清仁宗嘉慶 11 年〔1806〕刊本），30 卷 4 冊，藏日本東京大學東洋文化研究所。

56. 〔清〕毛煥文增補，《增補萬寶全書》（博古堂刊，清仁宗嘉慶 11 年刊本），30 卷 2 冊、30 卷 6 冊（合 1 冊），藏日本東京大學總合圖書館。

57. 〔清〕毛煥文增補，《增補萬寶全書》（金閶經義堂刊，清宣宗道光 3 年〔1823〕刊本），20 卷 6 冊，藏日本東京大學東洋文化研究所。

58. 〔清〕毛煥文增補，《增補萬寶全書》（貴文堂梓，清宣宗道光 8 年〔1828〕刊本），4 大卷（30 卷）4 冊，藏日本大阪關西大學增田涉文庫。

59. 〔清〕毛煥文增補，《增補萬寶全書》（清宣宗道光 30 年〔1850〕刊本），4 大卷（30 卷）4 冊，藏日本東洋文庫。

60. 〔清〕毛煥文增補，《增補萬寶全書》（三讓信記刊，清文宗咸豐元年〔1851〕刊本），20 卷 4 冊，藏日本東洋文庫。

61. 〔清〕毛煥文增補，《新增萬寶全書》（清穆宗同治 10 年〔1871〕刊本），20 卷 4 冊，藏中央研究院近代史研究所。

62. 〔清〕毛煥文增補，《增補萬寶全書》（愛日堂刊，清穆宗同治 13 年〔1874〕刊本），20 卷 3 冊，藏日本東京大學總合圖書館。

63. 〔清〕毛煥文增補，《增補萬寶全書》（掃葉山房板，清德宗光緒 12 年〔1886〕刊本），20 卷 6 冊，藏日本東京大學東洋文化研究所。

64. 中華書局編，《日用指南》（上海：中華書局，1913）。

65. 中華書局編，《國民寶庫全書》（上海：中華書局，1919）。

66. 白鶴鳴，《鼠年風水運程》（香港：聚賢館文化有限公司，1995.10）。

67. 〔明〕艾南英編，《新刻艾先生天祿閣彙編採精便覽萬寶全書》（存仁堂梓，明思宗崇禎元年〔1628〕刊本），37 卷 5 冊，藏日本東京大學東洋文化研究所。

68. 〔明〕艾南英編，《新刻艾先生天祿閣彙編採精便覽萬寶全書》（存仁堂梓，明思宗崇禎元年刊本），37 卷 4 冊（合 2 冊），藏日本東京大學總合圖書館。

69. 〔明〕艾南英編，《新刻艾先生天祿閣彙編採精便覽萬寶全書》（存仁堂梓，明思宗崇禎元年刊本），37 卷 8 冊，藏日本國會圖書館。

70. 〔明〕艾南英編，《新刻艾先生天祿閣採精便覽萬寶全書》（三槐堂梓，明思宗崇禎年間刊本），35 卷 6 冊，藏日本內閣文庫。

71. 〔明〕艾南英編，《新刻艾先生天祿閣採精便覽萬寶全書》（三槐堂梓，明思宗崇禎年間刊本），35 卷 2 冊，藏日本京都大學人文科學研究所。

72. 〔明〕艾南英編，《新刻艾先生天祿閣採精便覽萬寶全書》（三槐堂、立正堂梓，明思宗崇禎年間刊本），殘存 25 卷 5 冊，藏日本東京大學東洋文化研究所。

73. 〔明〕艾南英編，《新刻艾先生天祿閣採精便覽萬寶全書》（三槐堂梓，明思宗崇禎年間刊本），35 卷 8 冊，藏日本早稻田大學中央圖書館。

74. 〔明〕艾南英編，《新刻艾先生天祿閣採精便覽萬寶全書》（三槐堂梓，明思宗崇禎年間刊本），35 卷 5 冊，藏日本大阪關西大學泊園文庫。

75. 世界書局編，《日用快覽》（上海：世界書局，1927.1，10 版）。

76. 〔明〕朱鼎臣編,《龍頭一覽學海不求人》（清華堂刊,明刊本）,殘存 19 卷 4 冊,藏日本國會圖書館。

77. 共和編譯局編,《日用寶鑑》（上海：共和編譯局,1914.12,3 版）,2 冊。

78. 共和編譯局編,《日用寶鑑》（上海：共和編譯局,1915.1）。

79. 池尚英、郭宏、蒙智扉編,《通書民俗知識》（南寧：廣西教育出版社,1990.1）。

80. 〔明〕沖懷編,《新刻鄴架新裁萬寶全書》（熊對山梓,明神宗萬曆 42 年〔1614〕序刊本）,殘存 24 卷 4 冊,藏日本東京大學東洋文化研究所。

81. 〔明〕余象斗,《新刻天下四民便覽三台萬用正宗》（雙峰堂刊,明神宗萬曆 27 年〔1599〕刊本）,43 卷 10 冊,藏日本東京大學東洋文化研究所。

82. 〔明〕李光裕輯,《鼎鐫李先生增補四民便用積玉全書》（忠賢世家刻,明思宗崇禎年間刊本）,32 卷 5 冊,藏中國國家圖書館。

83. 〔明〕李光裕輯,《鼎鐫李先生增補四民便用積玉全書》（劉興我梓,明思宗崇禎年間刊本）,32 卷 5 冊,藏日本東京大學東洋文化研究所。

84. 坂出祥伸、小川陽一編,《中國日用類書集成 1、2 ——五車拔錦》（東京：汲古書院,1999.6、9）。

    坂出祥伸、小川陽一編,《中國日用類書集成 3、4、5 ——三台萬用正宗》（東京：汲古書院,2000.7、9、11）。

    坂出祥伸、小川陽一編,《中國日用類書集成 6、7 ——萬書淵海》（東京：汲古書院,2001.2、4）。

    坂出祥伸、小川陽一編,《中國日用類書集成 8、9 ——五車萬寶全書》（東京：汲古書院,2001.6、11）。

    坂出祥伸、小川陽一編,《中國日用類書集成 10、11 ——萬用正宗不求人》（東京：汲古書院,2003.5、7）。

    坂出祥伸、小川陽一編,《中國日用類書集成 12、13、14 ——妙錦萬寶全書》（東京：汲古書院,2003.9、11,2004.10）。

85. 〔明〕承明甫編,《新鍥萬軸樓選刪補天下捷用諸書博覽》（楊欽齋梓,明神宗萬曆 32 年〔1604〕刊本）,殘存 31 卷 7 冊,藏日本內閣文庫。

86. 〔唐〕杜嗣先,《兔園策府》（1913 年上虞羅氏景印本）,殘存 1 卷 1 冊,藏中國北京中華書局圖書館。

87. 〔明〕武緯子,《新刊翰苑廣記補訂四民捷用學海群玉》（熊沖宇刊,明神宗萬曆 35 年〔1607〕序刊本）,40 卷 4 冊,藏日本京都大谷大學圖書館。

88. 〔明〕武緯子,《新刊翰苑廣記補訂四民捷用學海群玉》（熊沖宇刊,明神宗萬曆 35 年序刊本）,殘存 17 卷 4 冊,藏日本東京大學東洋文化研究所。

89. 〔明〕武緯子,《新刊翰苑廣記補訂四民捷用學海群玉》（熊沖宇刊,明神宗萬曆 35 年序刊本）,殘存 8 卷 1 冊,藏中國國家圖書館。

90. 周作民編,《民俗通書》（桂林：灕江出版社,1992.10,2 次印刷）。

91. 金子等編，《女性生活萬寶全書》（瀋陽：春風文藝出版社，1991.9）。

92. 〔宋〕唐仲友，《帝王經世圖譜》（北京：書目文獻出版社，據宋刻本影印，不明出版時間），8 卷 1 冊。

93. 徐九一精纂，《萬寶全書》（明末書林王泰源刊本），32 卷 8 冊，藏日本大阪杏雨書屋。

94. 〔明〕徐三友校正，《新鍥全補天下四民利用便觀五車拔錦》（鄭世魁梓，明神宗萬曆 25 年〔1597〕序刊本），33 卷 10 冊，藏日本東京大學東洋文化研究所。

95. 〔明〕徐企龍編，《新刻搜羅五車合併萬寶全書》（樹德堂、存仁堂梓，明神宗萬曆 42 年序刊本；臺北：中央研究院近代史研究所，據東京教育大學、宮內廳書陵部影印），34 卷 3 冊。

96. 〔明〕徐企龍編，《新刻全補士民備覽便用文林匯錦萬書淵海》（楊欽齋梓，明神宗萬曆 38 年〔1610〕刊本），40 卷 10 冊，藏日本京都大谷大學圖書館。

97. 〔明〕徐會瀛彙輯，《新鍥燕臺校正天下通行文林聚寶萬卷星羅》（詹聖謨梓，明神宗萬曆 28 年〔1600〕序刊本），殘存 33 卷 14 冊，藏日本東京大學東洋文化研究所。

98. 〔明〕徐會瀛序，《新鍥燕臺校正天下通行文林聚寶萬卷星羅》（余獻可刻，明神宗萬曆 28 年序刊本），39 卷 10 冊（北京：書目文獻出版社，1998）。

98. 〔明〕徐會瀛彙輯，《新鍥燕臺校正天下通行文林聚寶萬卷星羅》（余獻可刻），殘存 9 卷 2 冊，藏中國上海圖書館。

100. 黃希賢序，《重刊校正居家必用事類》（福建寶善堂刻，明神宗萬曆 7 年〔1579〕序刊本），8 卷 8 冊，藏日本內閣文庫。

101. 國民圖書公司編，《日用萬事全書》（上海：新華書局，1922），4 冊。

102. 〔宋〕陳元靚，《新刊纂圖大字群書類要事林廣記》（明世宗嘉靖 20 年〔1541〕刊本，余氏敬賢堂刻），殘存 5 卷 5 冊，藏中國瀋陽遼寧圖書館。

103. 〔宋〕陳元靚，《新刊纂圖群書類要事林廣記》，明刊本，殘存別集卷 4，藏日本東洋文化研究所。

104. 〔宋〕陳元靚，《新編纂圖增類群書類要事林廣記》（元文宗至順年間〔1330～1333〕建安椿莊書院刻本，舊藏摛藻堂），42 卷 12 冊，藏國立故宮博物院圖書館。

105. 〔宋〕陳元靚，《新編群書類要事林廣記》（元泰定帝泰定 2 年〔1325〕刊本，據日元祿 12 年〔1699〕翻刻而成）；收入長澤規矩也編，《和刻本類書集成》，1（上海：上海古籍出版社，1990.7）。

106. 〔宋〕陳元靚，《新編纂圖分門事林廣記》（手抄本，不明年代），殘存 10 卷 1 冊，藏中國北京中華書局圖書館。

107. 〔宋〕陳元靚，《新編纂圖增類群書類要事林廣記》（明太祖洪武 25 年〔1392〕刊本，梅溪書院刻），藏日本慶應義塾大學圖書館。

108. 〔宋〕陳元靚，《新編纂圖增類群書類要事林廣記》（明憲宗成化 14 年〔1478〕

劉廷賓等刻，福建刊本），40 卷 16 冊，藏國家圖書館。

109. 〔宋〕陳元靚，《新編纂圖增類群書類要事林廣記》（據明西園精舍刻本影印），
藏中央研究院歷史語言研究所。

110. 〔宋〕陳元靚，《新編纂圖增類群書類要事林廣記》（東京：高橋寫眞社，1977，
據日本內閣文庫藏本影印），藏中央研究院歷史語言研究所。

111. 〔宋〕陳元靚，《纂圖增新群書類要事林廣記》（明成祖永樂 16 年〔1418〕刊
本，建陽翠巖精舍刻），藏日本東京靜嘉堂文庫。

112. 〔宋〕陳元靚，《纂圖增新群書類要事林廣記》（元惠宗至元 6 年〔1340〕刊本，
建陽鄭氏積誠堂刻），藏中國北京大學圖書館。

113. 〔宋〕陳元靚，《纂圖增新群書類要事林廣記》（東京：高橋寫眞社，1976，據
日本內閣文庫藏明孝宗弘治 9 年〔1496〕詹氏進德書堂刊本影印），藏中央研
究院歷史語言研究所。

114. 〔宋〕陳元靚，《纂圖增新群書類要事林廣記》（明刊本），6 集 12 卷 4 冊；藏
日本內閣文庫。

115. 〔宋〕陳元靚，《纂圖增新群書類要事林廣記》（明手抄本），殘存 4 卷 4 冊，
藏中國國家圖書館。

116. 〔宋〕陳元靚，《纂圖類聚天下至寶全補事林廣記》（明手抄本），殘存卷 11，
藏中國國家圖書館。

117. 〔明〕陳允中編，《新刻群書摘要士民便用一事不求人》（種德堂梓，明神宗萬
曆年間刊本），22 卷 4 冊，藏日本京都大學谷村文庫。

118. 〔明〕陳眉公纂，〔清〕毛煥文增補，《繪圖萬寶全書》（三讓堂梓，清高宗乾
隆 4 年刊本），20 卷 4 冊，藏日本大阪關西大學內藤文庫。

119. 〔明〕陳眉公輯，〔清〕毛煥文增補，《新增萬寶全書》（積慶堂刻，清穆宗同
治 10 年刊本），20 卷 4 冊，藏中國北京中華書局圖書館。

120. 〔明〕陳眉公纂，〔清〕毛煥文補，《增補萬寶全書》（錦文堂梓，清德宗光緒
27 年〔1901〕刊本），21 卷 6 冊，藏日本國會圖書館。

121. 陳鵬仁編，《陳鵬仁農民曆》（編者自印，1997）。

122. 〔明〕陳繼儒編，《新刻眉公陳先生編輯諸書備採萬卷搜奇全書》（存仁堂
梓，明思宗崇禎元年刊本），37 卷 6 冊，藏日本國會圖書館。

123. 〔明〕陳繼儒編，《新刻眉公陳先生編輯諸書備採萬卷搜奇全書》（存仁堂
梓，明思宗崇禎元年刊本），37 卷 6 冊，藏日本大阪關西大學內藤文庫。

124. 〔明〕陳繼儒輯，〔清〕毛煥文增補，《增補萬寶全書》（學庫山房刻，清德
宗光緒 21 年〔1895〕刊本），20 卷 4 冊。

125. 〔元〕許衡編，〔清〕黃朗軒續纂，《繪圖增補萬寶全書》（新竹：竹林印書
局，1965.3），殘存 5 卷 1 冊。

126. 〔明〕張一溥，《新鐫增補萬寶全書》（清高宗乾隆 23 年〔1758〕序刊本），

32 卷 4 冊，藏中央研究院歷史語言研究所。

127. 張紹陵，《家庭保安全書》（不明出版地：宏文圖書館，1928）。

128. 〔明〕張溥編，《新刻天如張先生精選石渠彙要萬寶全書》（存仁堂梓，明思宗崇禎 9 年〔1636〕刊本），34 卷 4 冊，藏日本東京都立中央圖書館特別買上文庫。

129. 〔明〕張溥撰，《新刻天如張先生精選石渠萬寶全書》（吳初煦梓，明思宗崇禎 14 年〔1641〕刊本），殘存 20 卷 3 冊，藏日本東京大學東洋文化研究所。

130. 〔明〕張溥編，《增補萬寶全書》（謙亨堂刻，清高宗乾隆 23 年刊本），32 卷 2 冊，藏香港沙田圖書館。

131. 〔明〕博覽子輯，《鼎鐫十二方家參訂萬事不求人博考全編》（師儉堂刻，明神宗萬曆年間抄本），6 大卷 4 冊，藏中國國家圖書館。

132. 程斌編，《民俗萬寶全書》（彭山：西南交通大學出版社，1993.8）。

133. 貴州人民出版社編，《農村日用大全》（貴陽：貴州人民出版社，1991.11）。

134. 〔明〕煙水山人纂，《敬堂訂補萬寶全書》（文會堂增訂，清聖祖康熙年間刊本），24 卷 4 冊，藏日本東京大學東洋文化研究所。

135. 萬寶全書編輯委員會編，《萬寶全書》（臺北：第一文化社，1972.7）。

136. 萬寶全書編輯委員會編，《萬寶全書》（臺北：第一文化社，1975.1）。

137. 萬寶全書編輯委員會編，《萬寶全書》（臺北：第一文化社，1976.1）。

138. 楊家駱主編，《中國音樂史料》（臺北：鼎文書局，1975.5），6 冊。

139. 赫顯理編，《日用指明》（不明出版地. 不明出版社，1940）。

140. 〔明〕鄭尚玄補，《新刻人瑞堂訂補全書備考》（人瑞堂梓，明思宗崇禎 14 年序刊本），34 卷 5 冊，藏日本京都大學人文科學研究所。

141. 鄭振鐸編，《中國古代版畫叢刊（二）－救荒本草、日記故事、忠義水滸傳插圖、便民圖纂》（上海：上海古籍出版社，1988.8）。

142. 〔明〕劉子明，《新版全補天下使用文林玅錦萬寶全書》（安正堂梓，明神宗萬曆 40 年〔1612〕刊本），38 卷 10 冊，藏日本東京大學總合圖書館。

143. 〔明〕劉基，《多能鄙事》（明世宗嘉靖 19 年〔1540〕程法序群碧樓鈔本），10（12）卷 10 冊，藏中央研究院歷史語言研究所。

144. 〔明〕劉基，《多能鄙事》，見四庫全書存目叢書編纂委員會編，《四庫全書存目叢書》（臺南縣：莊嚴文化事業有限公司，1995.9，據上海圖書館藏明世宗嘉靖 42 年〔1563〕范惟一刻本），子部，117 冊。

145. 〔明〕劉基，《多能鄙事》（明世宗嘉靖 19 年序刊本，積學齋徐乃昌藏書），12 卷 4 冊，藏國家圖書館。

146. 鍾進添，《鐵筆子民曆》（臺中：創譯出版社，1995.10）。

147. 蕭魁宇識，《增補萬寶全書》（清高宗乾隆 9 年〔1744〕刊本，寶綸堂、萬古堂刻），殘存 16 卷 2 冊，藏臺灣大學圖書館伊能文庫。

148. 〔明〕龍陽子編，《鼎鋟崇文閣彙纂士民萬用正宗分類學府全編》（余文台梓，明神宗萬曆 35 年刊本），35 卷 12 冊，藏日本東京大學東洋文化研究所。

149. 〔明〕龍陽子編，《鼎鋟崇文閣彙纂士民萬用正宗分類學府全編》（余文台梓，明神宗萬曆 35 年刊本），35 卷 10 冊，藏日本內閣文庫。

150. 〔明〕龍陽子編，《鼎鋟崇文閣彙纂士民萬用正宗分類學府全編》（余文台梓，明神宗萬曆 35 年刊本），35 卷 12 冊，藏日本京都陽明文庫。

151. 〔明〕龍陽子編，《鼎鋟崇文閣彙纂士民萬用正宗分類學府全編》（劉太華梓，明神宗萬曆 35 年刊本），35 卷 14 冊（合 7 冊），藏日本國會圖書館。

152. 〔明〕龍陽子編，《鼎鋟崇文閣彙纂士民萬用正宗分類學府全編》（余文台梓，明神宗萬曆 35 年刊本），殘存 29 卷 12 冊，藏日本東京都立中央圖書館。

153. 〔明〕鄺璠，《便民圖纂》（臺北：古亭書屋，1975.9，據明神宗萬曆 21 年〔1593〕刊本影印）。

154. 〔明〕鄺璠，《便民圖纂》，見四庫全書存目叢書編纂委員會編，《四庫全書存目叢書》（臺南縣：莊嚴文化事業有限公司，1995.9，據北京圖書館藏明神宗嘉靖 23 年〔1544〕王貞吉刻藍印本影印），子部，118 冊。

155. 〔明〕鄺璠，《便民圖纂》，收入中華書局上海編輯所編，《中國古代版畫叢刊》（第三函）（北京：中華書局，1959.9，據明神宗萬曆 21 年于永清刻本影印）。

156. 闕名，《居家必備》（明末刊本），10 卷 12 冊，藏日本東京大學總合圖書館。

157. 闕名，《居家必備》（明末讀書坊刊本），10 卷 16 冊，藏中央研究院歷史語言研究所。

158. 闕名，《新編事文類要啟劄青錢》（臺北：大化書局，1980 據日本德山毛利家藏元泰定帝泰定元年〔1324〕日新書堂刊本影印）。

159. 〔明〕饒順卿，《新鍥搜羅萬卷合併利用便覽全書》（黃耀宇梓，明神宗萬曆 41 年〔1613〕刊本），不分卷 9 冊，藏日本京都大谷大學圖書館。

二、正史、實錄、方志、文集、筆記、小說

1. 《三國志集解》（臺北：新文豐出版股份有限公司，1975.3）。

2. 《五代史記》（臺北：新文豐出版股份有限公司，1975.8）。

3. 《明神宗實錄》（臺北：中央研究院歷史語言研究所，據國立北平圖書館紅格分本微捲影印），卷 361，112 冊。

4. 三國志演義古版叢刊編輯委員會主編，《朱鼎臣輯本三國志史傳》（北京：北京圖書館，不明出版時間），2 冊。

5. 〔明〕王士性，《廣志繹》，收入新文豐出版股份有限公司編輯部編，《叢書集成續編》（臺北：新文豐出版股份有限公司，1989.7），226 冊，史地類。

6. 〔明〕王世懋，《閩部疏》，收入新興書局編，《筆記小說大觀》（臺北：新興書局，1974.7），4 編 6 冊。

7. 壬辰重刊，《新刊校正迫釋詞家便覽蕭曹隨筆》（明刊本），藏日本東京大學東洋文化研究所。

8. 〔明〕艾南英，《艾千子先生全稿》（臺北：偉文出版社有限公司，1977.9）。

9. 〔明〕朱國楨，《湧幢小品》，收入新興書局編，《筆記小說大觀》（臺北：新興書局，1978.9），22 編 7 冊。

10. 朱鼎臣，《新鍥全相南海觀世音菩薩出身修行傳》（臺北：天一出版社，1985.5）。

11. 朱鼎臣，《全像觀世音出身南遊記傳》，收入劉世德、陳慶浩、石昌渝主編，《古本小說叢刊》（北京：中華書局，1991.6），16 輯 1 冊。

12. 朱鼎臣，《鼎鍥全相唐三藏西遊傳》，收入《古本小說叢刊》編輯委員會編，1《古本小說叢刊》（北京：中華書局，1987.6）。

13. 〔明〕朱察卿，《朱邦憲集》，見四庫全書存目叢書編纂委員會編，《四庫全書存目叢書》（臺南縣：莊嚴文化事業有限公司，1997.6，據北京大學圖書館藏明萬曆 6 年〔1578〕朱家法刻增修本），集部，145 冊。

14. 余紹魚編，《列國志傳評林》，收入劉世德等編，《古本小說叢刊》，6 輯 1～3 冊（北京：中華書局，1990.8）。

15. 余象斗，《南遊記》、《北遊記》，收入楊家駱主編，《中國通俗小說名著》，1（臺北：中華書局，1962.12）。

16. 余象斗編，《列國前編十二朝》（上海：上海古籍出版社，不明出版時間）。

17. 余象斗編，《皇明諸司公案傳》，收入劉世德等編，《古本小說叢刊》，6 輯 4 冊（北京：中華書局，1990.8）。

18. 〔明〕余象斗纂，《萬錦情林》（上海：上海古籍出版社，不明出版時間，據日本東京大學圖書館藏萬曆原刊本影印）。

19. 余象斗評，《列國志傳評林》，收入劉世德等編，《古本小說叢刊》，6 輯 1～3 冊（北京：中華書局，1990.8）。

20. 〔明〕何良俊，《四友齋叢說》，收入新興書局編，《筆記小說大觀》（臺北：新興書局，1977.1），15 編 7 冊。

21. 〔明〕何喬遠，《名山藏》，見續修四庫全書編纂委員會編，《續修四庫全書》（上海：上海古籍出版社，據崇禎刻本影印），史部，雜史類，427 冊。

22 〔清〕沈垚，《落帆樓文集》，收入新文豐出版股份有限公司編輯部編，《叢書集成續編》（臺北：新文豐出版股份有限公司，1989.7），195 冊。

23. 〔明〕沈德符，《萬曆野獲編》（北京：文化藝術出版社，1998.6）。

24. 〔明〕汪道昆，《太函集》，見四庫全書存目叢書編纂委員會編，《四庫全書存目叢書》（臺南縣：莊嚴文化事業股份有限公司，1997.6，據北京大學圖書館藏明萬曆刻本），集部，118 冊。

25. 〔明〕邢址、陳讓纂修，《邵武府志》，見四庫全書存目叢書編纂委員會編，《四庫全書存目叢書》（臺南縣：莊嚴文化事業有限公司，1996.8，據天一閣明代方

志選刊影印明嘉靖刻本），史部，191 冊。

26. 〔明〕李維楨，《大泌山房集》，見四庫全書存目叢書編纂委員會編，《四庫全書存目叢書》（臺南縣：莊嚴文化事業有限公司，1997.6，據北京師範大學圖書館藏明萬曆 39 年〔1611〕刻本），集部，152 冊。

27. 〔明〕屈大均，《廣東新語》，收入新興書局編，《筆記小說大觀》（臺北：新興書局，1979.1），24 編 10 冊。

28. 〔明〕范濂，《雲間據目抄》，收入新興書局編，《筆記小說大觀》（臺北：新興書局，1978.9），22 編 5 冊。

29. 〔清〕周亮工，《閩小記》（臺北：成文出版社有限公司，1975.6，據清乾隆刊龍咸秘書本）。

30. 〔明〕凌濛初，《二刻拍案驚奇》（臺北：世界書局，1958.12）。

31. 〔明〕屠隆，《娑羅館逸稿》，收入新文豐出版股份有限公司編輯部編，《叢書集成新編》（臺北：新文豐出版股份有限公司，1985.1）。

32. 〔宋〕袁采，《袁氏世範》（天津：天津古籍出版社，1995.12）。

33. 國防研究院明史編纂委員會編訂，《明史》（臺北：國防研究院，1962.9）。

34. 〔清〕陳淏子，《花鏡》（北京：農業出版社，1985.12，2 版 6 次印刷）。

35. 〔明〕陳懋仁，《泉南雜誌》，收入新興書局編，《筆記小說大觀》（臺北：新興書局，1974.7），4 編 6 冊。

36. 〔清〕張伯行輯，夏錫疇錄，《課子隨筆鈔》（臺北：廣文書局，1975.4）。

37. 〔清〕張岱，《夜航船》，見續修四庫全書編纂委員會編，《續修四庫全書》。

38. 〔明〕張夢徵彙選，《青樓韻語》（上海：上海古籍出版社，1994.10）。

39. 〔宋〕陸游，《放翁家訓（及其他三種）》（臺北：臺灣商務印書館，1965.12，臺 1 版）。

40. 〔明〕陸粲，《庚巳編》，收入新興書局編，《筆記小說大觀》（臺北：新興書局，1977.3），16 編 5 冊。

41. 〔明〕黃省曾，《吳風錄》，收入新興書局編，《筆記小說大觀》（臺北：新興書局，1975.2），6 編 5 冊。

42. 〔明〕馮應京，《月令廣義》，見四庫全書存目叢書編纂委員會編，《四庫全書存目叢書》（臺南縣：莊嚴文化事業有限公司，1996.8，據清華大學圖書館藏明萬曆陳邦泰刻本），史部，164 冊。

43. 〔明〕蔣以化，《西台漫記》，見四庫全書存目叢書編纂委員會編，《四庫全書存目叢書》（臺南縣：莊嚴文化事業有限公司，1995.9，據北京圖書館藏明萬曆刻本），子部，242 冊。

44. 〔明〕謝肇淛，《五雜俎》，收入新興書局編，《筆記小說大觀》（臺北：新興書局，1975.9），8 編 6 冊。

45. 瞿宣穎纂，《中國社會史料叢鈔》（臺北：臺灣商務印書館，1965.8），甲集下。

46. 〔明〕龐尚鵬，《龐氏家訓》，收入新文豐出版股份有限公司編輯部編，《叢書集成新編》（臺北：新文豐出版股份有限公司，1985.1），33 冊，社會科學類。

47. 〔明〕歸有光，《震川先生集》，收入楊家駱主編，《中國學術名著》（臺北：世界書局，1960.11），13 冊。

48. 羅振玉，《羅雪堂先生全集》，4 編 5 冊（臺北：大通書局有限公司，1972.12）。

49. 〔明〕顧炎武，《肇域志》（明藍欄鈔本），藏中央研究院歷史語言研究所。

三、論著

（一）中文專書

1. 不明著者，《中國文明史話》（臺北：木鐸出版社，1983.9）。

2. 方厚樞，《中國出版史話》（北京：東方出版社，1996.8）。

3. 方師鐸，《傳統文學與類書之關係》（天津：天津古籍出版社，1986.8）。

4. 戈春源，《賭博史》（上海：上海文藝出版社，1995.7）。

5. 王玉波，《中國古代的家》（北京：商務印書館國際股份有限公司，1995.6）。

6. 王永平，《唐代游藝》（西安：西北大學出版社，1995.6）。

7. 王毓瑚，《中國農學書錄》（北京：農業出版社，1979.9，2 次印刷）。

8. 王爾敏，《明清時代庶民文化生活》（臺北：中央研究院近代史研究所，1996.3）。

9. 王爾敏，《明清社會文化生態》（臺北：臺灣商務印書館股份有限公司，1997.7）。

10. 尹韻公，《中國明代新聞傳播史》（重慶：重慶出版社，1990.8）。

11. 牛建強，《明代中後期社會變遷研究》（臺北：文津出版社有限公司，1997.8）。

12. 毛春翔，《古書版本常談》（香港：中華書局，1985.9，重印）。

13. 〔日〕天野元之助著，彭世獎、林廣信譯，《中國古農書考》（北京：農業出版社，1992.7）。

14. 史良昭，《博奕遊戲人生》（臺北：臺灣商務印書館，1992.3）。

15. 史衛民，《元代社會生活史》（北京：中國社會科學出版社，1996.1）。

16. 史衛民，《都市中的游牧民—元代城市生活長卷》（長沙：湖南出版社，1996.9）。

17. 任崇岳主編，《中國社會通史（宋元卷）》（太原：山西教育出版社，1996.12）。

18. 朱大渭、劉馳、梁滿倉等，《魏晉南北朝社會生活史》（北京：中國社會科學出版社，1998.8）。

19. 朱瑞熙、張邦煒、劉復生等，《遼宋西夏金社會生活史》（北京：中國社會科學出版社，1998.8）。

20. 朱銘源，《中國圍棋史話》（臺北：中央日報社，1980.6）。

21. 同濟大學城市規畫教研室編，《中國城市建設史》（北京：中國建築工業出版社，1982.12）。

22. 吉少甫,《中國出版簡史》（上海：學林出版社,1991.11）。

23. 江澄波、杜信孚、杜永康編,《江蘇刻書》（南京：江蘇人民出版社,1993.12）。

24. 呂伯濤、孟向榮,《中國古代的告狀與判案》（北京：商務印書館國際有限公司, 1995.6）。

25. 妙摩、惠度,《中國風水術》（北京：中國文聯出版公司,1993.5）。

26. 李民主編,《殷商社會生活史》（鄭州：河南人民出版社,1993.8）。

27. 李岩齡等,《中國宮廷禮俗》（臺北：百觀出版社,1993.1）。

28. 李春棠,《坊墻倒塌以後－宋代城市生活長卷》（長沙：湖南出版社,1996.9）。

29. 李建民,《中國古代游藝史——樂舞百戲與社會生活之研究》（臺北：東大圖書 股份有限公司,1993.3）。

30. 李斌成,《隋唐五代社會生活史》（北京：中國社會科學出版社,1998.8）。

31. 車錫倫,《中國寶卷研究論集》（臺北：學海出版社,1997.5）。

32. 宋德金,《金代的社會生活》（西安：陝西人民出版社,1988.4）。

33. 宋鎮豪,《夏商社會生活史》（北京：中國社會科學出版社,1996.1,2次印刷）。

34. 何一民,《中國城市史綱》（成都：四川大學出版社,1994.8）。

35. 尚秉和,《歷代風俗事物考》（臺北：臺灣商務印書館,1979.5,臺5版）。

36. 金錚,《科舉制度與中國文化》（上海：上海人民出版社,1991.9）。

37. 周鳳五,《書法》（臺北：幼獅文化事業公司,1989.3,3版）。

38. 來新夏,《中國古代圖書事業史》（上海：上海人民出版社,1990.4）。

39. 姚福申,《中國編輯史》（上海：上海復旦大學出版社,1990.1）。

40. 洪丕謨,《中國風水研究》（不明出版地：湖北科學技術出版社,1993.6）。

41. 胡道靜,《中國古代的類書》（北京：中華書局,1986.9,1版2次印刷）。

42. 姜椿芳,《從類書到百科全書》（北京：中國書籍出版社,1990.12）。

43. 夏咸淳,《晚明士風與文學》（北京：中國社會科學出版社,1994.7）。

44. 徐家亮,《中國古代棋藝》（臺北：臺灣商務印書館股份有限公司,1993.12）。

45. 袁樹生,《爲你解通書》（臺北：禾馬文化事業有限公司,1994.11）。

46. 曹之,《中國印刷術的起源》（武昌：武漢大學出版社,1994.7）。

47. 曹之,《中國古籍版本學》（臺北：洪葉文化事業有限公司,1994.11）。

48. 梁淼泰,《明清景德鎮城市經濟研究》（南昌：江西人民出版社,1991.12）。

49. 戚志芬,《中國的類書、政書與叢書》（臺北：臺灣商務印書館股份有限公司, 1994.9）。

50. 郭英德,《元雜劇與元代社會》（北京：北京師範大學出版社,1996.5）。

51. 郭雙林、蕭梅花,《中國賭博史》（臺北：文津出版社,1996.5）。

52. 張仁善,《中國古代民間娛樂》（北京：商務印書館國際有限公司,1996.7）。

53. 張志公，《張志公文集（4）──傳統語文教學研究》（廣州：廣東教育出版社，1991.1）。

54. 張秀民，《中國印刷術》（上海：上海人民出版社，1990）。

55. 張秀民、韓琦，《中國活字印刷史》（北京：中國書籍出版社，1998.4）。

56. 張滌華，《類書流別》（臺北：大立出版社，1985.4）。

57. 陳力，《中國圖書史》（臺北：文津出版社，1996.4）。

58. 陳宏天，《古籍版本概要》（臺北：洪葉文化事業有限公司，1992.10）。

59. 陳香，《酒令》（臺北：國家出版社，1983.4）。

60. 陳彬龢、查猛濟，《中國書史》（臺北：文史哲出版社，1977）。

61. 陳學文，《明清時期商業書及商人書之研究》（臺北：洪業文化事業有限公司，1997.3）。

62 陳寶良，《飄搖的傳統─明代城市生活長卷》（長沙：湖南出版社，1996.9）。

63. 喻松青，《民間祕密宗教經卷研究》（臺北：聯經出版事業公司，1994.9）。

64. 黃新亞，《消逝的太陽─唐代城市生活長卷》（長沙：湖南出版社，1996.9）。

65. 黃偉、盧鷹，《中國古代體育習俗》（西安：陝西人民出版社，1994.6）。

66. 宿白，《唐宋時期的雕版印刷》（北京：文物出版社，1999.3）。

67. 葉德輝，《書林清話》（臺北：文史哲出版社，1973.12）。

68. 葉樹聲、余敏輝，《明清江南私人刻書業史略》（合肥：安徽大學出版社，2000.5）。

69. 傅衣凌，《明代江南市民經濟試探》（上海：上海人民出版社，1963.2，2 次印刷）。

70. 馮燕，《近三十年國外"中國學"工具書簡介》（北京：中華書局，1981.6）。

71. 馮爾康、常建華，《清人社會生活》（天津：天津人民出版社，1990.7）。

72. 〔美〕費正清（John King Fairbank）、賴蕭爾（Edwin Reischauer）著，陳仲丹等譯，《中國：傳統與變革》（南京：江蘇人民出版社，1992.5）。

73. 路應昆，《中國戲曲與社會諸色》（長春：吉林教育出版社，1992.6）。

74. 斯波義信著，莊景輝譯，《宋代商業史研究》（臺北：稻香出版社，1997.8）。

75. 楊蔭深，《中國古代游藝活動》（臺北：國文天地雜誌社，1989.11）。

76. 趙世瑜，《腐朽與神奇─清代城市生活長卷》（長沙：湖南出版社，1996.9）。

77. 趙岡，《中國城市發展史論集》（臺北：聯經出版事業公司，1995.5）。

78. 趙岡、陳鍾毅，《中國經濟制度史論》（臺北：聯經出版事業公司，1992.10）。

79. 潘孝偉，《唐代體育》（西安：西北大學出版社，1995.12）。

80. 歐陽中石，《中國的書法》（臺北：臺灣商務印書館，1994.5）。

81. 劉葉秋，《類書簡說》（臺北：國文天地雜誌社，1990.3）。

82. 劉復共、李家瑞編，《宋元以來俗字譜》（臺北：中央研究院歷史語言研究所，1992.12，景印 1 版）。

83. 劉學林、馬重奇,《中國古代風俗文化論》(西安:陝西人民出版社,1993.4)。

84. 鄭小江編,《中國神秘術大觀》(南昌:百花洲文藝出版社,1993.4)。

85. 操時杰、劉慧華,《中國古今書籍縱橫談》(北京:中國物資出版社,1995.4)。

86. 閻愛民,《中國古代的家教》(北京:商務印書館國際有限公司,1997.3)。

87. 錢杭、承載,《十七世紀江南社會生活》(杭州:浙江人民出版社,1996.3)。

88. 盧賢中,《古代刻書與古籍版本》(合肥:安徽大學出版社,1995.12)。

89. 謝灼華主編,《中國圖書和圖書館史》(武昌:武漢大學出版社,1987.9)。

90. 〔法〕謝和耐著,劉東譯,《蒙元入侵前夜的中國日常生活》(南京:江蘇人民出版社,1995.6)。

91. 〔法〕謝和耐著,耿昇譯,《中國社會史》(南京:江蘇人民出版社,1995.9)。

92. 謝國楨,《明清筆記談叢》(上海:中華書局,1960.7)。

93. 戴克瑜、唐建華主編,《類書的沿革》(成都:四川省圖書館學會,1981)。

94. 嚴文郁,《中國書籍簡史》(臺北:臺灣商務印書館,1992.11)。

95. 羅玄機,《江湖方術探秘》(唐山市:新疆大學出版社,1994.1)。

96. 羅新本、許蓉生,《中國古代賭博習俗》(西安:陝西人民出版社,1994.6)。

97. 羅樹寶,《中國古代印刷史》(北京:印刷工業出版社,1993.3)。

98. 羅錦堂,《歷代圖書板本志要》(臺北:國立編譯館中華叢書編纂委員會,1984.10,再版)。

99. 蕭東發,《中國圖書》(北京:新華出版社,1993.12)。

100. 龐德新,《從話本及擬話本所見之宋代兩京市民生活》(香港:龍門書店有限公司,1974.9)。

101. 顧鳴塘,《斗草藏鉤》(上海:上海古籍出版社,1995.2)。

(二)中文論文

1. 小川陽一,〈明代小說與善書〉,《漢學研究》,6/1(1988.6),頁331~340。

2. 方彥壽,〈明代刻書家熊宗立述考〉,《文獻》,1987/1(1987.1),頁228~288。

3. 方彥壽,〈建陽劉氏刻書考(上)(下)〉,《文獻》,1988/2(1988.4),頁196~228;1988/3(1988.7),頁217~229。

4. 方彥壽,〈熊雲濱與世德堂本《西游記》〉,《文獻》,1988/4(1988.10),頁285~288。

5. 方豪,〈明萬曆年間之各種價格——戰亂中所得資料簡略整理報告之一——〉,《食貨》,1/3(1971.6),頁18~20。

6. 王心揚,〈美國新社會史的興起及其走向〉,《新史學》,6/3(1995.9),頁155~183。

7. 王振忠,〈徽州文書所見種痘及其相關習俗〉,《民俗研究》,2000/1。

8. 王爾敏，〈《酬世錦囊》之內涵及其適用之人際網絡〉，《近代中國史研究通訊》，24（1997.9），頁 97～100。

9. 王漢龍，〈中國對聯文化趣談〉，《歷史月刊》，85（1995.2），頁 73～76。

10. 王綱，〈清代四川的印書業〉，《中國社會經濟史研究》，1991／4（1991.11），頁 62～70。

11. 夫馬進，〈明清時代的訟師與訴訟制度〉，收入〔日〕滋賀秀三等著，王亞新、梁治平等譯，《明清時期的民事審判與民間契約》（北京：法律出版社，1998.10），頁 389～430。

12. 包筠雅，〈明末清初的善書與社會意識型態變遷的關係〉，《近代中國史研究通訊》，16（1993.9），頁 30～40。

13. 全漢昇，〈略論宋代經濟的進步〉，收入《中國經濟史研究》（臺北：稻香出版社，1991.1），下冊，頁 551～553。

14. 全漢昇，〈宋代官吏的私營商業〉，收入《中國經濟史研究》（臺北：稻香出版社，1991.1），上冊，頁 393～466。

15. 江淑玲，〈陶情怡性、移風易俗——傳統社會的民間娛樂〉，收入劉岱總主編，藍吉富、劉增貴主編，《中國文化新論（宗教禮俗篇）》（臺北：聯經出版事業公司，1982.8），頁 619～674。

16. 伊欽恒，〈校詮花鏡引言〉，見〔清〕陳淏子，《花鏡》，頁 1～11。

17. 寺田浩明，〈明清時期法秩序中"約"的性質〉，收入〔日〕滋賀秀三等著，王亞新、梁治平等譯，《明清時期的民事審判與民間契約》，頁 139～190。

18. 余英時，〈明清小說與民間文化——《和風堂新文集》序〉，《聯合文學》，12／11（1996.10），頁 14～26。

19. 杜正勝，〈什麼是新社會史〉，《新史學》，3／4（1992.12），頁 95～115。

20. 宋光宇，〈關於善書的研究及其展望〉，《新史學》，5／4（1994.12），頁 163～191。

21. 宋晞，〈宋代士大夫對商人的態度〉，收入中國文化研究所編，《宋史研究論叢》，1（臺北：華岡出版有限公司，1979.7，再版），頁 1～14。

22. 李孝悌，〈上層文化與民間文化－兼論中國史在這方面的研究〉，《近代中國史研究通訊》，8（1989.9），頁 95～104。

23. 李孝悌，〈十七世紀以來的士大夫與民眾——研究回顧〉，《新史學》，4／4（1993.12），頁 97～139。

24. 沈津，〈明代坊刻圖書之流通與價格〉，《國家圖書館館刊》，85／1（1996.6），頁 101～118。

25. 呂仁偉，〈評介羅著「清代中國的教育與大眾識字」〉，《食貨》，10／4（1980.7），頁 43～47。

26. 呂藝，〈唐代的馬毬戲〉，收入陰法魯等著，《古代禮制風俗漫談（一）》（臺北：國文天地雜誌社，1990.2），頁 201～205。

27. 巫仁恕，〈明清城市民變研究——傳統中國城市群眾集體行動之分析〉（臺北：國立臺灣大學歷史學研究所博士論文，1996.6）。

28. 巫仁恕，〈明代平民服飾的流行風尚與士大夫的反應〉，《新史學》，10／3（1999.9），頁55～109。

29. 何谷理（Robert E. Hegel），〈章回小說發展中涉及到的經濟技術因素〉，《漢學研究》，6／1（1988.6），頁191～197。

30. 吳曾德，〈投壺趣談〉，收入劉德謙等著，《古代禮制風俗漫談（二）》（臺北：國文天地雜誌社，1990.2），頁314～318。

31. 吳蕙芳，〈評介小川陽一著《日用類書による明清小說の研究》〉，《中央研究院近代史研究所集刊》，28（1997.12），頁253～257。

32. 吳蕙芳，〈上海圖書館所藏《萬寶全書》諸本——兼論民間日用類書中的拼湊問題〉，《書目季刊》，36／4（2003.3），頁53～58。

33. 吳蕙芳，〈口腹之欲：明版日用類書中的葷食〉，《中國歷史學會史學集刊》，35（2004.1），頁101～130。

34. 吳璧雍，〈從民俗趣味到文人意識的參與——小說（一）〉，收入劉岱總主編，蔡英俊主編，《中國文化新論（文學篇二）》（臺北：聯經出版事業公司，1987.2，5次印行），頁407～469。

35. 林富士，〈Peter Burke 編 New Perspectives on Historical Writing〉，《新史學》，3／2（1992.6），頁182～193。

36. 林麗月，〈衣裳與風教——晚明的服飾風尚與「服妖」議論〉，《新史學》，10／3（1999.9），頁111～157。

37. 若思，〈關於"波羅毯"一詞的商榷〉，《歷史研究》，1959／8（1959.8），頁20。

38. 金文京，〈朱鼎臣輯本新刻音釋旁訓評林演義三國志史傳前言〉，見三國志演義古版叢刊編輯委員會主編，《朱鼎臣輯本三國志史傳》，頁1～6。

39. 金文京，〈湯賓尹與晚明商業出版〉，收入胡曉真主編，《世變與維新——晚明與晚清的文學藝術》（臺北：中央研究院中國文哲研究所，2001.6），頁79～102。

40. 胡平生，〈中國古代的禮儀制度〉，收入陰法魯、許樹安主編，《中國古代文化史》（北京：北京大學出版社，1996.11，5次印刷），冊2，頁1～78。

41. 胡道靜，〈元至順刊本《事林廣記》解題〉，收入《農書‧農史論集》（北京：農業出版社，1985.6），頁236～252。

42. 柯格睿（E. A. Kracke, Jr.）著，陶晉生譯，〈宋代社會：在傳統之內的變遷〉，收入 John Winthrop Haeger 等著，陶晉生等譯，《宋史論文選集》（臺北：國立編譯館，1995.5），頁1～12。

43. 段金泖，〈從類書的沿革看我國編輯史的發展〉，《河南大學學報（社會科學版）》，37／3（1997.5），頁122～124。

44. 容肇祖，〈明馮夢龍的生平及其著述〉，《嶺南學報》，2／2（1931.7），頁61～91。

45. 郝延平，〈中國三大商業革命與海洋〉，收入《中國海洋發展史論文集》，6（臺北：中央研究院人文社會科學研究所，1997.3），頁 9〜44。

46. 袁逸，〈明後期我國私人刻書業資本主義因素的活躍與表現〉，《浙江學刊》，1989／3（1989.5），頁 125〜129。

47. 袁逸，〈明代以前書籍交易及書價考〉，《明清史》，1993／1（1993.2），頁 40〜44。

48. 陳支平，〈《清人社會生活》評介〉，《中國社會經濟史研究》，1991／2（1991.4），頁 99、97。

49. 陳玉龍，〈中國古代的書法藝術〉，收入陰法魯、許樹安主編，《中國古代文化史》冊 2，頁 297〜326。

50. 陳昭珍，〈明代書坊之研究〉（臺北：國立臺灣大學圖書館學研究所碩士論文，1984.7）。

51. 陳高華，〈宋元和明初的馬球〉，《歷史研究》，1984／4（1984.8），頁 177〜181。

52. 陳清俊，〈中國古代笑話研究〉（臺北：國立臺灣師範大學國文研究所碩士論文，1985.6）。

53. 陳學文，〈明代一部商賈之教程、行旅之指南——陶承慶《新刻京本華夷風物商程一覽》評述〉，《中國社會經濟史研究》，1996／1（1996.3），頁 86〜93。

54. 陳學文，〈明代中葉以來棄農棄儒從商風氣和重商思潮的出現〉，《九州學刊》，3／4（1990.9），頁 55〜66。

55. 梁子涵，〈建安余氏刻書考〉，《福建文獻》，創刊號（1968.3），頁 53〜73。

56. 梁其姿，〈David Johnson、Andrew Nathan、Evelyn Rawski 編 *Popular Culture in Late Imperial China*〉，《新史學》，創刊號（1990.3），頁 145〜153。

57. 商傳，〈明代文化的層間互動〉，《明史研究》，5（1997.5），頁 156〜162。

58. 常建華，〈中國社會史研究十年〉，《歷史研究》，1997／1（1997.2），頁 164〜183。

59. 張秀民，〈石印術道光時即已傳入我國說〉，《文獻》，18（1983.12），頁 237〜238、245。

60. 張秀民，〈南宋（1127〜1279 年）刻書地域考〉，《圖書館》，1961／3（1961.9），頁 52〜56。

61. 張秀民，〈明代南京的印書〉，《文物》，1980／11（1980.11），頁 78〜83。

62. 張秀民，〈明代印書最多的建寧書坊〉，《文物》，1979／6（1979.6），頁 76〜80。

63. 張秀民，〈明代的活字印刷〉，《史學史資料》，1980／1，頁 30〜37。

64. 張春輝，〈類書的範圍與發展〉，《文獻》，1987／1（1987.1），頁 179〜190。

65. 張滌華，〈類書源流及其體制〉，收入劉家璧編訂，《中國圖書史資料集》（香港：龍門書店，1974.1），頁 639〜654。

66. 張璉，〈明代專制文化政策下的圖書出版情形〉，《漢學研究》，10／2（1992.12），頁 355〜369。

67. 黃一農，〈通書－中國傳統天文與社會的交融〉，《漢學研究》，14／2（1996.12），頁 159～186。

68. 黃一農，〈趨吉避凶通書風行臺灣 200 年〉，《中國時報》，1997.10.24。

69. 黃瑞卿，〈明代中後期士人棄學經商之風初探〉，《中國社會經濟史研究》，1990／2（1990.5），頁 33～39、46。

70. 黃燕生，〈宋代版刻地圖考錄〉，《文獻》，1985／2（1985.4），頁 175～188。

71. 許培基，〈蘇州的刻書與藏書〉，《文獻》，1985／4（1985.10），頁 211～237。

72. 麥杰安，〈明代蘇常地區出版事業之研究〉（臺北：國立臺灣大學圖書館學研究所碩士論文，1996.5）。

73. 〔日〕森田憲司，〈關于在日本的《事林廣記》諸本〉，收入《國際宋史研討會論文選集》（保定：河北大學出版社，1992.8），頁 266～280。

74. 葉樹聲，〈明代南直隸江南地區私人刻書概述〉，《文獻》，1987／2（1987.4），頁 213～229。

75. 項戈平，〈宋代杭州的刻書與畢昇的發明——活字印刷的地點〉，《文獻》，18（1983.12），頁 228～233。

76. 葛兆光，〈《時憲通書》的意味〉，《讀書》，1997／1，頁 43～48。

77. 楊正泰，〈現存最早的商旅交通指南〉，《歷史地理》，2（1982.11），頁 158。

78. 楊正泰，〈略論明清時期商編路程圖記〉，《歷史地理》，5（1987.5），頁 273～277。

79. 楊正泰，〈明代國內交通路線初探〉，《歷史地理》，7（1990.6），頁 96～108。

80. 楊聯陞，〈寺田隆信「山西商人の研究」評介〉，《食貨》，3／2（1973.5），頁 36～43。

81. 楊聯陞，〈帝制中國的作息時間表〉，收入《國史探微》（臺北：聯經出版事業公司，1991.5，3 次印行），頁 61～84。

82. 裘開明，〈四庫失收明代類書考〉，《香港中文大學中國文化研究所學報》，2／1（1969.9），頁 43～57；同文又見於劉家璧編訂，《中國圖書史資料集》，頁 655～661。

83. 蒲慕州，〈西方近年來的生活史研究〉，《新史學》，3／4（1992.12），頁 139～153。

84. 蒲慕州，〈Paul Veyne 編 *A History of Private Life Vol. I* 〉，《新史學》，1／2（1990.6），頁 167～175。

85. 翟屯建，〈明清時期徽州刻書簡介〉，《文獻》，1988／4（1988.10），頁 242～251。

86. 蔡國梁，〈燈市・圓社・卜筮・相面——《金瓶梅》反映的明代風習〉，《華東師範大學學報》，1981／6，頁 83～88。

87. 劉子健，〈南宋中葉馬球衰弱與文化變遷〉，《歷史研究》，1980／2（1980.4），頁 99～104。

88. 劉祥光，〈時文稿：科舉時代的考生必讀〉，《近代中國史研究通訊》，22（1996.9），頁 49～68。

89. 劉祥光，〈中國近世地方教育的發展——徽州文人、塾師與初級教育〉，《中央研究院近代史研究所集刊》，28（1997.12），頁 5～45。

90. 劉培育，〈明代酒令研究〉（臺北：私立中國文化大學中文研究所碩士論文，1995.6）。

91. 劉達臨，〈明代的「花榜」、「嫖經」與花柳病診斷〉，《歷史月刊》，107（1996.12），頁 48～52。

92. 劉增貴，〈琴瑟和鳴——歷代的婚禮〉，收入劉岱總主編，藍吉富、劉增貴主編，《中國文化新論（宗教禮俗篇）》，頁 411～472。

93. 澤田瑞穗著，蔡懋棠譯，〈玉曆傳鈔〉，《臺灣風物》，26／1（1976.3），頁 24、72～75。

94. 蕭東發，〈建陽余氏刻書考略（上）（中）（下）〉，《文獻》，21（1984.6），頁 230～245；22（1984.12），頁 195～216；1985／1（1985.1），頁 236～250。

95. 蕭東發，〈中國古代的民間刻書業〉，收入上海新四軍歷史研究會印刷印鈔分會編，《歷代刻書概況》（北京：印刷工業出版社，1991.9），頁 424～431。

96. 鄭邦鎮，〈明末艾南英的八股文論〉，收入《第二屆清代學術研討會——思想‧文學‧語文——論文集》（高雄：國立中山大學中國文學系，1991.11），頁 319～358。

97. 鄭政誠，〈評介馮爾康等著《清人社會生活》〉，《國立臺灣師範大學歷史學報》，21（1993.6），頁 221～228。

98. 謝水順，〈略談福建的刻書〉，收入上海新四軍歷史研究會印刷印鈔分會編，《歷代刻書概況》，頁 479～488。

99. 謝國楨，〈明清野史筆記概述〉，《史學史資料》，1980／5，頁 2～11。

100. 韓大成，〈明代徽商在交通與商業史上的重要貢獻〉，《史學月刊》，4（1988.7），頁 35～43。

101. 韓大成，〈明代交通運輸散論〉，《中國人民大學學報》，2（1998），頁 93～103。

102. 譚廷斌，〈明清「士商相混」現象探析〉，《明清史》，1990／5，頁 10～16。

103. 羅鳳禮，〈當代美國史學狀況〉，收入《八十年代的西方史學》（北京：中國社會科學出版社，1990.6），頁 88～93。

104. 羅麗馨，〈十六、十七世紀的商業書〉，《興大歷史學報》，7（1997.6），頁 27～40。

（三）外文專書

1. 小川陽一，《日用類書による明清小説の研究》（東京：研文出版，1995.10）。

2. 寺田隆信，《山西商人の研究：明代における商人および商業資本》（京都：京都大學文學部內東洋史研究會，1972.11）。中文譯本見寺田隆信著，張正明等譯，《山西商人研究》（太原：山西人民出版社，1986.6）。

3. 酒井忠夫，《中國善書の研究》（不明出版地：國書刊行會，1972.12）。部分中文

翻譯見酒井忠夫著，蔡懋棠譯，〈明朝善書之研究〉，《國立編譯館館刊》，1／2（1976.9，再版），頁106～143；酒井忠夫，〈功過格的研究〉，收入劉俊文主編，許洋主等譯，《日本學者研究中國史論著選譯》（北京：中華書局，1993.9），卷7，頁497～542。

4. 野口鐵郎、坂出祥伸、福井文雅等編，《道教事典》（東京：平河出版社，1996.10，初版2刷）。

5. Chang-tai Hung, *Going to the People: Chinese Intellectuals and Folk Literature, 1918～1937*（Harvard East Asian Monographs，1985）。中文譯本見〔美〕洪長泰著，董曉萍譯，《到民間去－1918～1937年的中國知識分子與民間文學運動》（上海：上海文藝出版社，1993.7）。

6. Cynthia J. Brokaw，*The Ledgers of Merit and Demerit，Social Change and Moral Order*（Princeton University，1991）。中文譯本見〔美〕包筠雅著，張林譯，《功過格——明清社會的道德秩序》（杭州：浙江人民出版社，1999.9）。

7. David Johnson, Andrew J. Nathan, Evelyn S. Rawski ed., *Popular Culture In Late Imperial China*（臺北：南天書局有限公司，1987.10，影印）。

8. Evelyn Sakakida Rawski，*Education and Popular Literacy in Ch'ing China*（Ann Arbor，The University of Michigan Press，1979）。

（四）外文論文

1. 山根幸夫，〈明代史研究會の步み〉，收入明代史研究會、明代史論叢編輯委員會編，《山根教授退休紀念明代史論叢》（東京：汲古書院，1990.3），下冊，頁1433～1456。

2. 山根幸夫，〈明代の路程書について〉，《明代史研究》，22（1994.4），頁9～24。

3. 小川陽一，〈日用類書——『萬用正宗』『萬寶全書』『不求人』など〉，《月刊しにか》，1998.3，頁60～65。

4. 小川陽一，〈日用類書『新增懸金萬寶全書』について〉，收入《平成8、9、10年度文部省科學研究費補助金基盤研究成果報告（課題番號08309006）：久米島における東アジア諸文化の媒介究象に關する總合研究》（京都：京都大學人文研究所，1999.8，2刷）。

5. 三浦國雄，〈沖繩に傳來した『萬寶全書』について〉，《文藝論叢》，62（2004.3）。

6. 水野正明，〈『新安原板士商類要』について〉，《東方學》，60（1980.7），頁96～117。

7. 川勝守，〈明末清初の訟師について——舊中國社會における無賴知識人の一形態——〉，《九州大學東洋史論集》，9（1981.3），頁111～129。

8. 天野元之助，〈「便民圖纂」について〉，《書報》，1960／5，頁11～13。

9. 仁井田陞，〈元明時代の村の規約と小作證書など（一）——日用百科全書の類二十種の中から——〉、〈元明時代の村の規約と小作證書など（二）——新た

に調査した日用百科全書の類二十餘種によって——〉，收入《中國法制史研究（奴隸農奴法・家族村落法）》，3 冊（東京：東京大學東洋文化研究所出版會，1962.3），頁 741～789、790～829。

10. 本田精一，〈《兔園策》考——村書の研究〉，《九州大學東洋史論集》，21（1993.1），頁 65～101。

11. 本田精一，〈宋元明代における兒童算術教育〉，《九州大學東洋史論集》，22（1994.1），頁 37～72。

12. 本田精一，〈『三台萬用正宗』算法門と商業算術〉，《九州大學東洋史論集》，23（1995.1），頁 87～125。

13. 寺田隆信，〈明清時代の商業書について〉，《集刊東洋學》，20（1969.10），頁 111～126。

14. 宇都木章，〈評介宋鎮豪著《夏商社會生活史》〉，《東洋學報》，77／1、2（1995.10），頁 135～142。

15. 谷井俊仁，〈路程書の時代〉，收入小野和子編，《明末清初の社會と文化》（京都：京都大學人文科學研究所，1996.3），頁 415～455。

16. 坂出祥伸，〈明代「日用類書」醫學門について〉，《文學論集》，47／3（1998），頁 1～16。

17. 酒井忠夫，〈明代の日用類書と庶民教育〉，收入林友春編，《近世中國教育史研究》（東京：國土社，1958.3），頁 25～154。

18. 酒井忠夫，〈元明時代の日用類書とその教育史的意義〉，《日本の教育史學》，1（1958），頁 67～94。

19. 森田明，〈『商賈便覽』について——清代の商品流通に關する覺書〉，《福岡大學研究所報》，16（1972），頁 1～28。

20. 森正夫，〈明末の社會關係における秩序の變動について〉，收入名古屋大學文學部編，《名古屋大學文學部三十周年紀念論文》（1979.3），頁 135～159。

21. 森正夫，〈明末における秩序變動再考〉，《中國——社會と文化》，10（1995.6），頁 3～27。

22. 斯波義信，〈「新刻客商一覽醒迷天下水陸路程」について〉，收入《東洋學論集》（京都：朋友書店，1979.12），頁 903～918。

23. James Hayes，"Specialists and Written Materials in the Village World"，收入 David Johnson、Andrew J. Nathan、Evelyn S. Rawski ed., *Popular Culture In Late Imperial China*，pp.75-111。

24. Lucille Chia，"The Development of the Jianyang Book Trade，Song-Yuan"，*Late Imperial China*，June 1996，pp.10-48。

25. Shang Wei, "The Making of the Everyday World：Jin Ping Mei Cihua and the Encyclopedias for Daily Use"，「世變與維新：晚明與晚清的文學藝術」研討會（台北：中央研究院中國文哲研究所、美國哥倫比亞大學東亞系主辦，1999.7），32

頁。

四、工具書

1. 丁仁編,《八千卷樓書目》(臺北:廣文書局有限公司,1970.6),全 2 冊。

2. 山口大學附屬圖書館編,《棲息堂文庫目錄》(山口大學圖書館,1986.3)。

3. 川瀨一馬編,《(お茶の水圖書館藏)新修成簣堂文庫善本書目》(東京:(財)石川文化事業財團お茶の水圖書館,1992.10)。

4. 王杏根等編,《古籍書名辭典》(上海:學林出版社,1993.1)。

5. 王重民,《中國善本書題要》(上海:上海古籍出版社,1983.8)。

6. 王重民,《中國善本書題要》(臺北:明文書局,1983.12)。

7. 王重民輯錄,《美國國會圖書館藏中國善本書目》(臺北:文海出版社,1972.6)。

8. 不明編者,《擬備中國書目(米國國會圖書館所藏舊北京圖書館書目)》(東京:東洋文庫,1959)。

9. 中國古籍善本書目編輯委員會編,《中國古籍善本書目(子部)》(上海:上海古籍出版社,1996.12),2 冊。

10. 中國社會科學院文學研究所圖書館編,《中國社會科學院文學研究所藏古籍善本書目》(北京:中國社會科學院文學研究所,1993)。

11. 中國科學院圖書館編,《中國科學院圖書館藏中文古籍善本書目》(北京:科學出版社,1994.3)。

12. 北京師範大學圖書館編,《北京師範大學圖書館中文古籍目錄》(北京:北京師範大學圖書館,1983.9)。

13. 北京圖書館編,《北京圖書館古籍善本書目》(北京:書目文獻出版社,1987),5 冊。

14. 成均館大學校中央圖書館編,《古書目錄》(成均館大學校出版部,1979.3)。

15. 成均館大學校中央圖書館編,《古書目錄》2,(成均館大學校出版部,1981.12)。

16. 吉池慶太郎編,《米澤善本の研究と題解》(山形縣:市立米澤圖書館,1958.8)。

17. 名古屋市蓬左文庫編,《名古屋市蓬左文庫漢籍分類目錄》(名古屋:名古屋教育委員會,1975.3)。

18. 吳伯驥,《五十萬卷樓藏書目錄初編》(臺北:廣文書局有限公司,不明出版時間),全 8 冊。

19. 東北大學附屬圖書館編,《東北大學所藏和漢書古典分類目錄(漢籍)》(仙台市:東北大學附屬圖書館,1975.3)。

20. 東京大學東洋文化研究所附屬東洋學文獻センター編,《長崎大學附屬圖書館經濟學部分館漢籍分類目錄》(東京:東京大學東洋文化研究所附屬東洋學文獻センター,1980.3)。

21. 東京都立日比谷圖書館編，《市村文庫目錄》（東京：東京都立日比谷圖書館，1963.3）。

22. 岡山大學附屬圖書館農業生物研究所分館編，《大原漢籍文庫目錄》（岡山：岡山大學附屬圖書館農業生物研究所分館，1965.10）。

23. 神戶大學附屬圖書館編，《神戶大學附屬圖書館漢籍分類目錄》（神戶：神戶大學附屬圖書館，1975.3）。

24. 神戶市立中央圖書館編，《吉川文庫漢籍目錄》（神戶市：神戶市立中央圖書館，1985.3）。

25. 高田時雄編，《梵蒂岡圖書館所藏漢籍目錄補編》（京都：京都大學人文科學研究所附屬東洋文獻センタ—，1997.5）。

26. 高麗大學校中央圖書館編，《高麗大學校中央圖書館漢籍目錄（舊藏)》（漢城：高麗大學校出版部，1984.9）。

27. 高麗大學校中央圖書館編，《華山文庫漢籍目錄》（高麗大學校中央圖書館，1976.7）。

28. 財團法人武田科學振興財團編，《杏雨書屋藏書目錄》（京都：臨川書店，1982.6）。

29. 莊芳榮編，《中國類書總目初稿》（臺北：臺灣學生書局，1983.10）。

30. 鹿兒島大學附屬圖書館編，《玉里文庫漢籍分類目錄》（鹿兒島大學附屬圖書館，1994.3）。

31. 〔清〕黃虞稷，《千頃堂書目》（上海：上海古籍出版社，1990.5）。

32. 〔清〕陸心源，《皕宋樓藏書志・續志》，11（臺北：廣文書局有限公司，不明出版時間）。

33. 尊經閣文庫編，《尊經閣文庫漢籍分類目錄》（東京：尊經閣文庫，1934.3）。

34. 新潟縣立新潟圖書館編，《新潟縣立新潟圖書館所藏漢籍目錄》（新潟縣：新潟縣立新潟圖書館，1980.3）。

35. 楊繩信編，《中國版刻綜錄》（西安：陝西人民出版社，1987.6）。

36. 〔明〕楊士奇，《文淵閣書目》（臺北：廣文書局有限公司，1969.2）。

37. 彰考館文庫編，《彰考館圖書目錄》（東京：八潮書店，1977.11，增補影印）。

38. 鄧嗣禹編，《中國類書目錄初稿》（臺北：古亭書屋，1970.11）。

39. 龍谷大學圖書館編，《龍谷大學和漢書分類目錄》（京都：龍谷大學出版部，1941.3）。

40. 羅振常遺著，周子美編訂，《善本書所見錄》（上海：商務印書館，1958.4）。

圖例來源

圖 2-1-1 《學海群玉》，萬曆 35 年序刊本，封面。

圖 2-1-2 《三台萬用正宗》，萬曆 27 年刊本，封面。

圖 2-1-3 《萬寶全書》，崇禎元年刊本，卷 9〈農桑門〉；卷 16〈筭法門〉。

圖 3-2-1 《萬錦全書》，萬曆年間刊本，卷 3〈人紀門〉，頁 1 上～下。

圖 3-2-2 《學海群玉》，萬曆 35 年序刊本，卷 2〈地輿門〉，頁 1 下～2 上。

圖 4-1-1 《五車拔錦》，萬曆 25 年序刊本，卷 28〈農桑門〉，頁 8 下～9 上。

圖 4-1-2 《三台萬用正宗》，萬曆 27 年刊本，卷 37〈牧養門〉，頁 7 下～8 上。

圖 4-2-1 《三台萬用正宗》，萬曆 27 年刊本，卷 29〈星命門〉，頁 9 下～10 上。

圖 4-2-2 《三台萬用正宗》，萬曆 27 年刊本，卷 30〈相法門〉，頁 12 下～13 上。

圖 4-2-3 《三台萬用正宗》，萬曆 27 年刊本，卷 35〈地理門〉，頁 6 下～7 上。

圖 4-2-4 《三台萬用正宗》，萬曆 27 年刊本，卷 36〈尅擇門〉，頁 6 下～7 上。

圖 4-2-5 《學海群玉》，萬曆 35 年序刊本，卷 21〈卜員門〉，頁 18 下～19 上。

圖 4-3-1 《三台萬用正宗》，萬曆 27 年刊本，卷 27〈護幼門〉，頁 11 下～12 上。

圖 4-3-2 《三台萬用正宗》，萬曆 27 年刊本，卷 41〈法病門〉，頁 12 下～13 上。

圖 5-1-1 《萬寶全書》，崇禎元年刊本，卷 18〈勸諭門〉，頁 1 下～2 上。

圖 6-1-1 《萬用正宗分類學府全編》，萬曆 35 年刊本，卷 26〈酒令門〉，頁 1 上。

圖 6-1-2 《三台萬用正宗》，萬曆 27 年刊本，卷 20〈博戲門〉，頁 12 下～13 上。

圖 6-1-3 《三台萬用正宗》，萬曆 27 年刊本，卷 20〈博戲門〉，頁 5 下～6 上。

圖 6-2-1 《三台萬用正宗》，萬曆 27 年刊本，卷 10〈五譜門〉，頁 14 下～15 上。

圖 6-2-2 《三台萬用正宗》，萬曆 27 年刊本，卷 10〈五譜門〉，頁 4 下～5 上。

圖 6-2-3 《學海群玉》，萬曆 35 年序刊本，卷 13〈八譜門〉，頁 3 下～4 上。

圖 6-2-4 《學海群玉》，萬曆 35 年序刊本，卷 13〈八譜門〉，頁 14 下～15 上。

圖 6-2-5 《三台萬用正宗》，萬曆 27 年刊本，卷 13〈蹴踘門〉，頁 6 下～7 上。

圖 6-2-6 《萬寶全書》，光緒 24 年刊本，續編卷 5〈戲法門〉，頁 2 下～3 上。